广东省高校哲学社会科学重点实验室成果
广州市医学伦理学重点研究基地成果

民国时期法医学文献珍藏系列丛书

（第二卷）

孙逵方论文研究

胡丙杰　黄瑞亭　主编

线装书局

图书在版编目（CIP）数据

孙逵方论文研究／胡丙杰，黄瑞亭主编. -- 北京 ：
线装书局，2025. 1. -- ISBN 978-7-5120-6391-4

Ⅰ. D919-092

中国国家版本馆 CIP 数据核字第 2025XR0894 号

孙逵方论文研究
SUNKUIFANG LUNWEN YANJIU

主　　编：胡丙杰　黄瑞亭
责任编辑：林　菲
出版发行：线装書局
　　　地　　址：北京市东城区建国门内大街18号恒基中心办公楼二座12层
　　　电　　话：010-65186553（发行部）　 010-65186552（总编室）
　　　网　　址：www. zgxzsj. com
经　　销：新华书店
印　　制：三河市龙大印装有限公司
开　　本：710mm×1000mm　1/16
印　　张：21. 75
字　　数：356 千字
版　　次：2025 年 1 月第 1 版第 1 次印刷

定　　价：98. 00 元

线装书局官方微信

前　言

在中国现代法医学的发展史上，我们不能忘记一个人的名字。他是和林几同时代的中国现代法医学先驱，为中国现代法医学的创立和发展做出了重要贡献。他留法归来后，受命筹办司法行政部法医研究所，并长期担任法医研究所第二任所长，致力于法医学人才培养、科学研究、学术交流和案件鉴定。在长达 20 年的法医生涯中，他将法医学教学、科研、检案等方面的研究成果，以及对法医学发展的思考以论文的形式发表，用于法医学教学与人才培养，纠正古代法医学检验错误，指导和规范科学检验鉴定，促进学术交流，推动法医学知识的普及和传播，给后人留下了十分宝贵的财富。这个人叫孙逵方。

孙逵方博士作为我国现代法医学的开拓者，我们不能忘记他对我国法医学事业所做出的重要贡献。但是，数十年来，关于孙逵方的纪念文章、专著，并不多见。主要文章有：陈胜泉、仲许的《孙逵方法医学术思想浅探》[《法医学杂志》，1993，9（2）：49-51]，黄瑞亭的《孙逵方对法医学的贡献》（《第五次全国法医学术交流会论文集》，北京，1996），黄瑞亭的《我国现代法医学人物志》[《中国法医学杂志》，2011，26（6）：513-516]，胡丙杰、黄瑞亭等的《中国现代法医学先驱孙逵方生平及其论著述评——纪念孙逵方博士逝世 60 周年》[《中国法医学杂志》，2022，37（4）：383-390]，胡丙杰、黄瑞亭的《法医研究所的创建、发展及贡献——纪念法医研究所创立 90 周年》（《中国司法鉴定》，2022，5：88-96），王洁、郑显文的《中国法医学的近代转型与上海——论司法行政部法医研究所的创设》（《都市文化研究》，2022）。此外，黄瑞亭的《中国近现代法医学发展史》（福建教育出版社，1997），贾静涛的《世界法医学与法科学史》（科学出版社，2000），黄瑞亭、陈新山的《中国法医学史》（华中科技大学出版社．2015），黄瑞亭、胡丙杰的《中国近现代法医学史》（中山大学出版

目　录

孙逵方论文研究

第一章

孙逺方生平

孙逵方是和林几同时代的中国现代法医学先驱（图 1-1、图 1-2），他们是我国 20 世纪 20 年代最早接受西方现代法医学教育的学者，为中国现代法医学的创立和发展做出了重要贡献。但是，由于年代久远、资料收集困难等原因，对于孙逵方博士的生平，尚有许多空白之处。胡丙杰等通过查阅和收集国内外大量历史文献和档案资料，对孙逵方博士的生平资料进行了整理和完善。

图 1-1 孙逵方

（引自《时事新画》1930 年第 10 期第 1 页）

图 1-2 孙逵方签名

（民国三十七年（1948）上海监狱医院院长孙逵方在与中国石油有限公司上海营业所往来公函上的毛笔签名）

一、关于孙逵方的生平和家庭

（一）关于孙逵方的名与字

孙逵方，又名孙逵芳，法文名为 Suen Koei-Fang。其字有萝庵、乐安和罗庵几种说法。《中华民族的人格》记载："萝庵，孙逵方（1897—1962），安徽寿州人。"孙逵方青年时期即跻身于中国古代文学的研究行列，成为中国当时古典文学派系——安徽桐城派的一员，"萝庵"取自晚清文史学家李慈铭的《萝庵游赏小志》。又据 1918 年《国立北京大学廿周年纪念册》"毕业同学录"记载："孙逵方，乐安，安徽寿县"，因此，孙逵方又字"乐安"，因其先祖为乐安郡孙氏之故。此外，《寿州孙氏宗谱·枝兰馥若公世系谱（中册）》记载"逵方，多玠三子，字罗庵"。

（二）关于孙逵方出生时间

现有文献关于孙逵方出生年有 1896 年、1897 年和 1898 年几种说法。

试，中贡士，经复试、殿试后中进士，与蔡元培、孙多玢（孙遽方父亲）同榜题名，并授翰林院庶常馆吉士。光绪二十年（1894）春，张元济任刑部贵州司主事，后任总理各国事务衙门章京，参与戊戌变法。戊戌变法失败后任上海南洋公学译书院总校兼代办院事，光绪二十七年（1901）任南洋公学总理（上海交通大学第二任校长），光绪二十九年（1903）加入商务印书馆，先后任编译所所长、经理、监理、董事会主席等。1948年当选中央研究院院士。1949年当选为中国人民政治协商会议委员并出席第一次全体会议。1953年后任上海文史馆馆长、商务印书馆董事长。1959年在上海逝世。孙遽方岳母许子宜，为清末兵部尚书、军机大臣许庚身之女。

图1-4　孙遽方妻子张树敏

（孙遽方摄，引自：《时代》1933年第4卷第2期第12-13页）

张元济有一女一子，均为继室许子宜夫人所生，女儿张树敏（小名勤，1903年出生），即孙遽方的妻子。张元济与孙遽方翁婿关系甚好。1937年"八一三"淞沪会战爆发后，孙遽方担任第三救护医院院长期间，张元济曾组织为伤兵募衣，并到第三救护医院看望；1937年11月，孙遽方与张树敏随法医研究所内迁至武汉，张元济曾作《赠萝庵贤婿》诗饯行：

萝庵贤婿掌法医研究所已逾两载。战争既起，上官令移武昌。启行有日，诗以送之，兼示敏儿。

　　昔以良医比良相，今知二者交相资。
　　世情诡变滋疑狱，当以物理穷毫厘。
　　管韩仓扁未兼擅，精斯学者推巴黎。
　　子往求之破万里，十年孟晋能得师。
　　学成报国信有术，归来小试初哉基。
　　而翁与我共登第，年少直上青云梯。
　　而母幼居舅氏宅，时偕我妇相戏嬉。
　　故人有子崭头角，克承堂构称佳儿。
　　相攸我喜得快婿，乃以弱息奉帚箕。
　　丈夫有家不内顾，以身许国勤驱驰。
　　昔年缔造忽中辍，为山一篑功犹亏。
　　旧巢重返益展拓，生徒济济纷追随。
　　能生死人肉白骨，手披案牍泯冤疑。
　　知医明法互表里，翕然舆诵口有碑。
　　除旧布新启尔宇，动地军声来鼓鼙。
　　举目山河日日异，绕树三匝无宁枝。
　　武昌天下咽喉地，敷政优忧今尤宜。
　　板舆白下且安憩，有兄定省常欢怡。
　　子今奉职绝裾去，暂勿瞻望伤乌私。
　　载孥俱往得所助，差免内事萦心脾。
　　慎重民命靖尔位，毋谓廉吏不可为。
　　吾儿相依卅余载，黯然魂销长别离。
　　人生聚散本无定，胡事沾巾悲临歧。
　　太平重见会相晤，勉修妇职无遗罹。

　　（五）关于孙逵方国内学历

　　有关文献记载孙逵方毕业于北京大学，但何年入学、学何专业尚不清楚。经查1918年《国立北京大学廿周年纪念册》和1948年《国立北京大学历届同学录》，孙逵方1917年6月毕业于国立北京大学预科一系法文班，这也可从北京大学校长蔡元培签署的孙逵方北京大学学习证明得以佐证（图1-5）。据2002年《震旦大学建校百年纪念册》记载，1909—1917年的学生名录里有孙逵方的名字。1937年，*BULLETIN DE L'UNIVERSITÊ L'*

AURORE 和 1994 年上海市卢湾区政协编的《卢湾史话》中，也提到孙逵方为震旦校友。又查 1912 年以后震旦大学毕业生名录里没有找到孙逵方的名字。据此推测，孙逵方 1917 年 6 月北京大学预科一系法文班毕业后，同年入上海私立震旦大学短暂学习（具体专业不详），但未毕业即离开震旦大学赴法国留学。

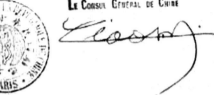

raduction d'un certificat d'Etudes.

Université de Pékin.

Nous, Recteur de l'Université de Pékin certifions que l'élève Suen-Koei-Fang de la sous-préfecture de Soei (Ngan-Hoei) Chine, a suivi les cours préparatoires de l'université de Pékin; il a subi avec succès, les examens de sortie à l'âge de vingt ans et a obtenu le certificat d'Etudes.

Fait à Pékin, le 31 Juillet
6ème année de la République Chinoise (1917)

Le Doyen: Shu-Tsong-Kin

Le Recteur: Tsai-Yuan-Bei

VISA N° 111
VU AU CONSULAT GÉNÉRAL
DE LA RÉPUBLIQUE CHINE A PARIS
PARIS, LE 2 Septembre 1920
FRAIS DE TIMBRE

LE CONSUL GÉNÉRAL DE CHINE

图 1-5　孙逵方北京大学学习证明
（法国国家档案馆提供）

（六）关于孙逵方国外学历

根据法国档案馆提供的资料，孙逵方 1920 年 8 月 13 日被认定获得中等教育毕业证书；1922 年 6 月 30 日获得物理、化学与生物（理科）的大学学位证明；1922 年 9 月 13 日—1925 年 5 月 2 日学习硕士课程（学习科目包括组织学、解剖学、生理学、物理学、化学、细菌学、寄生虫学、实验病理学、社区医学、产科学等），分别于 1925 年 6 月 30 日、1926 年 5 月 24 日获得实习证明；1926 年 6 月 22 日—1928 年 5 月 21 日学习博士课程，其间在圣路易医院实习 3 次（1927 年 11 月 30 日—12 月 24 日，1928 年 1 月 3 日—2 月 25 日，1928 年 2 月 27 日—6 月 23 日）。1929 年 3—6 月完成博士考试，7 月 9 日博士论文通过评审入档。博士论文题目是 *Les crânes normalement fragiles*（《正常颅骨脆弱性研究》），1929 年获得巴黎大学巴黎医学院博士学位（Doctorat de L'Université de Paris, Faculte de Médecine de Paris）和法医学与精神病学学院毕业证书（Diplômé de L'Institut de Médecine Légale et de Psychiatrie）。导师是维克多·巴尔特哈雷（Victor Balthazard）教授。这与《法医月刊》的介绍基本一致：孙逵方"留学法国十余年，专攻医学及法医学，得法国巴黎大学医学博士学位、巴黎大学法医学学院法医师学位，复于民国二十年（1931）被举为法国法医学会会员"。

（七）关于孙逵方出国留学途径

关于孙逵方赴法的途径，尚有争议。这里需要先介绍一下民国时期的留学政策：民国时期有中央官费留学生、省公费留学生和自费留学生 3 种。为了解决国外留学生生活困难等问题，安徽省规定：凡考取自费留学生，出国半年或一年后，其成绩优良，家境清寒者，得检同留学证书（考取自费并附教育部所发考试及格证书）成绩单，最近二寸半身相片四张暨本府制定保证书（现任文官简任以上二人，或武官少将以上二人，或殷实铺保二家书式附后），及领款签字盖章凭证，呈由管理留学机关转送省府审核（如用西文并译中文说明），以便核发奖助金。1921 年《安徽教育月刊》第 44 期"欧洲留学生监督第一七一号（函为留法勤工俭学生请给津贴按名照发由）（八月二十五日）"记载：孙逵方和陈延年、陈乔年、陈坦夫等 48 名"均系自费勤工俭学"，安徽省"照十年度（1921 年）预算案规定之款……此次所汇八千元应请贵处查明量予摊发俾资接济"。因此，孙逵方赴法国属于自费勤工俭学，但安徽省曾给予一定的津贴。1928 年安徽省制定新的留学政策，将官费生改为省费生，津贴生改为自费生奖学金。据 1930 年《安徽教育行政周刊》第 3 卷第 2 期"安徽省十八年份国外留学省费生及奖学金生一览表"记载：孙逵方留学法国巴黎大学医科的奖学金起费年月为民国十年（1921）七月。

（八）关于孙逵方出国与回国时间

关于孙逵方回国的时间，据《法医月刊》记载：孙逵方"曾于民国十八年（1929），奉部令回国，任法医研究所筹备处主任"。据《司法公报》记载：司法行政部1929年8月2日派孙逵方调查欧洲法医状况，10月24日任命孙逵方为司法行政部法医研究所筹备主任，上海《申报》1929年10月3日刊登"留法学生孙逵方返国"的消息。综合以上资料，孙逵方回国时间应是1929年8月之前。

关于孙逵方出国的时间，目前所查文献均无明确记载。根据法国档案馆记录，孙逵方1920年8月13日被认定获得中等教育学士学位，以及据《法医月刊》记载：孙逵方"留学法国十余年"，"曾于民国十八年（1929），奉部令回国"，推测他赴法时间应为1919年。孙逵方获得安徽省自费生奖学金的时间为1921年7月，说明此时他已经在法国半年或一年以上，安徽省是根据1921年已在法国勤工俭学的学生名单发放津贴的，1921年并不是孙逵方赴法国的时间。

（九）关于孙逵方回国后职业经历

1929年，孙逵方奉司法行政部令回国后，任司法行政部技士，专司法医检务，1929年10月24日，被任命为司法行政部法医研究所筹备主任，将筹备处附设于司法行政部内，在上海真茹购地建屋。1930年4月1日，"上海公共租界临时法院"改组成立"江苏上海特区地方法院"①，收回法权，在其检察机构内设置法医1名，法医助手1名，取代工部局办理原公共租界检验事项。孙逵方兼任江苏上海特区地方法院法医，遂将法医研究所筹备处附设于该法院内，1930年7月4日，辞去司法行政部技士兼职。1930年9月法医研究所开始动工建设，1930年11月3日，司法行政部以训字第一八九七号训令令法医研究所筹备主任孙逵方前往英、法、意、德、比、瑞士、西班牙等国考察法医事宜兼采办仪器书籍。1930年12月，孙逵方启程赴欧洲考察（图1-6），1931年5月，结束考察归国。法医研究所原定筹备期一年（1930年7月1日—1931年6月底），但因用地交涉关系，未

---

① 1927年1月1日，上海公共租界会审公廨改组为"上海公共租界临时法院"，1930年4月1日，改组为"江苏上海特区地方法院"。1931年8月1日，收回上海法租界会审公廨，成立"江苏上海第二特区地方法院"。遂将公共租界的"江苏上海特区法院"更名为"江苏上海第一特区地方法院"，以示区别。

图 1-6　孙逵方博士赴欧采办器械，临行前与送行者的合影

（引自：《上海画报》1930 年 12 月 18 日第 657 期第 1 页）

图 1-7　司法行政部近在真茹车站西首建造法医检验所，尚未完工

（引自：《时报》1930 年 11 月 27 日）

能如期落成（图 1-7）。1932 年 1 月，日军侵略上海，真茹被占，筹备工作
遂暂停顿。为救治前线受伤将士，慈善家、公教进行会会长陆伯鸿设立第
三十伤兵医院，孙逵方任该院医务主任。1932 年 4 月 13 日，林几奉命到上

海继续筹办法医研究所，同年 8 月 1 日法医研究所正式成立（图 1-8），

图 1-8 司法行政部法医研究所照片

（引自 Daniel Asen. Dead Bodies and Forensic Science Cultures of Expertise in China 1800-1949. Columbia University, 2012.）

林几任第一任所长。1932 年，孙逵方受聘为商务印书馆医师，为商务印书馆同仁治病，并在上海市静安寺路、九江路等开设诊所，主治内科、神经系统疾病、精神病。1935 年 3 月，林几因病回北平，孙逵方接任法医研究所所长，同年 5 月 11 日补行宣誓就职典礼。孙逵方接任法医研究所所长后，还兼任法医研究所第一科科长及技正。1936 年在上海银行举行了"法医学审议会"成立大会，由孙逵方任大会主席，特邀国内有关专家参加会议。这期间他举办了第二、第三期法医研究员班和法医检验员班，继续办好《法医月刊》（后更名为《法医学季刊》）（图 1-9），并负责办理全国各地送检的法医案件。

1937 年"八一三"淞沪会战爆发后翌日，法医研究所同仁与震旦大学医

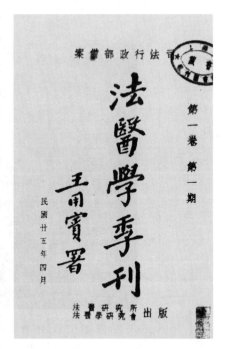

图 1-9 《法医学季刊》创刊号封面

（引自《法医学季刊》1936 年第 1 卷第 1 期）

学院在校师生，以及毕业同学在震旦大学（今上海交通大学医学院）内共同筹设第三救护医院，孙逵方担任院长。另据《震旦医刊》介绍，震旦大学医学院开设法医学课程，孙逵方兼任震旦大学医学院法医学教授、法国法医学会中国代表。

1937 年 11 月，孙逵方奉命随法医研究所撤离上海，先赴武汉，1938 年 1 月后迁至重庆，办公处和寓所均在重庆南岸汪山上。在重庆期间，孙逵方一边担任法医研究所所长，一边行医。1945 年 10 月 6 日，孙逵方随法医研究所迁回上海，在蒲石路（今长乐路）666 号租屋办公。1946 年 12 月，孙逵方兼任上海警察局刑事处处长及飞行堡垒总队长，为时任局长俞叔平博士撰写的《法医学》作序，由远东图书股份有限公司发行。1947 年 5 月，孙逵方参加中华医学会第八届年会，并和林几、陈邦贤负责召集医师业务组。1948 年，孙逵方兼任上海监狱医院院长。1949 年 3 月 7 日，毛森接替俞叔平担任上海市警察局长，孙逵方遂辞去上海市警察局刑事处长职务。

（十）关于孙逵方死亡时间与地点

1949 年 5 月 17 日，孙逵方偕妻子张树敏和 3 个女儿（以恒、以恕、以茂）离开上海经香港赴法国巴黎定居。1962 年，孙逵方不幸因车祸在巴黎逝世。

第二章

孙逵方论著目录及概述

孙逵方在长期的人才培养、科学研究和检验鉴定工作中有所建树，发表了多篇论文。但是，由于年代久远、资料收集困难等原因，对于孙逵方的论文，尚缺乏全面、系统、完整的整理和研究。

编著者通过查阅大量历史文献资料，全面收集孙逵方一生所发表的论文，按照系年进行编排整理，并结合其生平对其所发表论文的背景、学术影响进行评述，力图完整展示孙逵方博士的学术成就，以此作为对孙逵方博士的缅怀和纪念。

一、孙逵方论著目录系年

通过广州医科大学"超星电子期刊""超星发现系统"，以及中山大学图书馆"民国时期期刊全文数据库（1911—1949）""大成老旧刊全文数据库""爱如生数据库·晚清民国大报库（1872—1949）""瀚文民国书库"等数据库检索作者"孙逵方""逵方""孙逵芳""萝庵""法医学""鉴定""检验"等，并通过法国国家图书馆和美国北卡罗来纳大学教堂山分校图书馆进行查询，按发表时间整理出孙逵方已发表论文目录（表2-1）。

表2-1 孙逵方论文系年

发表时间	论文题目	杂志（卷期及页码）
1929 年		
	Les crânes normalement fragiles（Suen Koei-Fang）	Paris, Librairie Louis Arnette, 1929
1930 年		
11 月 1 日	宣阿香案检验经过	《医药评论》1930 第 45 期第 24—29 页
1935 年		
7 月 30 日	早期剖验之重要	《法医月刊》第 17 期第 1—10 页
8 月 30 日	关于急性砒素中毒腐败现象之考察	《法医月刊》1935 年第 18 期第 1—15 页
9 月 15 日	司法行政部法医研究所概况	《医药评论》第 7 卷 9 期（总第 129 期）第 31—32 页
9 月 30 日	拟改善检验尸格及训练法医人才办法案	《法医月刊》第 19 期第 70—72 页
11 月 30 日	骨质上生前受伤痕迹之持久性	《法医月刊》第 20 期第 1—11 页

发表时间	论文题目	杂志（卷期及页码）
1936 年		
1 月 30 日	处女膜之检查及其伤痕所在之指示法	《法医月刊》第 21 期第 1—5 页
1 月 31 日	警政与法医	《警光季刊》第 1 卷第 4 期第 5—9 页
4 月	《法医学季刊》发刊辞	《法医学季刊》第 1 卷第 1 期第 1 页
4 月	中国法医学史（孙逵方、张养吾）	《法医学季刊》第 1 卷第 1 期第 3—9 页
4 月	外伤性头骨破裂（孙逵方、张养吾）	《法医学季刊》第 1 卷第 1 期第 10—51 页
4 月	蚊污与血痕之鉴别法	《法医学季刊》第 1 卷第 1 期第 52—68 页
4 月	肉食动物在尸骨上所留之痕迹	《法医学季刊》第 1 卷第 1 期第 69—79 页
4 月	先天性大动脉狭窄与急死之关系	《法医学季刊》第 1 卷第 1 期第 80—90 页
7 月	死之研究（第一章死之现象第一节生活机能停止作用之象征）（孙逵方、张养吾）	《法医学季刊》第 1 卷第 2 期第 1—68 页
7 月	字迹鉴定实例	《法医学季刊》第 1 卷第 2 期第 69—93 页
7 月	强奸（附照片）[（法）博尔达沙原著；张颐昌节译，孙逵方附识]	《法医学季刊》第 1 卷第 2 期第 109—127 页
10 月	死之研究（第一章死之现象第四节尸体变化及保存之过程）（孙逵方、张养吾）	《法医学季刊》第 1 卷第 3 期第 1—10 页
10 月	死之研究（第二章死之诊断第一节真死及假死之诊断）（孙逵方、张养吾）	《法医学季刊》第 1 卷第 3 期第 10—20 页
10 月	死之研究（第二章死之诊断第二节死期之确定）（孙逵方、张养吾）	《法医学季刊》第 1 卷第 3 期第 20—23 页

发表时间	论文题目	杂志（卷期及页码）
10 月	死之研究（第二章死之诊断第三节法医学上之快死或慢死之诊断）（孙逵方、张养吾）	《法医学季刊》第 1 卷第 3 期第 23—30 页
10 月	死之研究（第三章实行剖验，全文未完）（孙逵方、张养吾）	《法医学季刊》第 1 卷第 3 期第 30—48 页
11 月 1 日	司法行政法令训字第五三一二号（二十五年十月八日发）令各省高等法院院长首席检察官、江苏高等法院第二、三分院院长首席检察官：为据本部法医研究所所长呈明检验血痕之手续及方法请令勿再沿用旧法等情令仰饬属知照由（孙逵芳）	《现代司法》1936 年第 2 卷第 2 期第 190—193 页
1937 年		
4 月	冼家齐医师被控案文件（续第二十四期）（8）司法行政部法医研究所文证审查说明书	《医事汇刊》第 9 卷第 2 号（总第 31 期）第 139—147 页
1947 年		
3 月	为俞叔平编著的《法医学》作序	上海远东图书股份有限公司
1949 年		
4 月	三十七年度之飞行堡垒	《上海警察》第 3 卷第 9 期第 1—16 页
月份不详	近年来我国法医学之应用及其进展	《国际文摘月刊》1949 年第 2 期第 59—63 页

二、孙逵方论文概述

（一）孙逵方任法医研究所所长之前发表的论文（1929—1934）

1929 年，孙逵方在法国巴黎大学完成博士学位论文 *Les crânes normalement fragiles*（《正常颅骨脆弱性研究》），获得巴黎大学巴黎医学院博士学位（Doctorat de L'Université de Paris，Faculte de Médecine de Paris），并取得法医学与精神病学学院毕业证书（Diplômé de L'Institut de Médecine Légale et de Psychiatrie）。论文包括前言、第一章（正常颅骨的解剖学摘要）、第二章（颅骨的生理异常）、第三章（颅骨的测量）、第四章（总则）、第五章（法医学实用原则）、结论等7个部分。他的导师维克多·巴尔特哈雷（Victor Balthazard，1872—1950）教授是一位以最前沿的一氧化碳中毒学、指纹鉴定和弹迹鉴定等闻名的法医学专家。回国后，孙逵方任司法行政部法医研究所筹备主任，并兼任江苏上海特区地方法院（第一法院）法医，遂将法医研究所筹备处附设于该法院内，后又奉司法行政部命令将筹备处暂移南京。这期间曾检验宣阿香一案，引起报界报道和争议，遂发表《宣阿香案检验经过》一文，详述检验经过，并澄清报界质疑。他在该文第一部分"法医之性质与责任"中指出："科学研究，首重证据。法医方法亦以身体上之证据为主。由身体上之证据，可以推测死因。然同一死因，可由种种行为、种种方法以达之。究竟真正致伤或致死之行为方法为何，则须参酌身体以外之人证物证，以推定之。……故法医之职务，可分为两层：其一，为根据身体上之现象，以断定死因，此完全为法医本身范围之事；其二，为以法庭上所得身体以外之证据，与身体上所验得之征象相综合，而推定死之行为，下一合理之解释，此则非完全属于法医本身之范围。"

（二）孙逵方担任法医研究所所长期间发表论文（1935—1949）

其间，孙逵方共发表26篇论文，其中23篇发表于全民族抗战爆发前的1935—1937年间，3篇发表于抗战胜利后。论文内容广泛，涉及法医学史、改善检验尸格及法医学人才培养、提倡早期剖验、法医学与侦查学的关系、物证检验、字迹鉴定、文证审查、中毒、猝死、骨骼损伤、处女膜检查、死亡系列研究等。

孙逵方在《中国法医学史》一文中写道："《洗冤录》系吾国刑事衙门内所使用之一种检验方法，其检查不用科学方法，其立场不以医学为根据，故不能视为法医学。今为编史起见，除《洗冤录》外又无可取材，故分中国法医学史为三时期，第一期：《洗冤集录》未出现以前；第二期：《洗冤集录》出现期；第三期：法医学之输入。"孙逵方在"第一期（《洗冤集录》未出现以前）"中提到黄帝时名医岐伯"内考五脏六腑，外综经络血气色候，参之天地，验之人物"，介绍了古代医学名著《内经》有云"其死可解剖视之"及《史记》中《扁鹊仓公列传》载有"乃割皮解肌诀脉结筋等语"，指出我国古代就已有解剖思想。在此我们可知，在2000多年前的战国时期，我国就已有尸体解剖。孙逵方的这些论述，不仅对中国法医学，而且对中国病理学，都是有其积极贡献的。文中还提到"吾国重检验，自古已然，礼经所载是一章明证据。后人未加注意，遂至数典忘祖。《礼·月令》：孟秋之月，命理瞻伤，察创，视折，审断。据蔡邕之说，皮曰伤，肉曰创，骨曰折，骨肉皆折曰断。瞻焉，察焉，视焉，审焉，即后世检验之法也。"在"第二期（《洗冤集录》出现期）"中，孙逵方认为："《洗冤录》在裁判上极占地位，因历代法吏群奉《洗冤录》为圭臬，科刑律罪，平反冤狱，惟此是赖。检验专书，虽起于宋，而宋代医师除桂万荣外，少注意于检验者。盖宋时性埋之学盛行，性埋之说混入医学，医帅均尚空言，不寻根据，阴阳五行之说大行，医学之基础不立，虽以桂万荣之博雅，亦不能以医学立场作检验之基础也。"在"第三期（法医学之输入）"，此阶段西方现代法医学开始输入我国，清政府进行变法修律、改良司法，开设检验学习所进行人才培养。孙逵方认为此阶段在法律、科技、人才培训和国外输入等方面都与古代法医学有所区别，因此他把清末法医学从古代法医学中剥离出来。孙逵方提出的我国法医学史3个阶段学说，在中国法医学史研究中具有重要的价值。孙逵方在为俞叔平《法医学》所作的"序"中，也提出同样的法医学史观："我国自古素重检验，宋代以前之检验方法，已无书籍可考。自宋以来以迄今日，甚少进步。我司法界引用以解释检验之书，如'平冤''洗冤''无冤'三录，皆系宋元遗物，此外尚有《疑狱集》《棠阴比事》《折狱龟鉴》等，则仅系辅助检验之书籍。综以上各书之内容，多系经验之记载，不以科学及医学为依据。且千载以来，毫无改进。我国以医学从事检验之倡导，自前清末年已发其端。光绪二十五年，有赵元益译自英人该惠连及弗里爱氏之《法律医学》。"他还提到："对于法医学之实际应用，自民国二十一年始有司法行政部法医研究所之创立。抗战之前，我国法医之建设，已略具规模。八年战争，法医研究所全部毁于日人之手。十余年之心血，付诸东流。抚今追昔，宛如隔世。"

1935年9月，孙逵方在全国司法会议上提交"拟改善检验尸格及训练法医人才办法案"（该文在《法医月刊》1935年第19期发表）。在训练法医人才方面，他认为，长期以来，中国法医学"仍墨守旧章，以致千年以来颇少进境""吾国法医尚属萌芽时代，人才经济两感缺乏。值兹收回法权之际，为杜外人口实计，为吾国法医前途计，改善检政，培养法医人才，实为当今急务。"当时，虽然已经开始培养现代法医人才，但因"人才经济两感缺乏"而"不能造就大批人才以求普及"，根据此实际情况，同时又"兹为兼顾检验吏生活起见"，他提出"拟将各省检验吏择其通达文理者，陆续调所训练，将《洗冤录》中方法何种吻合科学，可适于用，何种不适于用，逐条详为剖析，并授以简易科学，俾其得有法医常识，以为逐渐改善检政之基，似此更番调换，数年之后，咸知运用新方法以为检验之标准，则检政前途庶有发扬光大之日。"他还指出："按《洗冤录》所载尸格图案，与现代医学科学图案解释诸多不合，似不适用于法医学昌明时代，在医学上凡属检验尸体，只能以伤痕之轻重定其致命与否，不能以地位而定其是否为致命伤，且法医学重在明了致死之真因，稍有疑虑，即应施行剖验以明真相①，非可仅以外表伤痕而推定其死因。"他强调要"按照医学生理学原理，及人体之构造，另行订定"。到 1936 年，他的学生胡齐飞按照现代解剖学的理论，绘制了人体图形并标上了相应的解剖学名称，设计了新的法医《验断书》，并且提出要用国际通用的米制长度单位对人体进行测量（参见胡齐飞《现行验断书评论及修改之刍议（附图表）》发表于《法医学季刊》1936 年第 1 卷第 3 期。这无疑是科学的改革。

孙逵方在《法医学季刊》的《发刊辞》中提倡"研究科学问题，须学理与经验并重。故凡有例能证明学理者，必举例以实吾说，庶阅者可两相对照，无偏重学理或经验之弊。""学理与经验并重"，即理论联系实际，是孙逵方法医学术的指导思想之一。在《法医学季刊》连载发表的《死之研究》，包括"死之现象、死之诊断、实行剖验、猝死"四章，系统阐述了人体死亡后的各种尸体变化及其法医学意义（生活机能停止作用之象征、尸体现象、尸体破坏之程序、尸体变化及保存之过程）、死亡的诊断（真死及假死之诊断、死期之确定、快死或慢死之诊断）、尸体剖验（尸体外部检查和内部检查的程序及注意事项）。这些内容引用国外大量的最新研究成果，反映了当时国际上法医学的最新进展，对于推动我国现代法医学的发展具有重要意义。遗憾的是，由于《法医学季刊》停刊，"第四章猝死"未能发表。他在《司法行政部法医研究所概况》一文中推崇其导师巴尔特哈雷教授"侦查价值即鉴定价值"的思想，在《警政与法医》一文中，倡导法医学要与刑事侦查学、刑事技术等相结合。他在《三十七年度之飞行堡垒》一文中介绍了上海市警察局刑事处飞行堡垒总队的概略、勤务、装备、教育与训练、总务及 1948 年的工作概况，飞行堡垒是应对突发事件的高速度的刑事警察，孙逵方曾任刑事处长兼飞行堡垒总队长，其业务课程包括

---

① 真相：原文为"真像"，后同。

"现场侦查""指纹学""法医学""命案侦查"等。

在《近年来我国法医学之应用及其进展》一文中，孙逵方对司法行政部法医研究所成立后我国法医学的进展进行了总结。他认为："自民国二十一年开始接受检案以迄今日，已将近十七载，法医研究所之创立，一为各法院解决疑难案件以补旧式检验之不足，一为训练已具有医学学识之医师，分发法院服务，用以实施现代法医学内之检验方法。""全国各法院对于根据科学及医学，检验方法，渐信而不疑，不复专以千年来旧《洗冤录》为判案规范。""法医学范围之广狭，随社会组织及法律之完缺而不同，现今各国法医师应施行之各种鉴定"。近年来，法医学范围有医务学（以医师之责任及过失案件为最多，全国医药诉讼案件十之八九均由法医研究所鉴定之）、死（真死、佯死之鉴别为法医学内重要之命题）、尸体腐败现象（尤为我国现今尸体检查最紧要之一，不能不有深刻之了解）、伤痕窒息等死因、中毒案件（过往毒品以砷为最多，近年氰酸钾中毒案件亦时有发现，用河豚鱼毒素、藤黄、钩吻等他杀有之实例）、性欲问题（生殖不能、妊娠、堕胎、否认亲权等）、物证检查（血痕、精斑、毛发、胎、便、笔迹、印鉴涂改等）、现场勘验（伤痕物证真相之保留）等。

三、小结

孙逵方（1897—1962），字萝庵、乐安、罗庵，安徽寿县人。1917 年 6 月毕业于北京大学预科一系法文班，同年入上海震旦大学短暂学习（专业不详）。1919 年赴法国留学。1920 年 8 月被法国认定获得中等教育毕业证书；然后在巴黎大学完成大学、硕士、博士课程并实习。1929 年 7 月获巴黎大学医学院博士学位和法医学与精神病学学院毕业证书。1931 年成为法国法医学会会员。1929 年回国后，任司法行政部技士（专司检务）、法医研究所筹备主任，兼任江苏上海特区地方法院（后更名为江苏上海特区第一法院）法医。1932 年 1 月 28 日，孙逵方任第三十伤兵医院医务主任；4 月，法医研究所由林几接替筹办，受聘为商务印书馆医师，并在上海开设诊所。1935 年 3 月，孙逵方接替林几任法医研究所所长，兼任震旦大学医学院法医学教授。1937 年 8 月 13 日淞沪会战爆发后，孙逵方任第三救护医院院长；11 月，随法医研究所撤离上海经武汉迁至重庆，在重庆期间，孙逵方一边担任法医研究所所长，一边行医。1945 年 10 月 6 日，孙逵方随法医研究所迁回上海，在蒲石路（今长乐路）666 号租屋办公。1946 年 12 月兼任上海警察局刑事处处长及飞行堡垒总队长。1948 年，兼任上海监狱医院院长。1949 年 5 月，赴法国巴黎定居。1962 年，因车祸在巴黎逝世。

孙逵方是我国 20 世纪 20 年代最早接受西方现代法医学教育的两位学者之一，回国后在司法行政部法医研究所的筹建中做了开拓性的工作，在长期担任法医研究所第二任所长期间，招收培养了第二、第三期法医研究员和第一期法医检验员，继续办好《法医月刊》（后更名为《法医学季刊》），负责办理全国各地法医案件，并发表 28 篇论文。他为我国现代法医学的建立、法医学人才培养、检验鉴定、科学研究和学术交流做出了卓越贡献，是当之无愧的我国现代法医学先驱。

第

三

章

孙遹方法医学论文注释及述评

一、Les crânes normalement fragiles[①]

【原文】

FACULTÉ DE MÉDECINE DE PARIS

Année 1929

THÈSE

N°

POUR LE

DOCTORAT DE L'UNIVERSITÉ DE PARIS

(Mention MÉDECINE)

PAR

Koei-Fang SUEN

Né le 26 mars 1897, à Seou-Shien (Chine)
Diplômé de l'Institut de Médecine légale et de Psychiatrie

LES CRÂNES

NORMALEMENT FRAGILES

Président : M. BALTHAZARD, *Professeur*

PARIS

LIBRAIRIE LOUIS ARNETTE

2, RUE CASIMIR-DELAVIGNE, 2

1929

---

① Suen Koei-Fang. Les crânes normalement fragiles. Thèse pour le Doctorate de L'Université de Paris. Paris: Librairie Louis Arnette, 1929.

LE DOYEN . . . M. ROGER.

I. — PROFESSEURS

MM.

Anatomie . . . . ROUVIERE.
Anatomie médico-chirurgicale . . . . CUNÉO.
Physiologie . . . . ROGER.
Physique médicale . . . . STROHL.
Chimie organique et chimie générale . . . . DESGREZ.
Bactériologie . . . . LEMIERRE.
Parasitologie et histoire naturelle médicale . . . . . . BRUMPT.
Pathologie et thérapeutique généra les . . . . . . Marcel LABBÉ
Pathologie médicale . . . . SICARD.
Pathologie chirurgicale . . . . LECENE.
Anatomie pathologique . . . . ROUSSY.
Histologie . . . . CHAMPY.
Pharmacologie et matière médicale . . . . TIFFENEAU.
Hydrologie thérapeutique et climatologie . . . . . . VILLARET.
Thérapeutique . . . . LOEPER.
Hygiène et Médecine préventive . . . . TANON.
Médecine légale . . . . BALTHAZARD.
Histoire de la médecine et de la chirurgie . . . . . . MENETRIER
Pathologie expérimentale et comparée . . . . RATHERY.

Clinique médicale . . . . $\left.\begin{array}{l} \text{CARNOT.} \\ \text{BEZANÇON.} \\ \text{ACHARD.} \\ \text{WIDAL.} \end{array}\right\}$

Hygiène et clinique de la première enfance . . . . . . LEREBOULLET.
Clinique des maladies des enfants . . . . NOBÉCOURT.
Clinique des maladies mentales et des maladies de l'encéphale . H. CLAUDE.
Clinique des maladies cutanées et syphilitiques . . . . GOUGEROT.
Clinique des maladies du système nerveux . . . . . . GUILLAIN.
Clinique des maladies infectieuses . . . . TEISSIER.

Clinique chirurgicale . . . . $\left.\begin{array}{l} \text{DELBET.} \\ \text{HARTMANN.} \\ \text{LEJARS.} \\ \text{GOSSET.} \end{array}\right\}$

Clinique ophtalmologique . . . . TERRIEN.
Clinique urologique . . . . LEGUEU.

Clinique d'accouchements . . . . $\left.\begin{array}{l} \text{COUVELAIRE.} \\ \text{BRINDEAU.} \\ \text{JEANNIN.} \end{array}\right\}$

Clinique gynécologique . . . . J.-L. FAURE.
Clinique chirurgicale infantile et orthopédie . . . . . OMBREDANNE.
Clinique thérapeutique médicale . . . . VAQUEZ.
Clinique oto-rhino-laryngologique . . . . SEBILEAU.
Clinique thérapeutique chirurgicale . . . . DUVAL.
Clinique propédeutique . . . . SERGENT.
Professeur sans chaire . . . . BRANCA.
Clinique de la tuberculose . . . . Léon BERNARD.

II. — AGRÉGÉS EN EXERCICE

MM.

ABRAMI . . . Pathologie médicale.
ALAJOUANINE Neurologie et Psychiatrie.
AUBERTIN . . Pathologie médicale.
BASSET . . . Pathologie chirurgicale.
BAUDOUIN . . Pathologie médicale.
BINET . . . . Physiologie.
BLANCHETIÈRE . . . Chimie biologique.
BROCQ . . . . Pathologie chirurgicale.
BRULÉ . . . . Pathologie médicale.
CADENAT . . Pathologie chirurgicale.
CHABROL . . Pathologie médicale.
CHIRAY . . }
CLERC . . . } Pathologie médicale.
DEBRÉ . . . Hygiène.
DOGNON . . . Physique.
DONZELOT . . Pathologie médicale.
DUVOIR . . . Médecine légale.
ECALLE . . . Obstétrique.
FIESSINGER . Pathologie médicale.
GARNIER. . . Pathologie expériment¹ᵉ.
GATELLIER . Pathologie chirurgicale.
HARVIER. . . Pathologie médicale.
HEITZ-BOYER Urologie.
HOVELACQUE Anatomie.
HUTINEL. . . Pathologie médicale.
JOYEUX . . . Parasitologie.

MM.

LABBÉ (Henri). Chimie biologique.
LARDENNOIS. Pathologie chirurgicale.
LEMAITRE. . . Oto-rhino-laryngologie.
LEROUX . . . . . Anatomie pathologique
LEVY-SOLAL. Obstétrique.
LHERMITTE . Pathologie mentale.
LIAN. . . . . Pathologie médicale.
MATHIEU . . Pathologie chirurgicale.
MERCIER (Fernand). . . . Pharmacologie.
METZGER. . . Obstétrique.
MONDOR . . . Pathologie chirurgicale.
MOURE . . . . Pathologie chirurgicale
MULON. . . . Histologie.
OBERLING . . Anatomie pathologique.
OLIVIER . . . Anatomie.
PHILIBERT. . Bactériologie.
QUENU. . . . Pathologie chirurgicale.
RICHET Fils . Physiologie.
SÉZARY. . . . Dermatologie et syphiligraphie.
VALLERY-RADOT (Pasteur). Pathologie médicale.
VAUDESCAL . Obstétrique.
VELTER . . . Ophtalmologie.
VERNE . . . . Histologie.

III. — AGRÉGÉS RAPPELÉS A L'EXERCICE

pour le service des examens

MM.

BUSQUET . . . Pharmacologie.
GUÉNIOT . . . Obstétrique.
LEQUEUX . . . Obstétrique

MM.

NEVEU LEMAIRE Parasitologie.
REPTERER . . Histologie.
ZIMMERN . . . Physique.

IV. — AGRÉGÉS CHARGÉS DE COURS DE CLINIQUE

à titre permanent

MM.
ALGLAVE . ⎫
AUVRAY . . ⎬ Clinique chirurgicale.
CHEVASSU . ⎭
LAIGNEL-LAVASTINE . . Clinique médicale.
LE LORIER . . Clinique obstétricale.

MM.
LERI . . . . Clinique médicale.
MOCQUOT . ⎫
PROUST . . ⎬ Clinique chirurgicale.
SCHWARTZ ⎭

V. — CHARGÉS DE COURS

MM. MAUCLAIRE, agrégé . . . . ⎫ Chargé du cours de chirurgie orthopédique
                               ⎬ chez l'adulte pour les accidentés du tra-
                               ⎭ vail, les mutilés de guerre et les infirmes
                                 adultes.
FREY . . . . Stomatologie.
CHAILLEY-BERT . . . . . . Education physique.
LEDOUX-LEBARD . . . . . . Radiologie clinique.
WEILL-HALLÉ . . . . Puériculture.

EN SOUVENIR DE MON PÈRE

A MA MÈRE

A MES FRÈRES

A MES AMIS

A MON MAITRE ET PRÉSIDENT DE THÈSE

Monsieur le Professeur BALTHAZARD

Professeur de Médecine légale
Membre de l'Académie de Médecine
Médécin-expert près les Tribunaux
Officier de la Légion d'Honneur

Qui a bien voulu m'accueillir dans son laboratoire et m'a toujours guidé de ses leçons. Humble témoignage de ma respectueuse admiration et de ma profonde gratitude.

A MON MAITRE

M. le Professeur agrégé DUVOIR

Professeur agrégé de médecine légale
Médecin des Hôpitaux
Médecin-expert près les Tribunaux
Chevalier de la Légion d'Honneur

*Je ne saurai jamais oublier la bien-
veillance qu'il m'a toujours témoi-
gnée et les enseignements recueillis
dans son service et à l'Institut
médico-légal. Hommage de ma res-
pectueuse reconnaissance.*

A MON MAITRE

M. le Docteur DERVIEUX
Chef des travaux de médecine légale
Médecin-expert près les Tribunaux
Chevalier de la Légion d'Honneur

*Qui m'a toujours guidé de ses leçons
et ses conseils paternels pendant
mon séjour au Laboratoire. Hom-
mage de ma vive gratitude et de
mon attachement affectueux.*

A MON MAITRE

M. le Docteur PIÉDELIÈVRE
Chef du Laboratoire de médecine légale
Médecin-expert près les Tribunaux
Chevalier de la Légion d'Honneur

*Qui a bien voulu m'inspirer le sujet
de cette thèse et m'a guidé de ses
leçons et conseils. Hommage de
respectueuse reconnaissance.*

A M. le Professeur PAPILLAULT

Directeur du Laboratoire d'Anthropologie de l'École pratique
des Hautes-Etudes
Professeur à l'Ecole d'Anthropologie de Paris

*Qui a bien voulu nous accueillir avec
bienveillance dans son laboratoire
et permis ainsi de mener à bien
ce travail.*

A MES MAITRES DE L'INSTITUT MÉDICO-LÉGAL
ET DES HOPITAUX :

M. le Professeur CLAUDE.
MM. les Docteurs CROUZON et CEILLIER.
M. KOHN-ABREST.

A MES MAITRES
DE LA FACULTÉ DE MÉDECINE DE NANCY

A MON AMI, C. K. SIÉ
Doyen de la Faculté des Lettres à l'Université nationale de Nankin

*J'adresse mes meilleures amitiés et
ma profonde affection.*

A MES AMIS

Le Docteur N. K. KOANG
Interne des Hôpitaux de Paris

Madame A. KOANG
Docteur en Pharmacie

*Mes amitiés les meilleures et mon
affection la plus profonde.*

Le Docteur SZUMLANSKI
Interne des Asiles de la Seine

A MES AMIS

Les Docteurs TCHOU, YUEN, L. ENGEL,
J. P. STEICHEN.
Monsieur et Madame JU

INTRODUCTION

———

Les fractures du crâne, les enfoncements de la voûte sont fréquemment observés dans la pratique médico-légale courante. Ce sont des constatations banales en rapport avec des chutes, des coups, des traumatismes quelconques. La résistance et l'élasticité du crâne et le mécanisme des fractures ont fait l'objet de nombreux travaux.

Mais il peut arriver, et nous en rapporterons les observations, qu'un traumatisme relativement léger entraîne une fracture de la voûte. Nous sommes frappés dans certains cas par la minceur de la voûte cranienne, nous pensons que celle-ci peut être l'origine de ces fractures ; nous en rapporterons aussi des observations.

A ce propos, nous avons mesuré l'épaisseur d'un certain nombre de voûtes craniennes et nous avons constaté quelquefois une minceur très nette dans l'en-

semble de la voûte. Mais le plus souvent celle-ci est
plus accusée en certains points.

Cette minceur semble occasionner un certain degré
de diminution d'élasticité. Nous croyons qu'elle cons-
titue un des facteurs importants dans la fragilité cra-
nienne : ces sujets sont donc des prédisposés à la frac-
ture ou à l'enfoncement par un traumatisme léger.

CHAPITRE PREMIER

—

ANATOMIE SOMMAIRE
DE LA VOUTE DU CRANE NORMAL

Configuration extérieure

La voûte s'étend, dans le sens antéro postérieur, de
la bosse frontale moyenne à la protubérance occipitale
externe ; latéralement, elle est limitée par la racine lon-
gitudinale de l'apophyse zygomatique. Sur la ligne
médiane, elle présente d'avant en arrière d'abord la su-
ture médico-frontale qui disparaît chez l'adulte ; puis
la suture bi-pariétale; enfin, en arrière, la partie la plus
élevée de l'écaille occipitale.

Sur les côtés, nous constatons l'existence de trois sail-
lies plus ou moins marquées suivant les sujets,qui sont,

semée d'impressions digitales et de saillies d'éminences mamillaires. Quelquefois on voit les dépressions de Pacchioni qui sont moins fréquentes que sur les pariétaux.

Disposition des pariétaux

Le pariétal qui forme une grande partie des parois de la voûte du crâne, est un os pair situé au dessus du temporal, en arrière du frontal et en avant de l'occipital. De figure quadrilatère, il nous offre à considérer deux faces, quatre bords et quatre angles. Nous ne décrirons que les deux faces.

La face externe convexe présente à son centre une bosse arrondie : c'est la bosse pariétale. Au dessous d'elle, il existe deux lignes courbes, demi-circulaires dont la concavité regarde en bas et en avant. Ce sont les deux lignes temporales : l'inférieure donne insertion au muscle temporal ; la supérieure à l'aponévrose de ce muscle. La portion de l'os qui est située au dessus des lignes temporales est régulièrement arrondie et lisse ; la portion, située au dessous, donne l'insertion au muscle temporal, cette portion est rugueuse.

La face interne du pariétal est fortement concave, on voit d'abord à son centre une dépression, la bosse parié-

tale. On remarque ensuite tout un système de gouttières
ramifiées que l'on a comparées aux nervures d'une
feuille de figuier. La gouttière principale part de l'angle
antéro-inférieur du pariétal, et de là, se dirige en haut
et en arrière. Un peu en arrière de cette gouttière prin-
cipale s'en trouvent d'ordinaire une ou plusieurs autres
qui partent généralement du bord inférieur de l'os.
Dans ces gouttières cheminent les ramifications de l'ar-
tère et des veines méningées moyennes.

Moulée sur le cerveau, la face interne est parsemée
d'impressions digitales et d'éminences mamillaires. Elle
présente enfin, dans le voisinage du bord supérieur une
ou plusieurs dépressions irrégulières : elles sont en
rapport avec les sacs sanguins et les corpuscules de Pac-
chioni.

Disposition du temporal

Nous ne décrirons que la position squameuse qui se
trouve au-dessus de la racine longitudinale de l'apophyse
zygomatique, formant la voûte du crâne. La portion
écailleuse du temporal, aplatie et mince, convexe d'un
côté, concave de l'autre, ressemble assez bien à une valve
de certaines coquilles.

La face externe convexe et lisse présente quelques sillons vasculaires, ordinairement peu profonds.

La face interne est concave, parsemée d'impressions digitales et d'éminences mamillaires en général très prononcées. On y remarque en outre un ou deux sillons artériels.

Disposition de l'occipital

L'occipital est un os impair et symétrique. Nous ne décrirons que les deux faces de la partie située au dessus de la protubérance et de la ligne courbe supérieure.

La face externe est assez régulièrement lisse ; elle répond aux téguments dont elle est séparée cependant sur les côtés par les muscles occipitaux. Sur la ligne médiane par l'aponévrose épicranienne.

A la face interne, de chaque côté, on remarque sur la face concave les fosses occipitales supérieures ou cérébrales, à la partie médiane, elle présente une gouttière verticale qui loge l'extrémité postérieure du sinus longitudinal supérieur, lequel se divise inférieurement en deux branches.

Malgré la description très aride des os de la voûte, nous la croyons nécessaire pour notre étude ultérieure.

Les points résistants de la voûte

Les parties les plus résistantes de la voûte ont été bien étudiées par Félizet qui considérait que la voûte est soutenue par six arcs-boutants.

L'arc-boutant antérieur ou pilier frontal est représenté par la crête interne du frontal, la bosse fronto-nasale et l'apophyse crista-galli avec la lame perpendiculaire.

L'arc-boutant postérieur est constitué par la crête et la protubérance occipitale, constituée par le bourrelet du pourtour du trou occipital, les condyles et au delà de ceux-ci, par l'apophyse basilaire.

Les deux arcs boutants antérieurs sont : l'apophyse orbitaire externe et la pyramide creuse, très résistante, des grandes ailes du sphénoïde.

Les deux arcs-boutants obliques postérieurs correspondant aux tubérosités mastoïdiennes, continuées par les rochers à l'intérieur du crâne.

Les points faibles sont les entre-boutants.

Nous avons remarqué que certains points de la voûte sont particulièrement minces et fragiles et ces points se trouvent toujours dans les mêmes régions. Ce sont :

1º Les dépressions de Pacchioni ;

2° Les gouttières vasculaires du pariétal ;

3° La lacune d'ossification du pariétal ;

4° L'écaille du temporal ;

5° L'espace triangulaire fronto-pariéto-ptérique du frontal.

L'étiologie
et les dispositions de ces points faibles

Les granulations de Pacchioni sont de petits corpuscules grisâtres ou rougeâtres, qui se développent dans l'épaisseur des méninges ou dans leur intervalle. Connues déjà de Wilis, bien décrites par Pacchioni, elles ont été étudiées à nouveau par Faivre, Key, Retzius, Labbé et Trolard. Leur siège de prédilection est le long de la grande scissure interhémisphérique, de chaque côté du sinus longitudinal supérieur. C'est à deux ou trois centimètres en dehors de ce sinus qu'on les trouve en grande quantité, agglomérées sous formes de plaques.

On les observe aussi d'une façon moins constante dans le voisinage du sinus latéral, à la partie antérieure du cervelet au point où les veines de Galien s'abouchent dans le sinus droit, dans le voisinage de la scissure de Sylvius, au niveau du sinus caverneux, du sinus

pétreux supérieur et des grosses branches des veines
méningées moyennes.

Ces granulations ont ordinairement les dimensions
d'un grain de millet. On les voit assez fréquemment
atteindre le volume d'un gros poids ou même des
dimensions plus considérables.

Leur forme est suivant les cas : sphérique, ovoïde, péri-
forme ou en massue. Libres par leur extrémité externe,
elles adhèrent en dedans à la pie-mère, soit par une
base relativement large, soit par un pédicule plus ou
moins étroit. Il y a des granulations solitaires, mais
presque toujours elles sont agglomérées en plaques ou
groupes souvent fort étendus. Elles sont plus ou moins
molles à leur début. Elles deviennent plus fermes au
fur et à mesure qu'elles se développent et présentent
dans certains cas, une dureté de bois ou de pierre.
Absentes chez les fœtus, rares et peu développées dans
la première enfance, les granulations de Pacchioni se
multiplient chez l'adulte et augmentent ensuite, en
nombre et en volume, au fur et à mesure qu'on avance
en âge. Leur nombre total est très variable d'un sujet
à l'autre, on en trouve souvent 200 à 300 chez un
adulte, le double chez un vieillard.

On admet généralement aujourd'hui que les granu-
lations de Pacchioni sont de simples végétations con-

jonctives qui prennent naissance dans les espaces sous-arachnoïdiens, elles représentent une sorte d'évagination polypeuse. Elles ont la structure du tissu sous-arachnoïdien, c'est un réseau trabéculaire avec de minces faisceaux conjonctifs et un endothélium péritrabéculaire. Cette boule spongieuse est gonflée de liquide céphalo-rachidien et, sur toute sa surface extérieure, elle est revêtue et close par l'arachnoïde viscérale qui lui fournit sa gaine arachnoïdienne. Les granulations anciennes subissent diverses dégénérescences, elles deviennent fibreuses, s'incrustent de sels calcaires. Elles se développent en dehors, en soulevant peu à peu les deux membranes qui les recouvrent, l'arachnoïde et la dure-mère.

Dans ces mouvements d'expansion excentrique, les granulations se dirigent presque toujours vers les sinus, soit vers les lacs sanguins dans l'épaisseur de la dure-mère. Arrivées au contact de la paroi de la cavité veineuse, elles la repoussent devant elle, l'amincissent, s'en coiffent et paraissent alors baigner en plein dans le courant sanguin. Il n'est pas rare de rencontrer des portions de sinus ou des lacs sanguins qui sont comme comblés par les granulations. Elles perforent toute la dure-mère ou émergent hors de celle-ci avec sa mince gaine durale. Ces granulations s'appliquent sur la face interne du crâne.

Depuis longtemps déjà les auteurs ont signalé l'action que les granulations méningiennes exercent sur l'usure des os de la voûte du crâne et des pariétaux en particulier. Mais certains auteurs croyaient que cette usure était due aux lacs sanguins.

Les lacs sanguins.

La dure-mère possède dans son épaisseur un système de cavités spéciales qui sont remplies de sang veineux, que l'on désigne sous le nom de lacs sanguins. Ces lacs ont été étudiés par Faivre, le premier, puis minutieusement décrits par Trolard, Key, Retzius et Labbé.

Les lacs dérivatifs de sûreté de Labbé sont formés par un dédoublement de la dure-mère. Ils préexistent aux granulations méningiennes; ils ne sont donc pas créés par l'arrivée des corpuscules de cette membrane.

Dans ces lacs sanguins viennent se jeter une partie des veines du diploé, les veines émissaires de Santorini et les veines méningées moyennes. La paroi inférieure est perforée et reçoit directement le sang d'une partie des veines du cerveau pour le transmettre ensuite aux sinus.

Ces lacs communiquent avec le sinus par un canal assez volumineux, qui peut atteindre jusqu'à un centimètre de longueur, et à l'aide de deux ou trois canaux plus petits. D'autres fois, la communication s'établit par de simples orifices arrondis sans canal intermédiaire.

Leur rôle est ainsi compris par Labbé : « Ce sont, si l'on peut employer cette expression, des soupapes de sûreté, ou mieux des lacs de dérivation qui reçoivent le trop plein, soit du sinus, soit des veines et empêchent la compression du cerveau ».

Les lacs sanguins se développent de préférence de chaque côté du sinus longitudinal supérieur, principalement vers la partie moyenne. Leur cavité est en forme d'ampoule irrégulière le plus souvent avec le grand axe dans le sens antéro-postérieur. L'ampoule est souvent remplie plus ou moins par les granulations de Pacchioni qui détruisent en partie la paroi supérieure et usent les pariétaux.

Sappey admettait que les corpuscules de Pacchioni et les lacs sanguins n'ont qu'un seul caractère commun « c'est de déterminer aussi l'érosion de l'os dans la période ultime de leur développement ».

Artère méningée moyenne.

Elle naît à huit ou dix millimètres en moyenne de l'origine de la maxillaire inférieure et s'engage dans le crâne par le trou petit rond. A son origine, elle a un diamètre moyen de deux millimètres et demi et conserve cette dimension jusqu'à sa division en branches terminales.

Dès son entrée dans la cavité cranienne, elle est englobée entre la calotte osseuse et la dure-mère. Le tronc s'infléchit brusquement à angle droit sur l'orifice interne du trou petit rond et se dirige en dehors et un peu en arrière en suivant la surface concave du crâne. Il chemine là d'abord au-dessus de la suture sphéno-temporale puis sur la surface endocranienne de la grande aile du sphénoïde. Cette portion, de longueur très variable, ne tarde pas à se diviser en deux branches terminales de volume inégal, l'une antérieure et l'autre postérieure plus petite. C'est à vingt-cinq millimètres environ du trou petit rond que naissent les deux branches.

La branche antérieure se subdivise presque toujours en deux rameaux à peu près égaux : il en résulte donc que sur les parties latérales de la cavité cranienne on trouve trois sillons, de sorte qu'il est d'usage de décrire trois branches principales, antérieure, moyenne et postérieure. Cette branche antérieure, qu'elle soit bifurquée on non, se dirige en dehors et en avant vers l'angle antéro-inférieur du pariétal ; elle arrive sur la face interne de cet os à 5 millimètres en moyenne en arrière

faisceaux. On voit apparaître un point ossiforme lequel se prolonge en rayonnant sous l'aspect d'aiguilles ou de travées qui s'unissent pour former un réseau mince et délicat.

Dans les mailles du réseau se trouvent les cellules et, un peu plus tard, des capillaires sanguins. Les cellules, en se multipliant, s'échelonnent en séries linéaires autour des travées.

A dater de ce moment l'évolution des os du crâne devient plus active et plus rapide. Le réseau ossiforme se rapproche peu à peu des bords de l'os correspondant. Pendant qu'il s'étend en surface, la prolifération et la transformation des cellules continuent ; chacune d'elles s'entoure d'une couche osseuse. Les vaisseaux qui sont plus développés favorisent la substitution du tissu osseux ou tissu ostéide. C'est alors que l'os commence à s'épaissir. La lame qui le revêt en dehors et la lame conjonctive qui le revêt en dedans se différencient en périoste et déposent l'une et l'autre, à leur surface profonde, entre elle et l'os primitivement formé, une couche plus ou moins importante d'os périostique. Elles viennent recouvrir la couche spongieuse qui avait paru la première.

Le développement du pariétal.— La formation du pariétal a été étudiée par Albinus, Broca et Augier.

C'est vers le 45ᵉ jour de la vie intrautérine, dans le point où sera plus tard la bosse pariétale qu'apparaît le point unique d'ossification. Il forme un petit réseau de plus en plus foncé dans la membrane demi-transparente du tissu embryonnaire qui constitue en ce point la voûte du crâne. De ce centre d'ossification partent les fibres osseuses rayonnantes qui se prolongent en tous sens et forment deux couches : l'une profonde qui dèviendra la table interne, l'autre superficielle, qui deviendra la table externe. Par suite de leur disposition radiée, ces fibres sont très serrées du côté de leur extrémité centrale, tandis qu'à l'extrémité opposée elles sont séparées par des espaces linéaires, comme le seraient les dents d'un peigne très fin. Les fibres de la couche profonde croissent plus rapidement que celle de la couche superficielle et atteignent les premières limites sur lesquelles s'établiront définitivement les bords du pariétal. Il y a donc une période où ces bords sont formés exclusivement par les fibres profondes ; mais les fibres de la couche superficielle s'y prolongent bientôt à leur tour, et comme elles ne sont pas exactement superposées une à une sur la couche profonde, les espaces interfibrillaires de chaque couche sont, pour la plupart, recouverts par ceux de l'autre couche : il en résulte que l'apparence pectinée des bords de l'os disparaît peu à peu.

La superposition complète des deux couches de fibres ne s'effectue pas simultanément dans toutes les parties de la circonférence du pariétal. Dans la partie qui correspondra plus tard à la région de l'obélion, le travail d'accroissement de la couche superficielle est beaucoup plus lent que partout ailleurs. Sur les fœtus de 5 à 6 mois, les fibres qui aboutissent à cette région, et celles qui, plus en arrière, se portent vers l'angle postérieur et supérieur de l'os, c'est-à-dire vers la fontanelle lamboïdienne, sont encore fines, simples, profondément séparées par des intervalles linéaires et appartiennent encore toutes à la couche profonde, tandis que la disposition pectinée commence déjà à s'effacer dans le reste de la circonférence de l'os.

Ce groupe de fibres plus lâches et plus minces est séparé en avant des fiches plus serrées et fortes qui forment le reste du bord sagittal de l'os, par une sorte d'incisure ou de scissure de profondeur et de largeur variables, qui n'est qu'un espace interfibrillaire plus large et plus profond que les autres. Pendant les mois qui suivent, cette disposition s'atténue, mais lentement, et elle est encore manifeste au moment de la naissance.

Cet espace, que Broca appelle l'incisure pariétale, est, dans beaucoup de cas encore, ouvert à la naissance dans une étendue variable. C'est aussi l'ouverture qui constitue la fontanelle sagittale de Gerdy.

Cette fontanelle peut être formée d'un seul pariétal ou plus habituellement des deux pariétaux. Hamy a étudié ce sujet avec un soin particulier. Il montra que cette fontanelle siège à deux centimètres en moyenne au-dessus du lambda, sur la suture sagittale, c'est une fontanelle transversalement losangique dont les angles latéraux s'enfoncent plus ou moins profondément à droite et à gauche dans les pariétaux et s'y continuent sous forme de fissures transversales ou un peu obliques d'arrière en avant. Cette fontanelle existe une fois sur quatre environ chez les enfants examinés par Broca.

Barkow a montré, au lieu d'élection de la fontanelle sagittale, deux fissures situées sur un plan transversal ou placées en avant l'une de l'autre. Ce sont des vestiges de la petite lacune membraneuse. Par les progès de l'ossification des deux pariétaux, les fontanelles sagittales et les fentes qui en étaient les vestiges disparaissent ; il est pourtant des cas très rares, où cette fente persiste à l'état adulte. L'existence d'une fontanelle sagittale et la persistance d'une incisure pariétale sont des faits du même ordre ; ils dépendent l'un et l'autre d'un arrêt dans le développement du pariétal.

Trous pariétaux. — Ils sont généralement au nombre de deux ou de quatre ; quand il existe deux trous sur chaque pariétal, ils sont situés sur une ligne horizontale. Broca pensait qu'avec cette disposition il est permis de considérer comme très probable qu'une scissure horizontale de l'os pariétal s'est refermée incomplètement, en laissant persister un ou deux trous sur son trajet. D'après certains auteurs, les trous pariétaux seraient des trous vasculaires dus au dépôt de la substance osseuse autour d'une veine émissaire préexistante.

Chez l'adulte, les dimensions des trous pariétaux varient ordinairement entre un tiers de millimètre à un millimètre : mais lorsqu'un trouble d'ossification entrave d'une manière plus grave la réunion des bords de l'incisure pariétale, les dimensions peuvent atteindre 4 à 6 mm. même jusqu'à 3o mm.

L'écaille du temporal et l'espace triangulaire fronto-pariétoptérique. — Ces régions sont généralement et normalement minces dans la plupart des crânes ou la totalité des crânes. Nous donnerons des descriptions plus détaillées dans les chapitres suivants.

La voûte du crâne normal présente en tout cas une grande résistance, par elle-même et par son élasticité

La propriété prépondérante de la voûte du crâne est l'élasticité. L'élasticité du crâne a été étudiée spécialement par Bruns, Hermann, Messerer, Baum, Tillaux, Felizet, Chipault et Braquehaye.

Bruns a montré qu'un crâne frais comprimé avec précaution dans les branches d'un étau peut, sans se briser, rétrécir son diamètre antéro-postérieur de 11 mm. tandis qu'on constate un élargissement de 5 mm. pour le diamètre transversal ; inversement, si on réduit le diamètre transversal de 15 mm. le longitudinal peut s'allonger de 9 mm. Le champ de l'élasticité de l'ovoïde cranien est donc assez considérable.

Tillaux, en laissant tomber un crâne frais sur le sol, voit celui-ci rebondir à une certaine hauteur..

La démonstration du rôle important de l'élasticité du crâne a surtout été clairement établie par les expériences de Félizet.

Elles ont eu pour résultat, d'apprécier la forme, l'étendue et le degré des dépressions de la voûte cranienne, sous l'influence des chocs.

Il laisse tomber sur un sol uni et résistant des crânes frais contenant de l'encéphale et dépouillés du péricrâne. Ces crânes enduits d'encre d'imprimerie, tombent de hauteurs diverses sur dalle unie, recouverte d'une feuille de papier blanc. La dépression subie par le crâne s'imprime sur le papier. Les figures ainsi obtenues sont décalquées sur une autre feuille de papier. Elles représentent des cercles, plus ou moins étendus selon la hauteur de la chute, si les divers arcs qui composent la voûte s'abaissent également. Les figures seront des ovales ou des ellipses pour les chutes plus élevées, à grand axe antéro-postérieur ou transversal, selon que les arcs verticaux ou horizontaux se dépriment davantage.

Une autre expérience consiste à remplir un crâne de paraffine, après en avoir induit la surface avec de l'huile. Lorsque la paraffine est refroidie, on laisse tomber le crâne d'une hauteur de 75 cm., sans qu'il se produise de fracture. Puis on scie la calotte cranienne. On constate, au niveau du point percuté, sur le globe de paraffine, une surface plane sensiblement circulaire de .14 mm. de rayon et d'une dépression de 8 mm. Cet aplatissement de la paraffine a évidemment été produit par l'abaissement et le redressement des arcs craniens correspondant sous l'influence de choc.

Les conclusions de Félizet sont les suivantes :

1º Le crâne peut être comprimé dans une certaine mesure sans se briser, avec une diminution notable de ses diamètres et il est assez élastique pour reprendre ses dimensions aussitôt que la pression a cessé ;

2º La diminution d'un des diamètres correspond à une augmentation de l'autre diamètre ;

3º Le degré d'élasticité du crâne est très variable suivant les individus ; il varie surtout avec l'âge.

La méthode graphique de Chipault et Braquehaye a montré que dans un choc cranien, il y a une dépression en un point percuté qui coïncide avec un soulèvement dans une partie opposée et les régions intermédiaires.

Les os plats qui forment la voute du crâne, se composent essentiellement de deux lames de tissu compact. Celle qui est en rapport avec les centres nerveux est nommée table interne, la table externe est en rapport avec les parties molles situées tout autour du crâne. Entre les deux tables s'étend une couche de tissu spongieux ou diploé, d'autant plus abondante en général que la paroi cranienne est plus épaisse. Cette couche n'est point également répandue entre les deux lames osseuses : en effet, la surface externe du crâne est lisse et unie, au contraire, la face interne, appliquée sur l'encéphale, présente des saillies et des dépressions, très grossièrement moulées sur les organes contenus. Le diploé, disposé en îlots, comble l'interstice des deux lames. Le diploé peut disparaître dans les zones très amincies.

Les os de la voûte cranienne sont parcourus par des canaux veineux qui collectent le sang des lacunes du diploé. Ces canaux sont constants mais présentent dans leur développement de très grandes différences individuelles. Ils sont divisés en frontaux, pariétaux et occipitaux ; ce sont les pariétaux qui se dirigent vers le sinus sphéno-pariétal. Le calibre de ces canaux est très petit chez l'enfant, il croît en raison directe de l'âge.

CHAPITRE II

—

LA VOÛTE DU CRÂNE
PHYSIOLOGIQUEMENT ANORMALE

———

A. — Nous éliminons d'office toutes les lésions patho logiques d'ostéites, de raréfaction osseuse aiguë ou chronique. Nous éliminons aussi l'amincissement sénile et nous ne nous occupons que de l'état congénital.

B. — *Il y a des différences d'épaisseur des os de la voûte, constantes. Nous nous sommes attaché particulièrement à la mensuration des parties minces.*

Leur siège le plus fréquent, leur taille, leur forme et leur constitution.

Les parties et les points faibles sont les dépressions de Pacchioni, les gouttières méningées moyennes du pariétal, l'espace triangulaire fronto-pariéto-ptérique

63

du frontal, l'écaille du temporal et les lacunes d'ossification dans la région de la fontanelle de Gerdy.

1° LES DÉPRESSIONS DE PACCHIONI.

Ces dépressions se trouvent toujours le long de la gouttière du sinus longitudinal supérieur à une distance de 5 à 25 mm. de la suture vaginale, généralement sur les pariétaux, rarement sur le frontal. Nous savons en effet que la branche antérieure de l'artère méningée moyenne ne passe qu'exceptionnellement en avant de la suture fronto-pariétale. Ordinairement, ces dépressions se trouvent à une distance de 20 à 35 mm. de la suture, quelquefois elles peuvent éloigner de 6 à 7 cm. Elles sont toujours placées à l'extrémité supérieure de la branche antérieure de l'artère méningée moyenne, rarement c'est une autre branche qui s'y déverse. Leur taille et leur profondeur sont très variables. Les dépressions peuvent être étendues et peu profondes, ou très profondes et peu étendues. Il arrive souvent qu'elles sont très profondes et très étendues. Leur forme est ordinairement ovalaire avec le grand axe antéro-postérieur. Cet axe peut quelquefois avoir une longueur de 5 à 6 cm. La largeur est toujours moindre. Leur profondeur dépend de l'épaisseur du pariétal, mais c'est surtout la minceur de la lame osseuse du fond de ces dépressions qui est intéressante à étudier. La lame osseuse, à ce niveau, ne possède plus de diploé quand les dépressions sont très marquées, les deux tables sont en contact : on ne voit qu'une lame mince. Cette lame est souvent transparente, on y trouve parfois de petites perforations. Ces perforations ont été observées par différents auteurs : « L'os s'amincit considérablement dans ce point et se perfore. Je n'ai, ajoute-t-il, qu'un exemple de cette dissolution, mais l'ouverture était entièrement différente de celles qui sont produites par les fongus de la dure-mère » (Ribes).

2) Les gouttières vasculaires (*Branche antérieure*).

Leur siège est, en général, en rapport avec la suture fronto-pariétale. Nous avons déjà décrit le rapport de cette suture avec la branche antérieure de l'artère méningée moyenne par les moyennes données par Gérard-Marchant. Cette gouttière est généralement oblique en haut et en arrière, rarement parallèle à la suture, son extrémité supérieure aboutit ordinairement à une dépression de Pacchioni.

Quelquefois on voit deux gouttières qui montent parallèlement vers cette dépression. Cette gouttière est plus marquée en bas qu'au sommet du crâne, c'est à l'angle antéro-inférieur du pariétal qu'elle est profonde, il n'est pas rare de trouver un canal osseux. La largeur est très variable, le maximum que nous avons trouvé est de douze millimètres. Sur un pariétal d'épaisseur normale, la différence est de trois à quatre millimètres avec la gouttière vasculaire avant sa bifurcation. Quand une gouttière est très marquée, on voit que, sur son trajet, sa lame osseuse est translucide et d'une minceur extrême.

3) L'ÉCAILLE DU TEMPORAL ET L'ESPACE TRIANGULAIRE FRONTO-PARIÉTO-PTÉRIQUE DU FRONTAL.

Ce sont les deux lames osseuses qui forment les parties antérieure et postérieure de la fosse temporale. La fragilité de cette région a été de tout temps remarquée par les auteurs. Elle a pour caractère spécial d'être extrêmement mince, si mince qu'elle est souvent transparente, surtout au niveau de l'écaille temporale. C'est en effet qu'il entre peu de tissu spongieux dans sa structure, par places seulement, une couche fort mince en est interposée entre les deux tables. Aussi observe-t-on une fragilité extrême.

Martin et Godlewski ont montré une zone ou ligne faible de l'écaille temporale. C'est, disent-ils, une zone claire vue par transparence ; elle est située au centre de l'écaille, à un travers de doigt au-dessus de l'arcade zygomatique à sa partie moyenne, elle est d'une minceur extrême et parfois perforée en son centre. La branche

postérieure de l'artère méningée moyenne traverse à
peu près horizontalement cette zone faible et s'y rupture
souvent par le moindre choc. Cette zone, que nous
avons examinée sur de nombreux crânes, dessine dans
la fosse écailleuse, des figures plus ou moins sinueuses
ayant l'aspect de feuilles ou de bandes, on voit quel-
quefois une petite perforation dans le sillon de l'artère
méningée.

L'espace triangulaire du frontal qui forme la partie
antéro-supérieure de la région temporale est plus mince
en bas qu'en haut et nous montre souvent une petite
zone translucide située près de la réunion des sutures
unissant le frontal à l'angle antéro-inférieur du pariétal
et à la grande aile du sphénoïde.

La portion moyenne de la région temporale est formée
par l'angle antéro-inférieur du pariétal et la grande aile
du sphénoïde. Cette partie du pariétal est souvent très
mince. La branche antérieure de l'artère méningée
moyenne traverse cet angle sur la face interne et dimi-
nue encore son épaisseur.

La grande aile du sphénoïde dont la face externe ap-
partient, dans sa partie supérieure, à la fosse temporale,
est souvent translucide et renferme, dans les portions
les plus épaisses, du tissu spongieux desséché et raréfié
sur l'os sec.

On voit, d'après sa constitution, que la fosse tempo-
rale est extrêmement fragile, un traumatisme souvent
léger peut occasionner un accident mortel. C'est cette
même région que les boxeurs chinois dénomment
« Ming Meun », la porte qui fait perdre la vie, ou
mieux l'encadrement qui donne la mort. Cette dénomi-
nation a probablement été donnée à la suite de nom-
breux accidents mortels produits par les coups dans
cette zone.

LES LACUNES D'OSSIFICATION.

Les lacunes d'ossification des pariétaux sont rares
chez les adultes : nous n'en avons pas trouvé sur des
crânes que nous avons examinés, mais il en existe chez
les enfants. MM. Dervieux et Piédelièvre ont communi-
qué un cas à la Société anatomique en 1920. Il exis-
tait, sur un crâne d'enfant de douze ans et demi, des
zones translucides sur les pariétaux, de la dimension
d'une pièce d'un franc.

C. — *La voûte cranienne est mince dans son en-
semble.*

Lorsque la voûte cranienne est mince dans son en-
semble, l'aspect général du crâne vue par transparence,
est normal mais, en certains points, on aperçoit des
zones translucides. Les points faibles sont encore plus

孙逹方论文研究

marqués sur ces crânes minces que sur les crânes
d'épaisseur normale. Il ne reste plus qu'une lame
extrêmement mince qui se perfore à la moindre pres-
sion.

———————

CHAPITRE III

———

MENSURATIONS DES OS DE LA VOÛTE DU CRÂNE. CONSIDÉRATIONS GÉNÉRALES SUR L'ÉPAISSEUR DE LA VOÛTE CRANIENNE. OS DE LA VOÛTE CRANIENNE EN GÉNÉRAL

———

D'après Péan, la moitié gauche l'emporte généralement sur la moitié droite, contrairement à ce qui se passe pour le reste du squelette. Dans la majorité des cas, la différence ne dépasse pas un demi-millimètre.

Age et sexe. — L'épaisseur varie suivant l'âge et le sexe. Elle est plus considérable chez l'homme et chez l'adulte que chez l'enfant et chez la femme. Chez la femme la moyenne d'épaisseur des os du crâne est d'un tiers ou d'un quart moindre que chez l'homme.

L'épaisseur de la voûte cranienne continue à augmenter lors même que le reste du corps a subi tout son développement. En effet, les chiffres maxima ont toujours été trouvés sur le crâne de cinquante ans et au-delà. Le crâne s'atrophie vers soixante-dix ans (Péan).

Chez l'enfant, pendant les deux premières années, les parties inférieures de la voûte sont plus épaisses que les parties supérieures. La différence ne s'élève pas au-dessus du 1/4 ou du 1/5 de l'épaisseur moyenne de l'os. Plus tard cette différence disparaît. Il est même à remarquer que les chiffres se renversent à l'âge adulte pour ce qui concerne les pariétaux.

La taille et la santé physique ont aussi une influence sur l'épaisseur des os du crâne.

Races. — Indépendamment des différences individuelles, on sait en effet que l'épaisseur du crâne paraît différer chez certaines races. Sur un ancien champ de bataille où gisaient encore des ossements de Perses et d'Egyptiens, il y a plus de deux mille deux cents ans, Hérodote faisait la remarque suivante : « Les crânes des Perses sont minces, de sorte que si tu veux jeter un caillou tu les perfores ; mais ceux des Egyptiens sont épais, de sorte qu'avec peine tu les brises si tu les frappes avec une pierre ».

D'après Zanetti, les crânes étrusques sont remarquables par la délicatesse de leur forme, la minceur des os, le peu de saillie des apophyses.

Le crâne extrait par de Saulcy et Bertrand du tumulus de l'âge de fer de Melvisy dans le département de la Côte-d'Or, avait 10 millimètres d'épaisseur au niveau du frontal. Son diploé, ni plus poreux ni plus dense, était normal. Broca, qui avait observé plusieurs fois sur des crânes très anciens un épaississement analogue, disait : « J'ai lieu de croire que les crânes épais étaient plus communs dans les temps préhistoriques qu'ils ne le sont aujourd'hui. » Péan, en remarquant l'épaisseur moindre du crâne des civilisés que celle du crâne des sauvages, a confirmé l'observation de Broca.

Os de la voûte cranienne en particulier

PARIÉTAUX. — Au moment de la naissance, les pariétaux ont une épaisseur moyenne d'un demi-millimètre, plus faible que celle que présentent le frontal et l'occipital à cette période de l'existence. Chez l'adulte, l'épaisseur moyenne est de 5 mm. Elle augmente en haut de 1 à 2 mm., tandis qu'en bas elle diminue. L'épaisseur des pariétaux est un peu plus grande en arrière qu'en avant. Le maximum d'épaisseur de ces os se trouve en haut et en arrière au niveau de l'angle postéro-supérieur.

FRONTAL. — A tous les âges, le frontal est un peu plus épais que les pariétaux. A la naissance, sa moyenne

est de 2/3 de mm. chez l'adulte, le frontal a une épais-
seur moyenne de 5 à 6 mm. Il se renfle un peu sur la
ligne médiane, là où existait à la naissance la suture
embryonnaire qui réunissait les deux moitiés. Sa por-
tion inférieure est relativement plus épaisse que la
portion inférieure des pariétaux.

Au niveau de la fosse temporale, le frontal s'amincit
considérablement et ne mesure plus que de 1 à 2 mm.
c'est la lame triangulaire qui forme la partie antérieure
de la fosse temporale.

OCCIPITAL. — Chez le nouveau-né, l'occipital est si peu
développé qu'il fait à peine partie de la voûte. Son épais-
seur moyenne est la même que celle des pariétaux, sauf
au niveau de l'inion.

Mensurations personnelles

Les instruments qui nous ont servi sont :
1° Compas d'épaisseur gradué au millimètre dont on
peut lire le demi-millimètre ;
2° Palmer gradué au centième de millimètre.

Ces instruments ne sont pas suffisants pour prendre
les épaisseurs sur les différents points du crâne. Les
crânes sont en général sciés horizontalement au-dessus
de l'arcade sourcilière ou verticalement par la suture

sagittale. Le compas d'épaisseur est suffisamment long pour atteindre tous les points de la cavité mais insuffisant pour donner la minceur exacte d'une lame réduite à l'extrême ; le palmer est suffisamment précis mais son arc ne dépasse pas 5 cm., il est souvent impossible d'aller mesurer un point éloigné du bord de l'os.

L'épaisseur de la voûte du crâne varie beaucoup, même en des points très rapprochés d'un même crâne. Le défaut absolu de parallélisme entre la table interne et la table externe crée une grande difficulté pour des mensurations rigoureuses. C'est ainsi qu'en dehors de l'épaisseur de la partie moyenne du pariétal à 2 cm. du bord supérieur, nous n'avons mesuré que les différents points faibles de la voûte. Ceux-ci, en général, sont moins sinueux que les autres parties plus épaisses et ce sont surtout les points faibles qui nous intéressent.

Crânes dont nous avons mesuré l'épaisseur

1º Crânes provenant d'autopsies pratiquées pour causes diverses à l'Institut Médico-légal.

2º Crânes de l'Ecole d'Anthropologie de Paris.

   a) provenant des catacombes ;

   b) race nègre ;

   c) race jaune.

SUEN

Résultats obtenus.

Il n'y a pas de possibilité d'apprécier d'une façon exacte s'il s'agit de crânes d'homme ou de femme, ni de donner une indication précise sur l'âge. On peut dire seulement qu'il s'agit d'adultes.

Nombre de crânes mesurés.

Nous avons mesuré quinze crânes au musée de l'Institut médico-légal et cinq cents à l'École d'anthropologie de Paris. Dans ces cinq cents crânes, il y en a cinq de la race jaune et quatre de la race nègre.

Régions où les mensurations ont été prises.

a) Pariétal. — Crânes de l'I. M. L. : sur les dépressions de Pacchioni, les gouttières vasculaires et les lacunes d'ossification.

Crânes des catacombes : Sur les dépressions de Pacchioni et les gouttières vasculaires.

Crânes de la race jaune : idem.

Crânes de la race nègre : idem.

b) Frontal. — Sur l'espace triangulaire fronto-pariéto-ptérique du frontal.

c) Temporal. — Sur la zone faible de l'écaille du temporal.

d) Gouttières vasculaires. — Gouttière de la branche antérieure de l'artère méningée moyenne avant la bifurcation.

CHAPITRE IV

—

CONSIDÉRATIONS GÉNÉRALES

———

Nos mensurations montrent d'une façon générale que les zones d'amincissement minima correspondent aux points suivants : le fond des dépressions de Pacchioni, la gouttière de la branche antérieure de l'artère méningée moyenne avant la bifurcation, la partie inférieure de l'espace triangulaire fronto-pariéto ptérique, la zone faible de l'écaille du temporal et les lacunes d'ossification du pariétal.

Les épaisseurs trouvées sur ces points

a) LE FOND DES DÉPRESSIONS DE PACCHIONI.

Sur les 515 crânes mesurés, il y a 335 crânes qui n'ont une épaisseur maxima que de 3 mm. en ce point,

ce qui représente une moyenne de 65 %. Dans ces 335
crânes, il en existe 42 dont l'épaisseur dans cette région
ne dépasse pas 1 mm. 5, c'est-à-dire une moyenne de
un douzième sur le nombre total de crânes mesurés ;
enfin 15 crânes seulement ont, en ce point une épaisseur,
inférieure à 1 mm., ce qui représente 1 cas sur 34.

b) LA GOUTTIÈRE DE LA BRANCHE ANTÉRIEURE DE L'ARTICLE
MÉNINGÉE MOYENNE AVANT LA BIFURCATION.

224 crânes ont une épaisseur inférieure à 2 mm. dans
cette portion de la gouttière (43 % des crânes mesurés).

c) LES ZONES FAIBLES DE L'ÉCAILLE DU TEMPORAL.

Elles ont généralement une épaisseur inférieure à
1 mm. 5. Dans la majorité, elles ont seulement une
épaisseur de 1 mm. et quand le sillon de la branche pos-
térieure de l'artère méningée moyenne est visible, ce
sillon n'atteint jamais 1 mm. d'épaisseur

d) LA PARTIE INFÉRIEURE DE LA ZONE TRIANGULAIRE
FRONTO-PARIÉTO-PTÉRIQUE DU FRONTAL.

Cette partie est généralement plus épaisse que la zone
faible de l'écaille du temporal. 262 crânes présentent une
épaisseur inférieure à 1 mm. 5 (50 %).

Les amincissements peuvent être considérables

Nous décrirons les quatre crânes suivants mesurés à l'I. M. L. et à l'Ecole d'Anthropologie de Paris.

1º Crâne que MM. Dervieux et Piédelièvre ont présenté à la Société anatomique. Dans ce cas, il paraît s'agir d'une persistance de lacunes d'ossification.

Sur les pariétaux, on remarque des zones arrondies translucides, l'épaisseur du pariétal à la partie supérieure est de 3 mm. 5 ; à côté de la gouttière du sinus longitudinal, il existe deux petites plaques ovalaires de la grosseur d'une pièce d'un franc. Les épaisseurs de ces deux plaques sont respectivement de o mm. 68 à gauche et de o mm. 70 à droite. On peut lire à travers cette lame à la lumière, les lettres imprimées.

2º Crâne I de l'Ecole d'Anthropologie de Paris.

Il existe sur ce crâne deux dépressions de Pacchioni qui sont particulièrement accentuées et forment deux véritables trous sur la voûte cranienne. La dépression du pariétal droit est longue de 4 cm. et large de 2 cm. 5, celle du pariétal gauche est moins grande, elle mesure 3 cm. dans son grand axe antéro-postérieur et sa largeur est de 2 cm. 2. Dans le fond de ces deux dépressions, on peut lire facilement à travers cette lame sur une zone d'un centimètre carré environ. Notre palmer ne peut pas atteindre cette région dont l'épaisseur ne dépasse pas une carte de visite. Latéralement, les deux gouttières méningées sont aussi très marquées, le fond des gouttières n'atteint pas 1 mm. d'épaisseur.

3° Crâne II de l'Ecole d'Anthropologie.

Ce crâne est semblable à tous les points de vue au précédent, mais avec les gouttières moins marquées. Il existe, dans la gouttière droite, un trait de fracture qui suit toute la gouttière pour aboutir à la dépression de Pacchioni correspondante.

4° Crâne III de l'Ecole d'Anthropologie.

Il existe une large gouttière méningée sur le pariétal droit, immédiatement en arrière de la suture fronto-pariétale, communiquant en haut avec une dépression de Pacchioni. Cette gouttière est large de 12 mm. et son épaisseur est inférieure à 1 mm.

Autres auteurs qui ont remarqué ces particularités

Fractures suivant les gouttières vasculaires.

Michel décrivit dans sa thèse : « Il y a des vaisseaux qui rampent, soit à la face externe, soit à la face interne,

et qui sont une cause de dépression de l'une des tables,
par conséquent d'affaiblissement de la voûte en ce point ;
aussi il arrive quelquefois qu'un coup étant porté sur
le crâne et une fracture en étant le résultat, la solution
de continuité suit exactement les divisions des vaisseaux.
M. Denonvilliers en a vu deux cas. Au musée Dupuy-
tren (pièce nᵒ 19) on voit une fracture du pariétal s'éten-
dant de l'angle inférieur et antérieur à l'angle supérieur
et postérieur ; cette fracture suit en grande partie le
trajet et les subdivisions de l'artère méningée moyenne ».

On sait que la gouttière artérielle peut être transformée
en un canal fermé ou partiellement fermé. Ces forma-
tions peuvent quelquefois aggraver un traumatisme
reçu dans cette région. De Meyenburg en avait rapporté
une observation : « Certaines particularités, pas trop
rares d'ailleurs, dans la configuration des sillons artériels
comportent un pronostic défavorable en cas de trauma-
tisme relativement léger. En voici la démonstration.
« Un homme âgé d'une soixantaine d'années fut vic-
time d'un accident : une branche de sapin tombant
d'une hauteur de cinq mètres environ, l'atteignit à la
tête, le malade succomba quelques jours après l'acci-
dent. A l'autopsie je constatai une seule fracture du pa-
riétal droit. Cette fracture passait à 2 cm. en avant de la
branche principale ascendante de l'artère méningée

moyenne, il y avait une fine ouverture de l'artère. A l'endroit correspondant exactement à la lésion de l'artère, il ne formait plus une gouttière mais un canal partiellement fermé. Une petite lame osseuse comparable à un petit pont faisant saillie sur son bord antérieur, le couvrait en partie sur une étendue de 3 mm. Cette petite arête avait été la cause de l'hémorragie et par là, de la mort de l'individu ». On peut se représenter de la façon suivante le mécanisme de la lésion : la branche de sapin en atteignant le crâne, le brisa et provoqua un enfoncement du fragment antérieur, l'autre fragment restant en place. Ainsi la dure-mère, déprimé avec le fragment antérieur, se décolla sur la voûte cranienne restée en place. Par ce mouvement, l'artère méningée fut brusquement tirée hors de son lit, s'accrocha à la proéminence osseuse et fut déchirée par elle ».

Traumatisme atteignant directement la zone faible du temporal.

Hippocrate disait : « Il arrive quelquefois, bien rarement, il est vrai, que l'os reste sain en entier, mais qu'une veine, rompue dans sa membrane du cerveau, laisse couler en dedans du sang qui s'y coagule, excite de violentes douleurs et prive de la vie certains blessés ».

Le Pr Mignon montra que la rupture des vaisseaux méningés peut être produite non seulement par une fracture du crâne mais par une fêlure ou même sans lésion cranienne ; toutefois, dit-il, il semble « que, dans ce dernier cas, la fragilité de la lésion cranienne prime le défaut de la solidité de la paroi cranienne ». « Vous trouvez, dit-il, relaté dans la thèse de Hovnanian (Paris, 1902) des cas de rupture de la méningée après un traumatisme si bénin que la préexistence de l'altération artérielle paraît une condition nécessaire à la solution de continuité du vaisseaux ».

En résumé, il faudrait bien admettre que, dans certains cas, les accidents sont bien dus à la fragilité cranienne congénitale et surtout aux points faibles sur lesquels nous avons insisté dans les chapitres précédents.

Dans d'autres cas, un crâne, apparemment sain et bien constitué, a bien reçu des chocs et une hémorragie endocranienne étant la cause de cet accident mortel, on aurait pu supposer qu'il y avait une fragilité cranienne, mais il ne s'agissait que d'un processus pathologique qui n'avait aucun rapport avec les os du crâne. Nous publierons une observation de notre maître, le Pr Balthazard pour faire contraste avec les autres observations où l'on trouvera pour cause la fragilité cranienne.

CHAPITRE V

—

CONSIDÉRATIONS PRATIQUES MÉDICO-LÉGALES

———

Nous remercions nos maîtres qui ont bien voulu nous confier les observations qu'ils ont recueillies pour soutenir cette thèse.

Premier cas. — Observation de M. Balthazard.

Il s'agissait d'un cas criminel. Une femme meurtrière avait enfoncé un clou dans la boîte cranienne de son mari à l'aide d'un marteau pendant que celui-ci dormait. On remarquait que le clou avait pénétré dans la lumière de la gouttière méningée moyenne avant sa bifurcation. Nous avons mesuré cette gouttière dont l'épaisseur est de 1 mm. (Pièce du musée de l'I. M. L.).

Deuxième cas. — Observation de M. Duvoir.

Le nommé X. Alphonse, âgé de 53 ans, a été trouvé

la rue, pendant la nuit de 10 au 11 avril 1929, dans un état d'ivresse tel qu'il était dans l'impossibilité de se conduire.

Il sentait l'alcool, disent les agents, et ses vêtements dégageaient une odeur de pétrole.

Conduit au poste de police il y passa la nuit.

Le lendemain matin, il fut trouvé dans un état comateux et, pour ce motif, transporté à l'hôpital Lariboisière où il est décédé le 27 avril 1929, c'est-à-dire 17 jours après son admission.

Autopsie du cadavre :

L'ouverture du crâne a montré :

1° Un petit hématome déjà ancien du muscle temporal gauche ;

2° Une fracture du temporal gauche formant une courbe à concavité supérieure, le trait de fracture suivait la gouttière de la branche postérieure de l'artère méningée moyenne qui traversait obliquement en haut et en arrière la zone faible de l'écaille du temporal ;

3° Un décollement sous-jacent de la dure-mère avec trace d'hématome sous-dure-mérien de la zone décollable ;

4° Une vaste hémorragie méningée diffuse intéressant tout l'encéphale ;

5° Un foyer d'hémorragie déjà ancien, du volume d'une petite noix, en plein lobe frontal droit.

L'ouverture du thorax n'a mis en évidence aucune lésion récente ou tare ancienne.

L'ouverture de l'abdomen n'a montré, comme lésion, qu'une cirrhose du foie, plutôt hypertrophique sans ascite.

Pas de fracture ni de côtes, ni du rachis, ni du bassin.

Si l'on admet, conformément à l'enquête, que X. était réellement en état d'ivresse le 10 avril et qu'il n'a été victime d'aucun accident, l'hypothèse logique est que, dans son ivresse, il a fait une chute au cours de laquelle il s'est fracturé le crâne d'autant plus facilement que celui-ci était peu épais au siège de la fracture. Il en est résulté le décollement de la dure-mère, l'hémorragie méningée et par contre coup, l'hémorragie du lobe frontal.

Mais on ne saurait négliger qu'une fracture du crâne s'accompagnant d'hémorragie méningée et d'hémorragie frontale peut provoquer un état simulant l'ivresse. Mais dans ce cas, il n'y aurait pas eu odeur alcoolique de l'haleine.

Une troisième et dernière hypothèse consisterait à admettre comme lésion initiale une hémorragie frontale spontanée, qui aurait causé la chute et la fracture du crâne. Mais cette hypothèse est moins vraisemblable, les hémorragies frontales spontanées étant rares.

Conclusions. — 1° L'autopsie de X. a montré, en dehors d'une cirrhose du foie, tare ancienne d'origine très vraisemblablement alcoolique, une fracture du crâne, région temporale gauche, avec décollement dure-mérien sous-jacent, hémorragie méningée diffuse et foyer hémorragique du lobe frontal droit.

2° Les lésions cranio-méningo-encéphalique sont responsables de la mort.

Troisième cas. — Observation de M. Dervieux (citée antérieurement par Braine et Ravina dans *les lésions traumatiques des boxeurs*).

« Possibilité d'un accident mortel à la suite d'un knock-out ou d'un traumatisme violent reçu en combattant. Les cas signalés sont..... Un seul des cas indiscutables se rapporte, autant qu'il nous souvient, à une fracture du crâne chez un sujet présentant une anomalie congénitale et lacunes d'ossification très prononcées (Dervieux). »

Quatrième cas. — Observation de M. Dervieux.
Il s'agissait d'une femme d'une quarantaine d'années.

Elle fut heurtée par un cycliste au Bois de Boulogne, celui-ci marchait au pas, ayant une main sur l'épaule d'un de ses camarades, il toucha la femme par derrière.

Elle fit une fracture du crâne à la suite de sa chute sur le bord du trottoir. A l'autopsie, M. Dervieux a trouvé une voûte cranienne, très mince elle n'avait que 3 mm. d'épaisseur.

Cinquième cas. — Observation de M. Dervieux.

Un jeune homme de 19 ans se sent indisposé à la fin d'un combat de boxe. Le médecin de la salle, immédiatement appelé, constate que le jeune homme a perdu connaissance et, après quelques soins d'urgence, il le fait transporter à l'hôpital où il meurt tout de suite après son admission.

Plusieurs ecchymoses marbraient la partie gauche de la tête. La région temporo-pariétale était complètement occupée par un épanchement de sang coagulé qui infiltrait le muscle temporal. Le cuir chevelu de la région occipitale était décollé par un gros hématome. Le vertex portait trois ecchymoses moins volumineuses.

Les os du crâne étaient intacts : leur épaisseur moyenne était de 4 mm.

Tout l'hémisphère cérébral gauche était recouvert par une hémorragie en nappe collectée entre la dure-

mère et la pie-mère. Il y avait également une autre hé-
morragie, mais moins abondante, sous la pie-mère.

Les deux poumons étaient adhérents à leur sommet.
Il y avait un peu de périhépatite. L'estomac contenait
quelques débris alimentaires. Le cœur, le foie, la rate,
les reins ne présentaient rien de spécial. La vessie était
pleine.

Sixième cas. — Cas de Rogues de Fursac et Picard.
**Fracture du crâne mortelle chez un épileptique au
cours d'une crise.**

La malade qui fait l'objet de cette communication,
Mlle X..., internée à l'asile de Villejuif, était une femme
de trente-trois ans, célibataire, sans profession. Son cas,
au point de vue pathologique, était passablement com-
plexe. Au point de vue psychique, c'était une débile,
déséquilibrée, perverse, voleuse à l'étalage. Elle présen-
tait des éléments de Basedow (tremblement, tachycar-
die). Ces diverses anomalies auraient été consécutives,
d'après la famille, à une maladie qualifiée méningite cé-
rébro-spinale qu'elle aurait éprouvée à l'âge de douze ans.
Vers trente ans, elle était devenue diabétique, et c'est au
cours du diabète qu'étaient apparues les crises d'épi-
lepsie. Vous voyez qu'il n'est pas exagéré de qualifier le
cas de complexe.

Une après-midi, vers 14 h. 30, Mlle X... fit une crise d'épilepsie. Elle était assise dans le vestibule de son quartier. Tout d'un coup, on la vit tomber sur le côté droit, se raidir, avoir des convulsions, présenter un moment de confusion, puis reprendre connaissance : une crise épileptiforme classique, en tout semblable à celles qu'elle avait éprouvées auparavant. Une fois revenue à elle, elle se plaignait de se sentir mal à l'aise et d'avoir des nausées. Une infirmière la conduisit, sur sa demande, au réfectoire, où elle but un verre de tisane. Puis elle demanda à se coucher. L'infirmière la conduisit à son lit. Je note qu'elle marcha seule, tant pour aller au réfectoire que pour gagner son dortoir. Aucune plaie ne fut constatée. Elle n'accusait aucun point douloureux particulier, ni à la tête ni ailleurs. La malade se coucha et parut s'endormir. L'infirmière chargée du dortoir ne remarqua rien d'anormal. Elle crut que la malade dormait tout simplement, comme font souvent les épileptiques après leur crise. Vers 16 h. 1/4, elle s'approcha de son lit et constata, à sa grande stupéfaction qu'elle était dans un état comateux. L'infirmière fit demander l'interne de garde, qui vint aussitôt. Quand il arriva, la malade était décédée.

L'autopsie a lieu le surlendemain, à 9 heures du matin.

Rien de constatable extérieurement. Le cuir chevelu, notamment, offre un aspect absolument normal. Mais son incision fait apparaître un hématome étendu de la région pariéto-occipitale droite. Arrivé au crâne, on découvre une fêlure horizontale. La calotte cranienne est enlevée par un trait de scie passant au-dessous de la fracture. On tombe alors sur un vaste caillot, ayant la forme d'une lentille d'optique et les dimensions classiques établies par Vibert et Socquet (12 centimètres de diamètre et 3 centimètres d'épaisseur à son centre), pesant 175 gr. L'hémisphère cérébral droit était, du fait du caillot qui le comprimait, considérablement aplati.

Nous vous présentons la pièce osseuse. Vous constatez que la fissure, visible naturellement à la face interne comme à la face externe du crâne, s'étend sur le pariétal et mesure 13 centimètres de long environ. Vous constatez également que la paroi du crâne, dans la région lésée, est anormalement mince, sur une large surface presque transparente.

Ces constatations donnaient, des conditions dans lesquelles le décès de la malade s'était produit, une explication parfaitement claire et logique.

La fracture, très fine et sans aucun déplacement, ne pouvait être mortelle que par l'hémorragie intracranienne qui devait en résulter. Cette hémorragie s'est pro-

duite lentement et progressivement, laissant à la malade
le temps de revenir à elle comme à la suite d'une crise
banale, mais comprimant de plus en plus le cerveau jus-
qu'au moment où la compression a été suffisante pour
déterminer le coma, puis la mort.

Considérations médico-légales de ces auteurs :

Supposons que la chute qui a déterminé la fracture
du crâne et la mort de Mlle X... se soit produite non
dans un service hospitalier, où tout a pu être immédia-
tement tiré au clair, mais au dehors. Supposons que cette
jeune fille ait été trouvée inanimée, le crâne fracturé,
sur la voie publique ou dans un lieu suspect, par
exemple un cabaret de mauvais aloi, ou encore dans la
chambre d'un amant plus ou moins jaloux et violent. On
voit quelles légitimes suspicions auraient pu naître dans
l'esprit de la justice. On voit aussi quelle situation déli-
cate aurait été celle de l'expert et combien il aurait été
important que celui-ci ait présent à l'esprit cette double
notion de la mort par fracture du crâne pouvant résulter
d'une chute au cours d'un accès d'épilepsie et de la fra-
gilité pathologique, par dystrophie osseuse, des parié-
taux — quelles qu'en soient d'ailleurs la cause et le mé-
canisme, — qui rend cette fracture possible chez certains
sujets, même à la suite d'un traumatisme peu intense.
Faute de ces deux notions chez l'expert, la justice aurait

pu être aiguillée vers la recherche d'un crime inexistant, ce qui est un premier pas vers une erreur judiciaire.

Septième cas. — Observation de M. Balthazard.

Une hémorragie méningée au cours d'un combat de boxe due à l'artérite cérébrale et aucune trace d'un coup violent ayant pu favoriser la rupture artérielle.

V. P. était âgé de vingt ans.

Au cours d'un combat de boxe, le dimanche 16 octobre, vers 5 heures du soir, au Casino de L., V... parut se trouver mal à son aise, à tel point que l'arbitre arrêta le combat.

V.... fut mis à la chaise et, comme il paraissait oppressé, il fut conduit à l'hôpital, où il succombait dans la nuit à quatre heures du matin, après avoir présenté de la dyspnée, du pouls lent et plusieurs crises convulsives.

A l'autopsie nous constatons que le corps est celui d'un individu paraissant assez vigoureux, non amaigri. La putréfaction est commencée et la rigidité musculaire a pris fin, sauf aux membres inférieurs. La face est verdâtre et le réseau veineux des membres supérieurs se dessine en teinte violacée. Des gaz putrides se sont développés dans la cavité abdominale. Toutefois la putréfaction profonde n'est pas assez avancée pour apporter un obstacle quelconque aux constatations.

On relève sur le corps une ecchymose dans la région mentonnière, d'un diamètre de quatre centimètres avec suffusion sanguine sous-jacente. L'ecchymose se continue dans la région de la joue gauche et jusqu'à la pommette gauche. Cette lésion a été sûrement produite au cours du combat de boxe, mais elle ne dépasse pas en intensité celles que l'on observe d'ordinaire chez les boxeurs.

Aucune autre trace de violences sur le corps. Après incision on ne trouve d'ailleurs aucune fracture de côtes, aucun hématome dans la paroi thoracique ou intestinale, aucune lésion viscérale profonde imputable à un traumatisme.

Après ouverture du thorax, on trouve des adhérences pleurales généralisées du poumon gauche. Le poumon droit est libre d'adhérences. Les deux poumons présentent de la congestion intense dans les lobes postérieur et un peu d'œdème, mais la spume n'a pas envahi les voies aériennes.

Le cœur est normal, avec un peu de dilatation terminale des cavités droites, remplies de sang noirâtre coagulé.

Le foie est un peu augmenté de volume. La rate et

les reins sont normaux. L'estomac est vide d'aliments et contient seulement une cinquantaine de grammes de liquide bilieux.

Pas de lésions des surrénales.

On constate sous le cuir chevelu dans la région frontale médiane la trace d'une ecchymose ancienne remontant à une quinzaine de jours au moins.

Après ouverture du crâne, on trouve une mince couche de sang autour de l'hémisphère cérébral gauche, dans l'espace arachnoïdien. Il n'existe pas de sang autour de l'hémisphère cérébral droit, du cervelet et du bulbe.

Par contre on trouve du sang sous la pie-mère dans la région externe du lobe occipital gauche, fusant dans un certain nombre de scissures.

Par un examen attentif, on arrive à se rendre compte que le sang provient d'une rupture vasculaire dans la partie inférieure et externe du lobe occipital gauche, à six centimètres en avant du pôle occipital. On trouve à ce niveau un foyer hémorragique cortical et sous-cortical de la grosseur d'une noisette, affleurant jusqu'à la pie-mère. Autour du foyer hémorragique, la substance blanche est congestionnée, grisâtre et présente l'aspect du début de ramollissement hémorragique.

On voit parfaitement sur la pie-mère une petite perforation de deux millimètres de diamètre par où le sang a fusé dans l'espace arachnoïdien, en quantité d'ailleurs peu considérable (une vingtaine de grammes).

Pour expliquer l'artérite qui a été le point de départ de l'hémorragie, nous signalerons la présence des lésions suivantes sur le corps.

Tout d'abord à la partie interne de la moitié supérieure de la jambe gauche existe une cicatrice typique d'ostéomyélite, avec exostoses sous-jacentes et traces de fistules cicatrisées. Une autre cicatrice plus ancienne est visible un peu au-dessus du condyle interne du fémur droit, déprimée, mesurant un centimètre de diamètre.

Les renseignements que nous avons obtenus prouvent que le défunt a été soigné à l'hôpital pour l'ostéite de la jambe gauche, qui a été grattée (il serait resté trois mois à l'hôpital).

Nous ne trouvons pas sur la verge de cicatrices de chancre, mais il existe des végétations, dites crêtes de coq, non ulcérées.

Mais surtout la lésion la plus intéressante consiste en une hypertrophie généralisée des ganglions, à l'aine des deux côtés, aux aisselles, etc. Les ganglions sont volumineux (quatre ou cinq à chaque aine) congestionnés sur la coupe et l'adénopathie semble bien de nature spécifique.

Conclusions. — 1º V. était atteint d'artérite cérébrale dont la nature spécifique semble établie par l'existence d'une adénopathie généralisée.

2º Sous l'influence du combat de boxe, des efforts violents, la pression artérielle peut augmenter dans des proportions considérables. Cette hausse de la tension a déterminé chez V... la rupture d'une artère cérébrale fragile.

3º Il n'existe pas trace d'un coup violent ayant pu favoriser la rupture artérielle.

En résumé il nous paraît que certains individus ont une voûte du crâne faible, fragile ; ils sont pour ainsi dire aptes à la fracture du crâne qu'un rien peut provoquer. Ce n'est pas une maladie, c'est un état physiologique.

CONCLUSIONS

1° Les fractures et enfoncements du crâne, et spécia-
lement de la voûte, sont en médecine légale, de consta-
tations courantes et banales. Mais il peut arriver qu'à
l'autopsie on soit frappé par la minceur de la voûte
cranienne, qui a pu favoriser dans certains cas la pro-
duction de la fracture ou de l'enfoncement ; inverse-
ment on peut voir des crânes particulièrement résistants
et épais et ceci sans qu'il y ait des lésions pathologi-
ques.

2° Normalement en effet la voûte du crâne de l'adulte
présente en quelque sorte des arcs-boutants et entre eux
des régions plus faibles. Dans ces régions les points
habituellement les plus minces correspondent aux dé-
pressions de Pacchoni, aux gouttières vasculaires du
pariétal et à la région de cet os où il a pu exister chez

le nouveau-né des lacunes d'ossification, à l'écaille du temporal et l'espace triangulaire fronto-pariéto-ptérique du frontal. La constitution en table interne et table externe, avec intermédiaire de diploé, est ainsi modifiée, les deux tables étant fusionnées, sans que l'on trouve trace de diploé.

3° La minceur d'une de ces régions peut physiologi-quement être telle, sans qu'il y ait de modifications pa-thologiques, qu'en certains points le crâne est véritable-ment transparent ; nous avons mesuré 515 crânes et avons obtenu des épaisseurs allant au minimum jusqu'à moins d'un millimètre. Les amincissements les plus marqués se trouvent dans les régions des dépressions de Pacchioni des gouttières vasculaires du pariétal et de l'écaille du temporal.

4° On comprend aisément qu'une telle faiblesse con-génitale puisse favoriser des accidents mortels. Les exemples que nous rapportons en sont la preuve. Il y a là une véritable prédisposition physiologique à la fracture et à l'enfoncement du crâne, chez des sujets apparemment parfaitement normaux et bien constitués.

5° Il est donc important, au point de vue médico-légal de connaître ces faits, qui peuvent expliquer à l'expert la production de certaines lésions craniennes (fissures, fractures, enfoncements) avec des traumatismes relativement légers.

———————

Vu, le Doyen,　　　　　*Vu, le Président de la thèse,*

H. ROGER.　　　　　BALTHAZARD.

Vu et permis d'imprimer :

Le Recteur de l'Académie de Paris,

CHARLÉTY.

BIBLIOGRAPHIE

———

ANDERSON. — Observation on the thickness of the human skull (*Dublin journal of Médical science*, 1882).

BRAINE et RAVINA. — Les lésions traumatiques des Boxeurs (*Presse Médicale*, nº 81, du 10 octobre 1923).

BROWNING. — The relations and pathology of the Pacchionian formations, and the spaces beside the Sinuses of the dura-mater (*American journal of médidal Science* (Philadelphie 1882).

CHASSAIGNAC. — Des lésions traumatiques du crâne (*Thèse de Paris*, 1842).

CHAUVEL. — Des fractures du crâne (*Thèse de Paris*, 1864).

DERVIEUX et PIÉDELIÈVRE. — Persistance de lacune d'ossification chez un enfant de 12 ans 1 2 (*Société anatomique*, octobre 1920).

DURET (H.). — Traumatisme cranio-cérébraux (F. Alcan, 1919).

Duville. — Etude sur l'anatomie et la recherche des vaisseaux méningés moyens (*Thèse de Bordeaux*, 1902).

Félizet. — Recherches anatomiques et expérimentales sur les fractures du crâne (*Thèse de Paris*, 1873).

Labbé. — Etude sur les granulations de Pacchioni suivie d'une note sur les moyens de communication de la circulation veineuse intra-cranienne avec l'extérieur du crâne (*Thèse de Paris*, 1882).

Lagneau. — Sur l'épaisseur du crâne (*Bulletins de l'Académie de Médecine*, Paris, 1896, 3e série, XXXV).

Le Gros Clark. — On the Pacchionian bodies (*Journal of Anatomy London*, 1920-1921, LV, p. 40-48).

Leplat. — Les esquilles pénétrantes dans les fractures du crâne. Mécanisme, diagnostic et traitement (*Thèse de Paris*, 1898).

Meyenburg (de). — Les modalités des sillons artériels du crâne ; leur genèse, leur rôle pathogène (*Revue médicale Suisse Romaine*, Genève, 1923, XLIII).

Michel. — Quelques considérations sur le crâne au point de vue des fractures (*Thèse de Paris*, 1894).

Mignon. — Des principales affections chirurgicales dans l'Armée (éd. Masson, 1910).

Nimier. — Essai sur le mécanisme des fractures de rocher (*Thèse de Lyon*, 1912).

Poirier. — *Traité d'anatomie humaine.*

Poulain. — Essai sur le mécanisme et la classification des fractures de la base du crâne irradiées à plusieurs étapes (*Thèse de Paris*, 1911).

Pozzi. — Crâne (*Dictionnaire encyclopédique des sciences médicales Dechambre*, t. XXII, éd. Masson, Paris, 1879).

Proust. — *Précis de Pathologie chirurgicale* (éd. Masson, Paris).

Regnault. — Variations des empreintes intra-craniennes (*Bulletin de la Société anatomique de Paris*, 1897, LXII).

Sabatier. — *Traité complet d'anatomie*, t. I, 1789).

Sappey. — *Traité d'anatomie descriptive* (Paris, 1888).

Symington. — On the relation of the inner surface of the cranium to the cranial aspect of the brain (*The Edimburgh medical journal*, 1915, XIV, p. 85).

Testut. — *Traité d'anatomie humaine*.

Tixier. — *Précis de pathologie chirurgicale* (Masson, Paris).

Trolard. — Les granulations de Pacchioni, les lacunes veineuses de la dure-mère (*Journal d'anatomie et de physiologie*, Paris, 1892, XXVII).

第三章 孙逸方法医学论文注释及述评

1929. St-Amand (Cher) — Imp. A. CLERC

【述评】

1929 年，孙逵方在法国巴黎大学完成博士学位论文 *Les crânes normalement fragiles*（《正常颅骨脆弱性研究》），获得巴黎大学巴黎医学院博士学位（Doctorat de L'Université de Paris，Faculte de Médecine de Paris），并取得法医学与精神病学学院毕业证书（Diplômé de L'Institut de Médecine Légale et de Psychiatrie）。论文包括前言、第一章（正常颅骨的解剖学摘要）、第二章（颅骨的生理异常）、第三章（颅骨的测量）、第四章（总则）、第五章（法医学实用原则）、结论等 7 个部分。

他的导师维克多·巴尔特哈雷（Victor Balthazard，1872—1950）教授是一位以一氧化碳中毒学、指纹鉴定、弹迹鉴定、人类与动物毛发鉴别诊断以及工伤事故赔偿等方面闻名的法医学专家，是 *Annals of Legal Medicine* 杂志的创始人，是法国医学科学院会员、法国国家医师勋章委员会主席、巴黎医学院院长。光绪三十二年（1906），在其专著 *Summary of Forensic Medicine* 中，他将法医学定义为：Forensic medicine is the application of medical knowledge to civil and criminal cases that could only be solved using its tools.

二、宣阿香案检验经过①

【原文】

宣阿香案近颇为沪人所注意。兹据司法部法医检验所筹备主任孙逵方君，详述检验真相如次。

法医之性质与责任　近来沪上各报，纷载宣阿香案。法医检验情形，颇失事实真相，并关于逵方个人及法医检验处，有种种误会。在法医学未甚昌明之我国，传闻失实，本不足奇；个人毁誉，也不足辩。惟念我国法医事业方在萌芽，当局锐意改良，并在真茹设立法医研究所，以期立法医事业之基，前途发展，正未可量。若社会对于法医，首先失其信仰，则于改良司法前途，关系甚大，是用不惮烦琐，将此案检验经过，详细叙述，俾通晓法医者得予以适当之批评，不明法医者，亦不至过昧于真相。凡一新学术之传入，新事业之兴起，每不免受相当阻力。即以普通医学而论，今日西医，在国内之势力，尚远在旧医以下。

矧②法医之事，传入尤迟，群疑众惑，固无足怪，所望社会人士，就实在之事实，做冷静之评判，勿轻为流言浮说所动。则司法改良之前途，庶不致过受阻碍。而我国检验事务，不致长受《洗冤录》与仵作制度之支配耳。科学研究，首重证据。法医方法亦以身体上之证据为主。由身体上之证据，可以推测死因。然同一死因，可由种种行为、种种方法以达之。究竟真正伤或致死之行为方法为何，则须参酌身体以外之人证物证，以推定之。如证人所举之行为事实，可以达到鉴定之死因，而对于身体各部分之征象，皆能说明而无矛盾，则法医可解释其证据为近理。然亦不能必谓其绝对属实。因身体以外之证据，是否真实，自有司侦查鉴定之人为之负责，非法医主管之范围。不过如与各种征象皆能符合，自足构成极强之证据而已。反之，如证人所举之情形，无论如何，不能构成法医所鉴定之死因，则法医不能不设想有其他行为，以作近于情理之解释。至于其他行为

---

① 原文刊载于《医药评论》1930 第 45 期第 24—29 页。
② 矧：况且，何况。

之有无，与其证据，又须待法庭调查搜集之。故法医之职务，可分为两层：其一，为根据身体上之现象，以断定死因，此完全为法医本身范围之事；其二，为以法庭上所得身体以外之证据，与身体上所验得之征象相综合，而推定死之行为，下一合理之解释，此则非完全属于法医本身之范围。因身体以外其他证据之侦查搜集，并非法医分内之事。法医不过能判别此种证据是否能与死因相连贯，而下一种解释，俾法庭有一种参考，侦查有一种指针而已。若初次侦查之时，法庭有未知之事实，因之死因不能解释，则法医不得不揣测证据之外尚有他种行为。迨其后事实发现，可以达到死因，而同时又无其他足以构成死因之行为，以为反证，则法医可以根据新得之事实，而改其解释，但使死因不谬，则法医之鉴定，不能谓之错误。因法医不能悬揣法庭将有新证据之发现，而预先为之解释也。法医学亦有一著名案件，足以释明法医之地位。自刎与他杀之刀痕，普通有明显区别。自刎之刀痕，斜行由上而下，其方向为由左倾右，此普通之征象也。某次，有人死于卧室，其颈上之痕，正与此同。由法医学之眼光观之，作自刎解释，最为正当。因之当时之法医，先即做出此鉴定，嗣更经详细侦查，见刀上之指纹，与死者之指纹不符，而弃刀之处，与尸身之距离过远，亦有可疑之处。因之由侦查人员根据指纹，访缉凶手，幸获捕得。询其当时杀害之情形，则被杀者方俯首蹲于前方，而杀人者曲身于其身后杀之，其伤痕之状况，因能完全与自杀相似，于是法医不能不改其解释。然此种前后两歧之解释，与其谓为有损法医学之价值，毋庸谓为足以增高其声价。故解释之更改，不足为病，所贵者惟在死因之鉴定，与现象相合耳。

宣案之检验及经过 法医之性质与其责任既明，兹可进而叙述宣阿香案之检验经过。惟于叙此事实之前，关于手续方面，尚有不能不略述者。外国法医检验之时，皆由法庭将检察官侦查之所得，证人之供词记录等等，交与法医，使身体上之证据，与此等证据相参照，以断定死因，并辨别其他证据之是否可恃①上海特区地方法院，因自无检验场所。又因时关系不能照此办理，每日办事手续，间由各捕房将请求法院检验单据送至法院，检察官及法医逐一看明单据后，即赴斐伦路工部局验尸所检验尸体。因时间所限，检察官略察视尸体后，即开庭询问证人，而一面法医则留于验尸间内检验。故法医初步之鉴定对于身体上之证据，以尸体为凭，对于其他之

---

① 恃：依赖，依仗。

情形，惟有姑究以捕房报告之情形为准。宣阿香之检验，亦不外遵此手续。兹先将捕房报告原文录下。

　　宣阿香，十八岁，女性。民国十九年九月十九日下午一点四十分时，有一张小贵，住韬明路四二一号，来报其甥女名阿香，在杨树浦路七一一号忽然身故，当与其夫徐阿三（按此即钱阿才，捕房误报），微有口角，据调查报称，于九月十八日夜七点时，其夫与她口角事，而致以手打她之头数下。翌晨，其夫说出他妻子（即死者）有病，而后即车送杨树浦医院，未到院已死。尸体车送验尸所候验。

九月二十日　汇山捕房

　　以上为尸体外之证据。兹再言检验尸体之情形：

　　（一）外部检验情形：最初外部检验即注意钱宣氏左颧有血斑一块，上有棱印两道，惟此不足为致死之因。适检察官问证人，云有吞服鸦片之情事，而死者是否服鸦片致死，抑另有死因，外部检验不能断定，非剖验不明，乃实行剖验。

　　（二）剖验情形：剖验之时，原注重鸦片之毒，不意将胸腹部剖开后，见左右肺前面下部有溢血点多个，系窒息而死之征象。于是始起疑心，因将两肺先后取出，见其后下部之溢血点较之前部尤多，肋膜上亦有溢血点多个，将心脏剖开，见中有溢血点数个，而心脏内并有凝血，此种溢血点，又称达而及尔氏点[①]，为因窒息致死之特现象。窒息致死之原因，除数种疾病而外，大抵由于闭塞喉管。既发现窒息之现象，即不能不于颈部搜查之，剖开颈皮后，发现两大颈筋之肉内亦有溢血块，而外皮无伤，于是对此处溢血块，不能不疑为外部以软厚之物包裹，施以强压，以致伤在内部。嗣又将头皮剖开，其头皮内部，又有圆形方形血晕。此种血晕，亦系生前伤痕。总合以上外部检视，及内部剖验情形，共有以下各点，即：（1）面部有血斑，斑上有棱印；（2）头部生前受伤，内有血晕；（3）心肺内部有因窒息致死之明显征象；（4）颈部筋内又有溢血点。以此诸点与捕房所报之情形，综合推测，不能不疑死者生前系被人按于几案或床边之上，以物包头，强抑其颈，因而窒息致死。但同时由胃中亦验得内部弯处，血管发胀，而呈溢血状（此种现象为与鸦片服毒者所同有）。而检察官询问证人时，又

---

　　① 达而及尔氏点：Tardieu's spot。Ambroise Auguste Tardieu（1818—1879），塔雕，法国法医学家。巴黎大学法医学教授，他所确定的处女膜各种形态和被后人命名的 Tardieu 斑，是至今为人所熟知的成就，他还最先报告有关虐待儿综合征的病例。

提供有吞服鸦片情形，故对于胃内之物，不能不加以化验，以期检验手续之完全。而我国法院，尚无验毒设备，不能不受工部局卫生处化验，其所求于工部局卫生处者，乃化学检验之结果，并非死因鉴定之意见，因未见检验全部情形者，无人能因胃有毒物，遂断定其必由此死。更有须注意者，即上言窒息之种种征象，有皆非普通鸦片服毒致死者之所有，而完全为窒息之征象。即无鸦片之吞，有此息情形，亦必足以构成死因无疑。既验得以上死因，故一面委托工部局卫生处验毒，以备参考；一面即先作死因之解释如下①。此即第一次检验书中解释之文也（以下原文）：其左颧部血斑，系被人在脑用力压挤，而伤脸部，又面部曾触接棱边物（床板缝或边），故棱边印痕。其发际左部及偏左，系被长方形钝器及拳击伤。其颈部左右（胸锁乳头筋②，即两大颈筋）肉内之溢血块，系加害者在颈部两旁用手压挤，其外部曾垫有他物（如被毯等），故外部皮肤上无伤痕，而内部有溢块。其肺、心及他器官上之溢血点，系因气窒致死之特有现象。按上述情形，加害者似曾用被毯类之物，包蒙被害者之头部及身体，又曾用钝器及拳，击其头部，在头后部，用力压被害者，故面部左颧上有大血斑一块，而下部垫物之棱边，探入皮肤，其颈部胸锁乳头筋，肉内有溢血块多个，显系加害者用力压挤被害者颈部，而致气管被塞，而被害者遂因气窒致死，故其肺、心及他器官上有溢血点。更有复述者，即逵方在沪之任务，为奉部令筹设法医研究所（原名法医检验处），至代特区地方法院检验，乃受委托而行。筹备之事须往来京③沪，费相当时间，而地方法院验尸验伤之案子，日必多起，故验断书之交出，虽每务求其速，有时因他事所牵，不免偶有迟缓，然亦决无迟至未审之事，如报章所宣传者也。

（三）验毒结果：以上解释，虽然可说明死因，既有服毒情形，自不能不同时验毒以求手续完备。故将胃取出，并其他脏腑数小块及小便等委托工部局卫生处检验。该处对此事之任务，仅在具结上之报告，并不能发表关于死因之意见。因全部剖验情形，既未能知，仅验得有鸦片毒一事，决不能作准死因之断定，且亦从未托其作此鉴定，而验得有毒与否，决不须何等精深之技术，不过卫生处之有此种设备而已。其后卫生处验毒单，亦仅叙述验得胃及小便有鸦片毒，此单送来时，逵方适因事赴京，法医室中

---

① 如下：原文为"如左"，下同。
② 胸锁乳头筋：现称为"胸锁乳突肌"。
③ 京：这里指南京。

同事，遂将验单送交检察处。及逵方回沪后，冯推事世德，以验毒单内称胃及小便含有鸦片成分，询可否①以服毒临死解释，逵方当时答称化验结果虽有鸦片之毒，然仅仅服毒致死，决不致有面部、头部及诸内脏之血晕与溢血点等现象。当烟毒未发之前，死者尚有受人伤害之可能，故苟非有其他证据，足以释明上言之种种现象，由法医学之见地言之，仍不能谓为仅由服毒致死。

（四）新证与第二次解释：嗣冯推事乃为述说，据证人陈述，宣阿香自十九日晚，即伏案不起，直至翌晨，仍伏案上云云（此项供语，在以前检察官讯问时，并未陈述）。而此外法庭上并未讯得有其他证据，证明死者系被强力窒息而毙。逵方第一次推测之解释，法庭既不能得其证据，而此新供伏案之事实，又可使面上棱印及窒息而死之现象，略有一合理之解释。故又根据情形，作第二次解释如下（以下原文）：据工部局卫生处验毒证明书称，宣阿香胃液及小便中，含有多量鸦片成分，并据证人及被告人陈述称，宣阿香死之前一日，曾与其丈夫争吵，当晚归家，即伏在桌案上，直至天明，仍在原处云云。兹应据工部局报告，并证人及被告人之陈述，另解释九月二十五日验断书所述说之伤痕及致死原因。其左颈上之血晕，系死者于服鸦片后，渐失其自主精神，而致将面部触擦于桌面上，故自伤颧部，而桌边印深入皮肤，其颈部胸锁乳头筋肉所发生之溢血块，系因其自主精神丧失后，其头左右偏倒而致筋肉之伸长超过其引申限度，故筋肉中有溢血状。其内部所呈因气窒致死之状态，亦因其精神丧失后，自以衣袖遮塞口鼻，而终因气窒致死，故内部脏、肺有溢血点。至其头部伤痕，则仍系生前被他人所伤。由以上经过情形，可知前后之解释皆根据同一死因而来，第一次之解释，因未知伏案之事实。而仅仅服毒致死，又断不能发生上言之现象，且死者又因夫妇不睦而死，故不能不作最近情之推测，疑为有强压窒息之情事。第二次之解释，因法医对于第一次之推测，既未得实证，而伏案之事，可以解释尸身上之现象，故不妨加以变更。前后之歧异，乃由尸身以外之证据而来，并非由尸身检验有误而致。而尸身以外之证据，不在法医搜查之范围。为法医者，只能本尸身之现象，示法庭以搜查证据之指针，并就法庭所得之证据，参合尸身之情形，求一可通之解释，职务范围仅限于此。身外证据之如何搜查，与其虚实精粗，皆不能越俎代

_____

① 否：原文误为"各"。

庖。而在逵方所处特殊情形之下，尤无暇过问。然此次因其第一次之解释，而能得出伏案之情形，则自幸于职守上，亦尚未有甚大之过失矣。总之，法医精神，在由实证以得结果，不能逆臆事实，亦不能不顾证据，草率断定死者虽服鸦片，然苟非其死时之特殊姿态，足以说明所得之证据，则断不敢遽下断语。一切科学之进步，皆本于求证之精神。而法医学亦不能独外。至于社会上之能否谅解，则亦唯视社会之理解此种精神，至于如何程度而已。

此外，报章记载，涉及个人者尚有二事：其一，为胡福章精神病案。此事由于刑事检定与普通检定之不同，迄今自认所检定者未尝有误。事涉专门，不必在此置辩，拟于法庭中评论之。所望于国人者，厥为勿视工部局之鉴定过重，而视本国人之鉴定过轻。此种心理，在我国尤其在上海，似尚暂难移易，但将来或终有觉其错误之一时。又有一事，则为谓逵方领巨款外游，而上海法医检验处无形消灭。此等谣诼①之真伪，自有事实可稽，不足深辩。兹仅愿指明，本人出外系奉部令，法医学检验筹备处暂移南京亦系根据部令。此次对于报章记载，答复较迟者，即因在南京预备外出手续之故。所幸现在犹未启程，对于此等谣诼，尚能有作答机会。惟西行在即，如对于个人再有何种责难，则惟有俟归回后，再行辩白。特预声明，以免误会焉。

【述评】

《宣阿香案检验经过》于 1930 年在《医药评论》（第 45 期第 24—29 页）发表。1929 年，孙逵方获法国巴黎大学博士学位和法国法医师资格，奉司法行政部令回国后，任司法行政部技士，专司法医检务；同年 10 月 24 日，被任命为司法行政部法医研究所筹备主任。1930 年 4 月 1 日，"上海公共租界临时法院"改组成立"江苏上海特区地方法院"，收回法权，在其检察机构内设置法医 1 名，法医助手 1 名，取代工部局办理原公共租界检验事项。孙逵方兼任江苏上海特区地方法院法医。宣阿香案就是孙逵方在任上海特区地方法院法医时办理的案子。该案曾引起报界报道和争议，孙逵方遂发表《宣阿香案检验经过》一文，详述检验经过，并澄清报界质疑。他在该文第一部分"法医之性质与责任"中指出："科学研究，首重证据。法

---

① 谣诼：造谣毁谤。出自《楚辞·离骚》："众女嫉余之蛾眉兮，谣诼谓余以善淫。"

医方法亦以身体上之证据为主。由身体上之证据，可以推测死因。然同一死因，可由种种行为、种种方法以达之。究竟真正致伤或致死之行为方法为何，则须参酌身体以外之人证物证，以推定之。……故法医之职务，可分为两层：其一，为根据身体上之现象，以断定死因，此完全为法医本身范围之事；其二，为以法庭上所得身体以外之证据，与身体上所验得之征象相综合，而推定死之行为，下一合理之解释，此则非完全属于法医本身之范围。"

该案，孙逵方根据尸体解剖所见，做出第一次鉴定结论："加害者似曾用被毯类之物，包蒙被害者之头部及身体，又曾用钝器及拳，击其头部，在头后部，用力压被害者，故面部左颧上有大血斑一块，而下部垫物之棱边，探入皮肤，其颈部胸锁乳头筋，肉内有溢血块多个，显系加害者用力压挤被害者颈部，而致气管被塞，而被害者遂因气窒致死，故其肺、心及其他器官上有溢血点。"

经案情调查、毒物化验后，孙逵方第二次做出修正的鉴定结论："据工部局卫生处验毒证明书称，宣阿香胃液及小便中，含有多量鸦片成分，并据证人及被告人陈述称，宣阿香死之前一日，曾与其丈夫争吵，当晚归家，即伏在桌案上，直至天明，仍在原处云云。兹应据工部局报告，并证人及被告人之陈述，另解释九月二十五日验断书所述说之伤痕及致死原因。其左颈上之血晕，系死者于服鸦片后，渐失其自主精神，而致将面部触擦于桌面上，故自伤颧部，而桌边印深入皮肤，其颈部胸锁乳头筋肉所发生之溢血块，系因其自主精神丧失后，其头左右偏倒而致筋肉之伸长超过其引申限度，故筋肉中有溢血状。其内部所呈因气窒致死之状态，亦因其精神丧失后，自以衣袖遮塞口鼻，而终因气窒致死，故内部脏、肺有溢血点。至其头部伤痕，则仍系生前被他人所伤。由以上经过情形，可知前后之解释皆根据同一死因而来，第一次之解释，因未知伏案之事实。而仅仅服毒致死，又断不能发生上言之现象，且死者又因夫妇不睦而死，故不能不作最近情之推测，疑为有强压窒息之情事。第二次之解释，因法医对于第一次之推测，既未得实证，而伏案之事，可以解释尸身上之现象，故不妨加以变更。"

孙逵方对出现二次鉴定结论不同的解释是："前后之歧异，乃由尸身以外之证据而来，并非由尸身检验有误而致。而尸身以外之证据，不在法医搜查之范围。为法医者，只能本尸身之现象，示法庭以搜查证据之指针，并就法庭所得之证据，参合尸身之情形，求一可通之解释，职务范围仅限于此。身外证据之如何搜查，与其虚实精粗，皆不能越俎代庖。而在远方所处特殊情形之下，尤无暇过问。然此次因其第一次之解释，而能得出伏案之情形，则自幸于职守上，亦尚未有甚大之过失矣。总之，法医精神，在由实证以得结果，不能逆臆事实，亦不能不顾证据，草率断定死者虽服鸦片，然苟非其死时之特殊姿态，足以说明所得之证据，则断不敢遽下断语。一切科学之进步，皆本于求证之精神。而法医学亦不能独外。"

三、早期剖验之重要①

【原文】

人体受外力之冲击或由其自身体力之催动触及异物，或失其依托而坠跌，均能使身体外表及内部罹受损伤。伤及要害则能丧命。身体外表之损伤，或仅伤及表皮，或载有血斑、血包、创口。其内部之损伤，如骨质之损折、血管或内脏之破裂、神经之损坏、神经中枢之震荡等，在外科病理学，及法医学内，均论之甚详。至上言伤痕之鉴定，有时虽亦有可争辩之点，然具有相当经验之鉴定人，参考经过情形，引用科学检查方法，则尚不致使显于其眼前之确证，免②脱于检验之时。惟鉴定人，亦应获有较完整之检材，方能应用其学识，而施行鉴定。若待其检材上具有之特征，均已消灭，而使其鉴定无所依据，则鉴定人虽有宽广范围之科学为其后盾，亦难凭空揣度，依想象而推定其真因。盖以法医鉴定之价值，贵根据其所得之事实。

当人于死亡后，最短期间或于将死之前，其身体已为微菌昆虫所侵蚀，及至死后，尸体腐败进行之缓速，则又因天气之寒暖、空气之湿燥、葬埋土地之性质、致死之缘由、年龄之长幼等，而不同。于尸体未腐化之前，其载有之损伤，含有之病理变态，固较易检见。若仅恃外表之检视，如无显著伤痕，足以确定为致死之真因。则在医学上，不能以轻微伤痕地位，而断言其为致命之伤。又于有斗殴情形时，更不可以外表无足致死之伤痕，或无伤痕之检见，而不追求其致死之真因，殆历时既久，始举行复验，则尸体腐败之程度已深，皮肉内脏多已消失，而其载有之伤痕亦不存在。纵有时能于骨质上寻得血斑及骨质内之溢血痕，此种伤痕虽保持较久，然若外力不达于骨质时，则在骨质上不能留有痕迹。故不可以骨质之不易消灭，而希冀事后检出一切致死之伤痕，坐使③检材消灭殊为失计。按欧美各国，

---

① 原文刊载于《法医月刊》1935 年第 17 期第 1—10 页。

② 免：原文为"兔"，应为印刷错误。

③ 坐使：坐等，不主动作为，任凭。

对于死因不明及死因有疑问时，无不立时委托剖验，即自杀情形至显明之时，亦不能免剖验之施行，以求其致死之真因。盖尸体于未腐化之前，其创伤状况，病理征象，自易寻求，不难定其致死之真因。司法裁判者，既可引为确证，用免他日之争执。而受委托之鉴定人，于尚未消失之检材，亦易施行其鉴定方法。故于不能确定致死真因之时，应立即施行剖验，以免证据之消失，兹录剖验例三则，以证明之。

一、为某法院委托检验×××尸体

事实经过：

查×××诉×××伤害致死一案　据×××状称："民弟×××与×××拉车有隙。×××于五月十八日下午率众手持铁棍将民弟殴打，当时奄奄一息，由警送××x医治，今日毙命。"经法院派员前往相验，仅证明死者有轻微伤痕。究竟该×××是否因伤身死？应将尸体送请检验以凭核办"云云。

检验：

（甲）一般外表检查

死者男性，身长 166 公分①，尸僵已消失，尸斑位于身体下侧，作暗红色。颜面部呈深灰绿色，两眼角膜混浊②。眼角均附有蝇蛆。鼻内有腐败血水流出。腹部膨胀作绿色。该尸体已经开始腐败，在右肘关节部有不规则之小创伤 3 处。在左腕关节上方亦有类似爪痕之表皮伤 1 处。左腿膝部上方亦有小创伤 1 处。其他各部无著明③伤损。各腔口亦无异物。据以上外表检查结果，其各部之创伤均属轻微，不足为其死因，应施剖验，方可鉴定，

（乙）剖验

脑：切开头皮，在左侧耳上方有皮下溢血一小块，作斜行，长约 2 公分，其头骨骨膜及骨质上，均无伤损及血荫④。锯开头骨，其脑膜无病变，而脑组织表面之迂曲血管，多充血。继切开其各脑室及灰白质，都无异状。

心：切开心囊，有约 20 公撮⑤之血性液体，心表面附有少量脂肪。切开其左心室，有多量凝血块。其心肌及瓣膜均无病变，微呈充血状，右心室正常。

---

① 公分：厘米。
② 混浊：原文为"溷浊"。
③ 著明：显著，明显。
④ 血荫：原文为"血廕"。
⑤ 公撮：毫升。

肺：左右两肺均无愈着，其肺尖部亦无硬结，表面及切面均正常。

肝：正常。胆囊无异常及病变。

脾：已发生腐败，表面及切面均正常。

肾：左右肾被膜有愈着，其表面呈深褐色，切面略充血。

胃：正常。

腹膜：切开腹腔，在脐下五六公分处（即小腹部）之筋层内，有赤色之溢血斑。其腹膜呈充血现象且附着有黄色脓汁及纤维素，其腹腔内亦有脓汁及溢出之粪便，该部位相当于脐下部右侧，然其腹膜之充血及炎症现象，则弥漫于全下腹部。

肠：小肠之浆膜均高度充血，空肠之浆膜呈樱红色，充血现象颇为著明，并附有脓汁，其附近有溢出之粪便。次将全部肠管详细检查，在回肠部检见一小穿孔，其长径约1公分，穿孔之周围呈高度充血，并有粘稠脓汁，将该部肠管切开，尚无溃疡及滤胞肿胀。其盲肠及蚓突①均无病变，该肠之穿孔，系由于外来暴力所致。

说明：

据前外表检查结果，其尸体外表仅有轻微之伤痕。然在内部检查结果，证明在腹部之筋层内有溢血斑，而腹膜有急性炎症现象，回肠发生穿孔兼化脓症状。查死者回肠各部无慢性炎症现象，肠中亦无异物，此种穿孔，得因外来暴力而发生。按暴力达于软部组织时，外表可无受伤现象，而外来之力可达及深部内脏。得使该部充盈之肠管因是而破裂，其含有物溢流于外，诱发急性化脓性腹膜炎。

结论：

（一）据前外表检查结果，右肘关节，左腕关节上方，左腿膝部上方，头皮左耳上方，仅有轻微之创伤。

（二）剖验结果，发现脐下部之筋层内，有溢血斑，回肠部有破裂孔，而肠管内并无慢性炎症现象，此种破裂痕，系因外来暴力而发生。

（三）肠管破裂后，其含有物溢流于腹腔内，而发生急性腹膜炎。

（四）其致死之原因，系因外来暴力伤及肠管，因肠管破裂，而发生急性腹膜炎。

---

① 蚓突：阑尾。

二、为某法院委托检验×××尸体

事实经过：

查×××诉×××伤害致死一案 ×××供称："我兄×××，年46岁，在×××家为小工。本年4月17日下午1时，被其账房①用杠棒打伤小肚囊②，由×××等送至××医院诊治，5月8日在医院死了。"究竟该死者×××是否因伤身死，即希出其鉴定书以凭办理"云云。

检验：

（甲）一般外表检查

死者男性，身长169公分，尸僵已经消失，尸体表皮已行脱落，两眼球腐败消失，鼻亦陷没，在颜面上有多量蝇蛆，胸腹部及阴茎阴囊均因腐败膨胀，上身皮表作绿黑色，下身作绿黄色，尸体各腔口除有多数蝇蛆外，并无异物存在，其尸体外表各部，亦未检见著明之伤痕，故应施剖验，以明死因。

（乙）剖验

脑：切开头顶部皮肤，在颅顶右侧有皮下溢血一块，长为6公分，宽为3公分。锯开头骨，脑已腐败，脑组织成灰绿色浆液。

心：表面柔软，已腐败，切开其心室内无血液，瓣膜正常。全心无显著病变。

左右肺：呈灰褐色，表面附有多量腐败气泡，全肺无结节，切开无出血及溢血等征象。

肝：已腐败，外观呈蜂窝状。

脾：腐败糜烂，呈灰绿色，切面已不成形，仅为污褐色之粘稠物。

胃：内容空虚，胃黏膜已腐败脱落，全胃无充血、出血及溃疡等病变。

肠：在脐部下方之腹膜及大网膜上均呈现充血状态。此处之肠管上检有将愈合而未完全愈合之穿孔，但其周围有黄绿色脓汁。且肠管与肠浆膜互相愈着。在脐部下约5公分处，其肠管与大网膜亦有愈着征状。将此部之肠组织剪开，由内部检视，均无病态，但其穿孔尚未完全愈合之情状，甚为明确。其盲肠及蚓突均属正常。

说明：

据前检验，该尸体已腐败，且正值进行之际，其外表未检见显著之伤

---

① 账房：原文为"帐房"。

② 囊，原文为"裹"，应为印刷错误。

痕。经剖验之结果，其内脏多已腐败，惟腹膜及大网膜有充血状态及炎症征象，脐部下方肠管有穿孔及愈着现象。但其肠管内部均无病态，委系死者生前腹部曾受外力冲击，伤及腹膜，而小肠同时亦受损伤，以致肠管破裂。在肠管破孔之上方，其周围组织突起虽已愈合，但其破孔之下部，仍留有细孔。观此种情形，该创伤应已经相当时期。惟因肠管之破裂，其内容物溢出于腹腔内，诱发腹膜炎以致死亡。按暴力达于腹部时，其外表虽无伤痕，而外来之力得达于内部，使内脏因之受损伤。

结论：

（一）据前外表检查，死者尸体外表无显著之受伤痕迹，仅头部颅顶右侧有皮下溢血一小块，系生前曾受钝器冲击之伤痕，惟头骨完整，其已腐烂之脑质内，并未含有血块及多量之血液，是脑部无溢血现象。

（二）内脏多已腐败，未检见著明之病变。

（三）在腹膜及大网膜上均有充血状态，且该部肠组织发生穿孔及愈着，并有化脓现象，系生前曾受外力冲击，以致肠管破裂，而诱发腹膜炎，是为其死因。

三、为某法院委托检验×××尸体

事实经过：

查×××诉×××等伤害致死一案　据×××状称："次子×××于×月 18 日被×××等拳足交加，负有重伤，突于 19 日下午 3 时身死等语，据此该×××究竟因何身死，大有解剖之必要，相应派警将该尸体送请贵所烦为鉴定"云云。

检验：

（甲）一般外表检查

死者男性，身长 169 公分，尸体表面呈灰绿色，尸体强直尚未消失，尸斑在身后侧呈紫红色，腹部膨胀，在眼鼻口角均附蝇蛆，是已腐败之征。两眼角膜已混浊[①]，颜面及口唇黏膜甚为苍白，发际及各腔口均无异物，全体外表无任何伤痕及异状。故须施行剖验以明死因。

（乙）剖验

脑：切开头皮，皮下组织无溢血出血等现象，次将头骨锯开，骨质上亦无异常征象，脑组织已腐败，呈灰绿色糜粥样。切开胸腹部皮肤，其左侧腰部之肌组织内，有块状溢血斑一处，长约 8.5 公分，宽 5 公分呈深红

---

① 混浊：原文为"溷浊"。

色，并在左侧腹腔内有多量之血液及凝血块，量达 2 公升，是为生前出血之证。

心：切开心外膜内容空虚，详检心室及各瓣膜无病变。

肺：左右两肺呈灰绿色，甚柔软，切面作浅灰色，触之易碎，是已经开始腐败之征。

肝：呈灰色，表面平滑，切面有大小不等之空泡，是已经开始腐败之征，其胆囊无异状。

脾：表面呈灰褐色，长约 15 公分，宽约 12 公分，重约 205 公分[①]，在脾之周围，附有多量凝血块，其表面被膜有斜行裂痕上下两道，皆长 5 公分，深达髓质，宽约 1 公分，其破裂面略向外翻卷，并在该裂纹之下方，另有一不规则之破裂纹，表面粘有凝血块。

肾：左右两肾被膜易于剥离，切面呈贫血现象，间[②]无病变应属正常。

胃：内容为少量之未消化食物，其黏膜无病变，应属正常。

肠：内容为黄色软便，全肠略现贫血状态，无病变应属正常。

说明：

据前外表检查所见，得证明死者×××颜面及口唇黏膜色泽均较苍白，有贫血征象，全尸各腔口均无异物，体表亦毫无受伤痕迹，次据剖验结果，证明在左腰部之肌层内有溢血斑，并在左侧腹腔内有多量血液及凝血块，其量达 2 公升，是为生前曾有大量出血之证。在脾之表面，有破裂痕，其他各脏器无病变，故可证明其出血系由脾破裂而来，实为其猝死之真因。按脾脏乃实性脏器，质甚脆弱。设遇暴力袭击，最易破裂发生大量出血，而陷于死亡。

结论：

据前检体及说明，死者×××委因左腰部受外来暴力，以致脾脏破裂，发生大量内出血而死。

按深处血斑之状态及发现期间，法医学内曾详言之，凡外力伤及内脏重要之处，均能致死，其例繁多不胜枚举。故外表若无显著之伤痕时，不可不施行剖验以求其致死之真因，我国南方气候湿热，尸体腐败之进行甚速，往往于 8—10 日之后，皮肉内脏糜烂腐化，仅余骸骨，若于此时冀求得上述 3 例之致死真因，上则殊不可能。至创伤性之肠管穿孔，脾脏破裂，属

① 公分：这里指重量单位，"克"。
② 间：原文误为"问"。

于外科病理学，习医学者，知之甚详。综以上 3 例观之，其外表均无显著伤痕，而其死因皆得之剖验中，是故检验尸体绝不应依外表之检视，而推测其致死之缘由，应依剖验之结果，而定其致死之真因，尤应即时施行鉴定，庶免确证之消失。

【述评】

孙逵方认为，人死后，尸体开始腐败，"于尸体未腐化之前，其载有之损伤，含有之病理变态，固较易检见。若仅恃外表之检视，如无显著伤痕，足以确定为致死之真因。则在医学上，不能以轻微伤痕地位，而断言其为致命之伤。"孙逵方强调，斗殴时体表伤痕轻微，或伤痕不明显，而内在破裂，如果尸体腐败严重，"其载有之伤痕亦不存在"。因此，不可"以骨质之不易消灭，而希冀事后检出一切致死之伤痕，坐使检材消灭殊为失计"，而应重视早期解剖的重要性，在"不能确定致死真因之时，立即施行剖验，以免证据之消失"。

孙逵方举 3 个案例加以说明：

例一，体表创伤轻微，解剖发现脐下部肌肉挫伤出血，回肠破裂。符合外来暴力伤及肠管，因肠管破裂而发生急性腹膜炎死亡。

例二，尸表见头部颅顶右侧有皮下出血，符合生前钝器打击伤痕，头骨完整，未见颅脑出血，无脑部溢血现象。内脏多已腐败，未检明显病变。腹膜及大网膜充血状态，且该部肠组织发生穿孔及愈着，并有化脓现象，符合生前外伤性肠管破裂致腹膜炎死亡。

例三，死者颜面及口唇黏膜苍白，有贫血征象，体表无明显受伤痕迹，解剖发现左腰部肌层出血，脾脏破裂，腹腔大量积血，符合左腰部受外来暴力打击致脾脏破裂大失血死亡。

最后，孙逵方总结："综以上 3 例观之，其外表均无显著伤痕，而其死因皆得之剖验中，是故检验尸体绝不应依外表之检视，而推测其致死之缘由，应依剖验之结果，而定其致死之真因，尤应即时施行鉴定，庶免确证之消失。"

四、关于急性砒素中毒腐败现象之考察①

【原文】

　　毒杀案件之发觉，往往较因伤害致死之案件为迟缓，每于被害者死后已经过相当长之时日，始被告发从事检验。故中砒毒之被害者于死后最短期间即施行剖验之实例为数殊少。至砒素中毒之病理征状②，内科病理学内言之甚详，急性中毒致死者于死后最近期间之病理解剖现状，据已往检验案件解剖检查及在动物试验中所得之结果，兹略述如下：

　　口腔、咽喉、食道：通常均无异状。

　　胃：胃黏膜红肿，附有多量分泌液，有时含有血液；其黏膜下溢血斑作散在性点状以及紫色、黑色之块状，得呈坏疽组织之状态。上述情形多位于胃之后壁，至胃之溃烂、穿孔为极罕见之事。

　　肠：肠内含有多量分泌液及米状细粒，似患霍乱症者之肠内含有物，其滤泡和拜蔼氏（Peyer）腺肿胀，类患伤寒症者，肠膜下时有溢血点。又胃及肠均有硬性水肿，以指压之即陷下留有指痕，此种现象在十二指肠内最为显著。

　　脾脏：除充血外无肿胀现象。

　　肾脏：充血，以尿曲细管之毁坏为最显著，其细胞化为细粒及脂肪。

　　心脏：心筋丝线纹消毁③，化为脂肪，其心内膜则无病态。

　　肺：肺叶高度充血，支气管无泡沫存在。

　　神经系组织：在急性中毒致死者及动物身体实验之结果，均尚未发现④有特殊状态。

　　血液：因呕吐、腹泻之故，身体之水分减少，故血液较浓厚，亦与患霍乱症死者相同。

　　由于砒素中毒致死之尸体，其腐败进行之迟缓，古今法医之意见论述

---

① 原文刊载于《法医月刊》1935 年第 18 期第 1—15 页。
② 征状：指体证和症状。
③ 心筋丝线纹消毁：心肌横纹消失。
④ 发现：原文为"发见"。

不一。于十七八世纪时，如 Zacchias（1666）① 称内服砒素时能催进尸体腐败之进行，若外用时则尸体腐败反较迟缓；Pienk（1785）及 Gmelin（1795）亦有同前之议论发表，然多数学者均谓砒素能制止尸体腐败之进行。后于十九世纪中，经 Welfer（1803）、Kelch（1904）、Klanch（1811）、Bachmann（1912）、Orfila②（1826）、Hunefeld（1828）均就尸体检查及动物试验之结果证实之。近代法医如 Hermann、Dragendorff、Krahmer、Tardieu③、Brouardel④，Balthazard 等氏亦均认为砒素能使尸体长久保存，故中砒毒致死之尸体其腐败进行迟缓已为近世法医所公认矣。

上述中砒毒之尸体现象，其内脏之显微病理组织检查，仅能于死后 48 小时内施行之。盖尸体虽因含有砒素而使其腐败进行迟缓，然终不能制止其腐败之进行。至肉眼病理解剖检查现状则能保持较久。近年依检验砒素中毒案件之实例，确能证明含有砒素之尸体及肉类食物腐化进行迟缓，发掘尸体之检查，往往有尸蜡⑤和 Momie⑥ 之现象，惟未便依尸体之状况而定其为是否砒中毒致死。至砒素之含有与否，仍应依化学分析之结果。又尸体含有砒素之多寡，亦随其吞服量及服毒后至死亡时间之久暂而不同，若于中毒后曾经数日始死亡者，则其所服砒素已排泄于体外，而其尸体中之含有量自亦减少。尸体之能否保持长久亦因之改变，微菌中除 Penicillium⑦ 能分解砒素取供营养外，砒毒对于其他微菌则反有阻止正其发育之能力，故砒素能制止腐败之进行实属无疑之事实。兹举实例两则以供参考。

案例一

为某法院函送检验由尸体内取出之胃脏，请化验有无毒质。

---

① Zacchias：查克其亚，Paulus Zacchias（1584—1659），又称 Paolo Zacchia，欧洲法医学之父，意大利著名医学家。1621 年出版《法医学问题》（*Quaestiones Medico-legales*），他第一个提出法医学学科术语（Medico-legales），是英文法医学术语（legal medicine）之所由来。这里的 1666 年，应是再版的时间，因 Zacchia 于 1659 年去世。

② Orfila：Mathieu-Joseph Bonaventura（1786—1853），奥尔菲拉，法国法医学家，现代毒物学莫基人，1814—1815 年出版《论毒物》，曾任巴黎大学法医学教授、医学系主任。

③ Tardieu：Ambroise Auguste Tardieu（1818—1879），塔雕，法国法医学家。巴黎大学法医学教授，他所确定的处女膜各种形态和被后人命名的 Tardieu 斑，是至今为人所熟知的成就，他还最先报告有关虐待儿综合征的病例。

④ Brouardel：Paul Camille Hippolyte Brouardel（1837—1906），布鲁阿代尔，法国法医学家。巴黎大学法医学教授，1903 年创立巴黎大学法医学与精神病学研究所。

⑤ 尸蜡：原文为"尸腊"。

⑥ Momie：（法语）干尸，木乃伊。

⑦ Penicillium：青霉菌。

事实经过

来文公函内开："本院受理杀人案件，有被毒杀嫌疑之死者×××一口，于检验尸体时取出之胃脏，当时曾经化验均未发觉何种毒质，惟案关杀人，故本院不厌求详，合将当时验尸解剖取出存留之胃脏及×××生前死后参考单一纸，函送贵所查收，并就参考单内列二、六、七等项记载是否为中毒征象暨予查验见复"等由，其参考单内记载：

一、死者年龄：四十岁。

二、死者生前体格：强壮。

三、死者起病日期：二十一年七月十一日。

四、死亡日期：二十一年七月十七日夜三时许。

五、验尸日期：二十一年八月六日开棺检验。

六、尸格记载：面色紫暗、全身肤色发变青色、两眼胞合、上下唇吻青黑色、上下牙齿根青黑色、胸膛心坎均有青根现出、两脚直伸、十脚趾甲青黑色、合面发变青色、谷道有粪污、十指甲青黑色。

七、死前病状：发病一向头痛，临死时为霍乱症病吐。

八、化验情形：用 Marsh Test 未检见砒质。

检验

检材全量（胃脏）：270.0 公分①。取用量：220.0 公分。食量：50.0公分。

甲、一般检查（General examination）

送检证物检材系胃组织少许，胃脏组织因缺乏水分浸渍，故外表干燥，呈褐黄色，已失其固有外形，但不具腐败臭，或其他挥发性之毒物臭味，检材之蒸馏水浸液，呈弱酸性反应，其不溶性部分，未检见大块之结晶体。

乙、化学检查（Chemical examination）

（一）第一属（挥发性）毒物之检查

取检材 150.0 公分，加少许蒸馏水及醋酸，使呈酸性，碎成小块，在摄氏 120 度左右蒸馏之，其挥发之气体不能使愈疮木硫酸铜试纸（Guajacum copper Sulphate paper）变为深蓝色，蒸馏液对于钼酸铵、硝酸银、过氯化铁等试药，均呈阴性，亦毫无本属一切挥发性毒物之臭味，是为检材中不含有本属一切毒物之证。

125

---

① 公分：指"克"，下同。

（二）第二属（植物性赝①等）毒物之检查

取检查第一属毒物之蒸馏残渣，再加入检材 70.0 公分，用纯酒精在水浴上热浸之，按司塔施奥特（Stas-Otto）氏法精制后，用其蒸馏水之酸性液，加纯醚振摇，分离醚液，而挥发之残渣，经精制操作后，施行动物试验及化学检查，均为阴性，乃将醚之下层水溶液加重碳酸钠使呈碱性，用醋醚振摇抽出之，所得挥发残渣，施行各项检查如次：

1. 亚马林酸反应（Amalic acid R.）：阴性。

2. 荧光反应（Fluorescence R.）：阴性。

3. 维太利氏反应（Vitalis' R.）：阴性。

4. 钒硫酸反应（Mandelins' R.）：阴性。

5. 脱水吗啡反应（Pellagris' R）：阴性。

6. 动物试验：取残渣之溶解液，注射于蛙之腹部淋巴囊中，并不发生有毒作用。施行兔之瞳孔试验，亦无散大或缩小瞳孔之药理作用。

根据上列各项之检查结果，得证明检材中不含有防己素（Picrotoxin）、秋水仙素（Colchicine）、咖啡素（Caffeine）、鸡那素（Quinine）、颠茄素（Atropin）、士之年素（Strychnine）、吗啡素（Morphin）等本属毒质。

（三）第三属（金属性）毒物之检查

取检查第二属毒物之不溶性残渣，及振摇时之水溶液，按汤姆氏（H. Thoms'）法破坏有机质，分别施行不溶性残渣及水溶液之检查如下②：

1. 残渣之检查：分别施行银、铅、钡各项金属毒之实性检查，阴性。

2. 水溶液之检查：取破坏后之水溶液，加铔水浓缩之，滴加少许硝酸，使呈酸性，加蒸馏水稀释后，移于水浴上加热，通入无砒硫化氢，检液中能发生淡黄色之沉淀物，又分别施行不溶性残渣及水溶液之检查如下。

1. 水溶液之检查：施行铬、锌之实性检查，阴性。

2. 残渣之检查：取通入硫化氢所得之黄色沉淀物，加黄色硫化铔及铔水合剂，反复加热洗涤之，沉淀完全溶解，是无汞、铅、铜、铋、镉之证，继将此溶解液移于水浴上蒸发干燥之，加纯硝酸使呈酸性，混以硝石及碳酸钠之合剂，入于坩埚中烧灼之，将残渣溶解于重碳酸钠液中，不发生氧化锑、锡、铜之沉淀物，乃加纯硫酸蒸发至发生硫酸白烟后，用蒸馏水稀

---

① 赝碱质：类碱质。

② 如下：原文为"如左"，下同。

释至 22.0 公撮①，取其 2.0 公撮，施行砒毒之定性检查，取其 20.0 公撮，施行砒毒之定量检查如下。

1. 砒毒之定性检查：对于顾特查特氏反应（Gutzeit's R.）能发生褐黄色之砒化汞斑。

2. 砒毒之定量检查：取检液 20.0 公撮，加保加尔特氏试药（Bougault's R.），沉淀其砒素，滤取其黑色之砒素沉淀，经蒸馏水洗涤后，加重碳酸钠液使呈碱性，用十分之一定规碘试液滴定之，所得之乘式如下：

1c. $c\frac{1}{10}N$ *Jodine* Sol. $= 0.00198\ As_2O_3 = 0.002$ 弱（亚砒酸）

0.002×4.3（检液能消耗之定规碘试液数）$= 0.0086$ 弱

根据上列之砒毒定性检查，得知检材中确含有砒毒，即亚砒酸（红矾、信石）毒。又根据上列之砒毒定量检查，得知检材 200.0 公分中，当含有纯亚砒酸 0.0086 公分。

（四）第四属（强酸强碱）毒物之检查

检材之水溶液呈弱酸性反应，当系不含有强碱毒物之证。又检材对于刚果试液（Gongo red Sol）并不呈蓝色反应，是系检材中亦不含有强酸之证。

说明

查送检证物×××之胃脏，据前化验结果证明确含有砒毒（俗名为红矾、信石等）。又据定量检查结果，得知检材 200 公分中，含有纯亚砒酸 0.0086 公分。按亚砒酸为无臭无味之白色结晶或粉末，有剧毒，内服至 0.01—0.015 公分时则中毒，0.1—0.15 公分则能致死。其中毒症象约分为神经型与胃肠型两种，此两型有时单独发生，有时合并发生。神经型者，为一般衰弱、恐怖、失神、肌肉震颤，及腹部疼痛性痉挛，终至谵语、昏睡、全身麻痹而死。胃肠型者，内服后历半小时或数小时，口腔内有金属味、干燥、瘙痒、咽喉烧灼，次即呕吐、腹痛、吐物中含有胆汁样物及血丝。经二三小时后呕吐次数减少，腹痛增加，口渴亦甚，食道内有压榨感。再经二三小时或一日后，则来持续性霍乱样下痢，大便初为胆汁样，次为黏液样，终呈米泔样，与霍乱现象极似。患者尿量减少或尿闭，面貌憔悴，形容枯槁，变调或失声。初时其颜色为四肢苍白，终则呈 Cyanose（青紫色），

——————————

① 公撮：毫升。

脉搏细小，约十余小时至一二日因虚脱而死。又按前定量检查结果，在 200 公分检材中，其所含亚砒酸量为 0.0086 公分，据 Kohn Abrest Sicardef Paraf 氏谓："若在人体全量内含砒达百分之一公分以上时，可认为有砒中毒之可能"。虽在急性砒中毒时，中毒者所吞服砒毒，未能平均分布于全体，但送检证物检材 200 公分中，已含有 0.0086 公分之砒毒，若以人体平均重量六十五公斤估计，设其砒量系平均分布于全体，则全体中当含有（200：65000＝0.0086：x＝2.795gm）二点七九五公分之亚砒酸，虽于急性中毒时，砒毒未能平均分布于全体，然以检材中所检得之砒毒量推算，则中毒者全体内含有之砒毒，实足以中毒致死。又查送检证物胃脏，据前甲项一般检查，虽历时较久（据×××生前死后参考单第五项验尸日期为二十一年八月六日），外表干燥；但仍未腐败，此亦属于砒毒中毒内脏常见之现象。据来文所举×××生前死后参考单之第二项"死者生前体格强壮"、第七项"死前发病一向头疼"、"临死时为霍乱症病吐"是与急性砒毒中毒之征象相符。至第六项之尸格记载，因其他原因致死之尸体，亦能有该项内所称尸体之现象，故仅据外表之检查，未便认为系因砒中毒致死之特征。综合以上说明，得证明送检证物胃脏内，含有砒毒无疑。

结论

一、据前化验及说明，得证明送检证物邓钟氏胃脏确含有亚砒酸（俗称砒毒），未检见其他毒质。

二、送检胃脏 200 公分内，含有亚砒酸 0.0086 公分。

三、据前定量结果，得推知×××全体含有亚砒酸足以中毒致死。

四、据前说明来文所举×××生前死后参考单之各项记载，与砒毒中毒之症状相近。

案例二

为某法院函送×××杀人案内证物（肉类食物），请化验有无毒质。

事实经过

来文公函内开："本处受理×××诉×××杀人一案，讯据×××供称：×××放毒药于我猪肉里面，我吃过之后，心里不好受，口鼻流血，检呈下毒食物一瓦锅，请予化验讯办等语。究竟该项食物是否下毒，抑或该食物毁败所致，均有详细检验之必要，兹将食物一锅，派警赍送前来，相应函请查照烦为化验，出具鉴定书函复过处，以凭核办，计送瓦锅一个，内盛猪肉"等由。

孙逵方论文研究

128

检验

检材总量：1350 公分。取用量：化学检查：550.0 公分。细菌检查：20.0 公分。余量：780.0 公分。

物理学检查（Physical examination）：

检材表面已发生白霉而无特异之挥发性臭气，为红黑色之块状肌肉组织及流动性之脂肪油，杂有少数大小不等之碎骨，对于石蕊试纸呈碱性反应。兹行化学检查如下：

化学检查（Chemical examination）

第二属（植物性类碱质）检物之检查

取检材加酒石酸使呈强酸性，再加纯酒精热浸之，按司塔施奥特（Stas Otto）氏法反复精制之，至不发生沉淀为止，然后将残渣溶于蒸馏水，滤过，取其滤液，移于分液漏斗中，加纯醚（Ether）振摇数次，先后分离其醚液。在水浴上挥发之，其残渣呈黄褐色，对于磷钼酸（Phospho-Mclybdicacid）及碘化钾汞（Mayer's R.）试药，均不显沉淀，对于过氯化铁液，亦不染赤或紫色，又不含有结晶性物质，足证该检材中不含有防己素（Picrotoxin）、秋水仙素（Colchicin）、安替批林（Antipyrin）、柳酸（Salicylic acid）等酸性水溶液能移行于醚之本属毒物。再将醚之下层水溶液加苛性钠使呈为碱性再用纯醚振摇，分离醚液，置于水浴上挥发，所得之干燥残溶，作如下之化学检查：

1. 亚马林酸生成反应（Product amalin acid R.）：不显玫瑰色，为咖啡素（Coffeine）之阴性。

2. 荧光反应（Fluorescence R.）：不生蓝绿色之荧光，为金鸡那素（Quinine）之阴性。

3. 钒硫酸反应（Mandelin's R.）：不变紫堇色，为士的年素（Strychnine）之阴性。

4. 维大利氏反应（Vitali's R）：不生赤紫色，为颠咖素等（Atropin gropalkaloid）之阴性。

5. 味觉试验（Taste test）：无著明苦感。亦无麻痹味觉神经作用，为古加素（高根 Cocaine）之阴性。

6. 蚁醛硫酸反应（Marqui's R.）：不呈紫色，为可代音吗啡（Codein Morphin）之阴性。

7. 磷钼酸反应（Sonnenschein's R.）：无沉淀，阴性。

根据上列 1、2、3、4、5、6、7 七项检查结果，得证明检材中不含有咖啡素、金鸡那素、士的年素、古加素等碱性水溶液能移行于醚之本属毒物。再取醚之下层苛性钠检液，加少量稀盐酸使呈中性，再滴入少许重碳酸钠液使成碱性，后用氯仿酒精混合液振摇之，分离氯仿液而挥发之，将其残渣施行下列之化学检查：

1. 碘化钾汞反应（Mayer's R.）：无沉淀，阴性。

2. 钼硫酸反应（Froehde's R.）：灰黑色，阴性。

3. 亚硒硫酸反应（Mecker's R.）：灰黑色，阴性。

4. 单宁硫酸反应（Tannin Sulphuric acid R.）：黑褐色，阴性。

根据上列 1、2、3、4 四项之检查结果，得证明该检材中不含有吗啡、可代音、那儿采音等碳酸钠碱性水溶液能移行于氯仿之本属毒物，其碱性醚及碳酸钠性氯仿之挥发残渣，不呈赝碱之一般反应（磷钼酸反应、碘化汞钾反应），是又无一切赝碱毒之证。

第三属（金属性）毒物之检查

取施行第二属不溶于酒精中之残渣，按汤姆氏（H. Thom's R）法破坏有机质后，分别施行不溶性残渣及水溶液之检查如下：

1. 残渣之检查：分别施行银、铅、钡、各金属毒之实性检查，阴性。

2. 水溶液之检查：取破坏后之水溶液加铔水浓缩之，滴加少许硝酸使呈酸性，后施行砒、汞之预备检查。

a. 顾特查特氏反应（Gutzeit's R.）：呈著名之黄色斑，砒之强阳性。

b. 铜棒反应（Copper Stick R.）：不发生银白色，汞之阴性。

取施行汞、砒预备检查之检液，移于水浴上加热，通入无砒硫化氢，而检材水溶液中发生大量显明之槐黄色沉淀物。再分别施行不溶性残渣及水溶液之检查如下：

1. 水溶液之检查：施行铬，锌，金属毒物之实性检查：阴性。

2. 残渣之检查：取通入硫化氢所得之黄色沉淀物，加黄色硫化铔及铔水合剂，反复加热洗涤之，在滤纸上并无沉淀残留，是为检材内又不含有汞、铅、铜、铋、镉之证。

定量检查：

取上列 2 项之黄色硫化铔及铔水之溶解液，加盐酸使硫化砒复行沉淀，滤过之，以蒸馏水充分洗涤滤纸上之沉淀物，再置干燥箱内渐渐烘干之，然后称其重量，作亚砒酸之重量分析，计算之如下：

所称得之硫化砒量为 3.12 公分。

$$As_2S_3 \qquad\qquad As_2O_3$$

$$(74.96+48.09):(74.96+24)=3.12:x$$

$$\therefore x=\frac{98.96\times3.121}{123.05}=\frac{308.7552}{123.05}=2.592(四舍五入)\ As_2O_3 纯亚砒酸数量$$

由上列之比例式，得知检材 550 公分中，应含有 2.592 公分之亚砒酸，设全检材中砒酸量为平均混合，其量当为 6.03 公分左右。

第四属（强酸强碱）毒物之检查

检材呈碱性反应，当为不含游离酸之证。检液加氯化钡液（Barium Chloride Sol）其碱性消失，是亦无强碱如苛性钾及钠之证。

细菌检查

副伤寒杆菌之检查：Nachweis des Bac Paratyphus.

取检材少许，依法培养于中性红琼脂（Neutrolrot agar）培养基中，经十八乃至二十四小时后，择其可疑集落，以副伤寒菌之各型免疫血清行凝集试验（Probe agglutination）结果呈阴性。是为检材内不含副伤寒菌之证。

肉毒杆菌毒素之检查：Nachweis des Bac Botulinus toxins

取检材于乳钵中，加食盐水研磨之，取其浮游液及滤液，注射于天竺鼠皮下，并行对照试验，结果检材内未含有肉毒毒素。

说明

送检证物瓦锅一个内所盛之猪肉，经显微镜检查、细菌培养检查及动物试验，并未发现有害于人体之病原细菌。复经化验，该证物猪肉内对于第三属金属性毒物砒之检查顾特查特氏反应，呈著明之强阳性反应，实系含有砒毒（亚砒酸）之证。又用定量分析法，检得该送检证物 550 公分中，含有 2.592 公分之亚砒酸。则该送检证物全量 1350 公分中，应含有亚砒酸 6.3 公分左右。按亚砒酸为无臭无味之白色结晶或者粉末，有剧毒，内服量至 0.01—0.015 公分则中毒。内服量至 0.10—0.15 公分则能致死。

结论

一、送检证物猪肉内含有砒毒（亚砒酸、信石或红矾）。

二、送检证物全量 1350 公分中含有亚砒酸 6.3 公分。误食送检证物，得中毒或致死。

据前二例观之，前者初验时为二十一年八月六日，距今复验日期迨将三载，所保留之胃脏并无防腐剂浸渍，虽历时如此长久，尚未腐败。后者检材为肉类食物，据前化验结果证明检材中均含有砒毒，故尚未腐败消失，是以脏器及肉类因含砒毒，其腐败进行因之迟缓，是其事实。

【述评】

本文发表于《法医月刊》1935 年第 18 期第 1—15 页，其主要观点是砒酸能使尸体较长久保存，砒酸中毒致死尸体腐败迟缓，给法医学鉴定提供一定条件。

例一，起病日期：二十一年七月十一日（1932 年 7 月 11 日）（服砒酸）。死亡日期：二十一年七月十七日（1932 年 7 月 17 日）夜三时许（服砒酸 6 天后死亡）。验尸日期：二十一年八月六日（1932 年 8 月 6 日）开棺检验（砒酸中毒 25 天后开棺尸解）。该案，毒物化验证实"胃脏确含有亚砒酸（砒毒）。"

例二，初验时为二十一年八月六日（1932 年 8 月 6 日），距复验日期近三年（《法医月刊》1935 年第 18 期为 1935 年 6 月出版），所保留之胃脏并无防腐剂浸渍，经化验结果证明检材中均含有砒毒。

五、司法行政部法医研究所概况①

【原文】

司法行政部为改进民刑事鉴定之方法及养成法医师起见，创设研究所于上海市外。

组织法医研究所最先之草案，余由欧洲归国时，即拟呈前司法行政部部长魏道明氏，当蒙采纳，并奉令开始筹备，于民国十九年着手建筑所屋，适于建筑期中，余又奉司法行政部令派往欧洲各国调查法医事宜及采办仪器书籍等，以备研究所成立时应用。

所屋建筑及内部装置，已于民国二十年底工竣，本期于二十一年初正式开办，及中日淞沪之纠纷骤起，研究所之成立，因之延期，迨日兵退出后，研究所虽仅蒙极轻微之损失，然余已于日兵退出前去职矣。

今岁复奉王部长②命来长研究所职务，又值国际法医学会开会之期，仅将法医研究所组织行政设备，从简述及于次：

正楼：

法医研究所设在真如车站邻近，距上海繁盛区约七公里，有宽广之马路与城市交通，正屋楼房，分为上下二层，其建筑图案，由司法行政部技正贝寿同绘构，贝技正及余会同研究之结果，故所屋之布置，对于法医手术之施行，极为便利。

所屋下层之最东部，为收尸室。此收尸室与消毒室、收藏室、领认室，及藏尸室连接。由藏尸室直达剖验室。在剖验室之西方为照像室及人体测量试验室。此种布置，可使种种法医手术于一次办理完毕，而在屋外之人，毫不能窥视其工作情形。所屋下层之西端，有学生实习室、图书标本室及暖气锅炉室。该室中置有果安布蓝克氏煤气机一架，自制煤气，供给各试

---

①　原文发表于《医药评论》1935 年第 129 期第 60—61 页。

②　王部长：指司法行政部部长王用宾。王用宾（1881—1944），光绪三十年（1904），官费选派先入日本盐仓铁道专科学校攻读铁道工程，后考入法政大学法律科攻读法律。1934 年，调任司法行政部部长。1937 年，首都迁渝后就任国家公务员惩戒委员会委员长。1944 年 4 月 7 日，因脑溢血病逝于重庆。

验室。所屋上层则聚处所长试验室及其他各试验室等。事务部分均设在正屋以外，并设有公堂一处，专为法官于鉴定施行前转询双方当事人之用。

研究所之职务行政组织及工作情形：

法医研究所直属于司法行政部，其职务为办理各法院委托鉴定案件及培植法医人员。所内行政分为事务、技术二组，在所长指挥监督之下，分别工作。

事务组设事务主任一人，文牍会计庶务人员均隶该组。

技术组为研究所中重要部分，由所长监督指挥。技术人员，由所长分配于各试验室工作，所中现已设有所长试验室、法医试验室、物证检查试验室、病理解剖及微菌学试验室、生理学及毒物学试验室等，每试验室均备有最新科学仪器，以供鉴定及研究法医学之用。置主任技术员负责管理，受所长及科长指导分别工作。

研究所内有冷藏设备，专供保存尸体之用。共有冷气柜30架，能容尸体30具，其中24架为摄氏度1度，6架为摄氏度零下5度，为收藏当地法院送检尸体之用。

法医人员之培植：

研究所每年举行入学试验，招收得有医学文凭之医师20人为研究员，授以法医学、精神病学、科学警查学等学理课目，兼在所中实习。于学年终了之前，由所中送往各地法院及精神病院实习后举行毕业考试及格者，由司法行政部发给法医师文凭，分发各省法院服务。又侦查班开设之草案业已呈送司法行政部。一俟司法行政部部长核准后，即可实行。其开设宗旨，在训练司法侦查人员。盖以此种专门学识实为法医学应用上所不可缺少者。尝读余师巴勒达萨氏书中有谓"侦查价值即鉴定价值"之语，因有感于斯言，遂觉有设立侦查班之必要。

司法行政部法医研究所之创设，为期虽渐，然各处民刑事鉴定案件纷集。所中技术人员，终日努力工作，为社会服务，故其经验日增而学识亦因之进步。在部长庇荫指导之下，行见研究所日渐扩充，尤冀于最短期内，能运用近世法医学内之各种问题，以利国家。区区之心，所深切翘盼者也。

【述评】

《司法行政部法医研究所概况》一文较完整地介绍了法医研究所创建的前后经历。司法行政部有"改进民刑事鉴定之方法及养成法医师"的计划，孙逵方从法国留学回国后曾向时任司法行政部部长魏道明提出建议，被采纳。司法行政部决定于 1930 年着手在上海真茹购地建所。派孙逵方到"欧洲各国调查法医事宜及采办仪器书籍等"。研究所建筑由贝寿同①设计。法医研究所于 1931 年底建成。按计划，法医研究所准备于 1932 年初成立，遇到中日淞沪会战（1932 年 1 月 28 日—3 月 3 日），法医研究所成立延期，当时孙逵方去职。后由司法行政部任命林几教授继续筹办，法医研究所于 1932 年 8 月 1 日成立，林几为第一任所长。1935 年 5 月，林几因病回北平大学医学院，孙逵方接任法医研究所第二任所长。文中，对法医研究所的布局、设备、工作范围、行政组织及工作情形等作了介绍。本文还对法医研究所法医人才培养和侦查班开设作了介绍。孙逵方认为，"盖以此种专门学识实为法医学应用上所不可缺少者""其开设宗旨，在训练司法侦查人员。"

---

①　贝寿同（1875—1945），留学德国，毕业于夏洛顿盘工业大学建筑系。自 1915 年起，在北洋政府司法部和国民政府司法行政部任技正。20 世纪 10—30 年代，我国的法院和监狱有许多是由他主持设计的。

六、拟改善检验尸格及训练法医人才办法案[①]

【原文】

理　由

查检验一法，肇端于宋嘉定四年，始有检验正背人形图以为检验之准绳，"即今尸格之所基"。至淳佑中、宋慈会粹[②]诸书，汇辑而成《洗冤录》[③]，即今《洗冤录》之所自始，嗣后宋有无名氏著《内恕录》，元王与著《无冤录》，明王肯堂著《平冤录》等，莫不就原有者而损益之，历代法吏群奉为圭臬，科刑律罪，平反冤狱，惟此是赖，有清乾隆年间，又于《洗冤录》后增检骨图以行世，沿至近世，仍墨守旧章，以致千年以来颇少进境，盖《洗冤录》所载检验方法，偏重经验，其中虽间有可采，究乏科学根据，殊难言其准确，现今世界各国对于民刑事鉴定，无不引用科学医学而为检验方法，汇检验之专门学识而设法医学专科，吾国法医尚属萌芽时代，人才经济两感缺乏，值兹收回法权之际，为杜外人口实计，为吾国法医前途计，改善检政，培育法医人才，实为当今急务，兹谨就管见所及，拟行先事改革两点，胪列[④]如下[⑤]。

一、按旧有检验吏检验案件，积习相沿，至今仍以洗冤录所载为唯一方法，虽不能谓为全不适用，然遇疑难案件，无例可援，无经验可按时，则不免揣度臆断，关系罪刑出入，实非浅鲜，且目前有经验之检验吏又多老死，新进者更多不如，故本所成立后，一面为各省检验疑难案件，一面培育法医人才，招收医师为研究员，上年十二月毕业一班，计十七名，业由司法行政部分派各省高等法院服务，今年又遵部令招收研究员暨检验员各一班，正在考试之中，惟本所为经费所限，不能造就大批人才以求普及，实用疚心，兹为兼顾检验吏生活起见，拟将各省检验吏择其通达文理者，

---

① 原文刊载于《法医月刊》1935 年第 19 期第 70—72 页。
② 会粹：应为"荟萃"。
③ 《洗冤录》：即《洗冤集录》。
④ 胪列：罗列。
⑤ 如下：原文为"如左"。

孙逵方论文研究

陆续调所训练，将《洗冤录》中方法何种吻合科学，可适于用，何种不适于用，逐条详为剖析，并授以简易科学，俾其得有法医常识，以为逐渐改善检政之基，似此更番调换，数年之后，咸知运用新方法以为检验之标准，则检政前途庶有发扬光大之日。

二、按《洗冤录》所载尸格图案，与现代医学科学图案解释诸多不合，似不适用于法医学昌明时代，在医学上凡属检验尸体，只能以伤痕之轻重定其致命与否，不能以地位而定其是否为致命伤，且法医学重在明了致死之真因，稍有疑虑，即应施行剖验以明真相①，非可仅依外表伤痕而推定其死因，兹拟按照医学生理学原理及人体之构造，另为订定，徒以事关改革千年积习，不能不审慎从事以求尽善，故图案均在绘画中，谨先提出改革意见，以供全国法学家参考，倘属可行，俟图形绘就后，再行呈请司法行政部颁行以昭一律。

提议者孙逵方

【述评】

1935 年 9 月，孙逵方在全国司法会议上提交 "拟改善检验尸格及训练法医人才办法案"，并在《法医月刊》1935 年第 19 期发表。

南宋时期有两个重要的检验文书颁发：一是淳熙元年（1174）提刑官郑兴裔创作验尸格目。验尸格目是一种专门记录验尸情况的规范化报表。《宋史》卷 465《郑兴裔传》载："郡县积玩，检验法废。兴裔创为格目，分畀属县，吏不得行其奸，因著为令。"验尸格目记录有接报时间、承办人吏、检查人姓名、到场时间、往返路程、尸检现象、伤损痕数、致命原因等详细情况。每次检验均立定字号，用格目三本：一本申报所属州县，一本给被害之家，一本申报提刑司，相当于官员执行检验情况的反映材料及保证书。二是嘉定四年（1211），江西提刑徐似道又提倡使用正背人形图。"令于伤损去处依样朱红书画横斜曲真，仍于检验之时唱喝伤痕，令罪人同共观看所画图本，众无异词，然后著押，则吏奸难行，愚民易晓"。验尸格目与验状、检验尸体正背人形图组成官方验尸文件。遇有告杀人者，由承办案件的官员检验、填写并上报。这样，验状、验尸格目、尸图共用，形成一个整体，这在南宋时期尸伤鉴定文书上是一重大突破。

---

① 真相：原文为 "真像"。

孙逵方《拟改善检验尸格及训练法医人才办法案》中提到的尸格、尸图就是南宋时期颁发的两个检验文书。孙逵方指出，宋慈著述的《洗冤集录》也是在先人研究基础上"会粹诸书，汇辑而成"，而历代都将《洗冤集录》"奉为圭臬，科刑律罪，平反冤狱，惟此是赖"。但是，孙逵方认为，《洗冤集录》"沿至近世，我国仍墨守旧章，以致千年以来颇少进境"，随着时代变迁，社会进步，科技发展，需要"引用科学医学而为检验方法"，当前"改善检政，培育法医人才，实为当今急务"。为此，孙逵方提出两条建议：一是提出司法行政部法医人才培养计划。二是提出在医学上凡属检验尸体，只能以伤痕之轻重定其致命与否，不能以部位而定其是否为致命伤，且法医学重在明了致死之真因，应施行剖验以明真相。并组织绘制现代尸体检验图，俟图形绘就后，再行呈请司法行政部颁行以昭一律。1936 年，他的学生胡齐飞按照现代解剖学的理论，绘制了人体图形并标上了相应的解剖学名称，设计了新的法医《验断书》（参见胡齐飞《现行验断书评论及修改之刍议》，发表于《法医学季刊》1936 年第 1 卷第 3 期）。这无疑是科学的改革。

七、骨质上生前受伤痕迹之持久性①

【原文】

骨质上血斑之性状，各专家已有详细之研究。本篇所举之各实例及试验之结果，系仅就骨质上伤痕之持久性而讨论之。

在普通情形之下，虽身体中其他各组织均已消灭，亦尚能检见骨质上之血斑，及骨质中之溢血现象。倘以仅余之骨质，为鉴定之材料，则此种痕迹亦甚显然能引起检验者之注意，而断定其为生前之伤痕。

此种溢血之状态，在骨质之海绵体内最为显明。虽头骨之内层及外层，亦得为血液之色素所浸润，然其色泽则较浅淡。于骨质受重大冲击时，则在受有外力骨质直径之对方骨质上，亦能发生溢血现象。

实例一：

为一死亡后已 15 个月始掘出之尸体，此尸体已高度腐败，仅存有骨骼及残余之筋腱。

头骨：头骨之侧面右后方，有折孔一，其骨折之裂纹，分达于后头骨右颅顶骨及颞颥骨。又头骨之内外层间，亦有横行裂纹，使内层与外层分离。

骨骼之其他各骨，均无损伤痕迹。

据上项头骨检查之结果，得证明此种骨折系因外来暴力而发生。其后头骨上损伤之痕迹，尤为明显。若将此骨之外层揭开，得检见其海绵体亦为血液色素所浸润。（图 3-1）

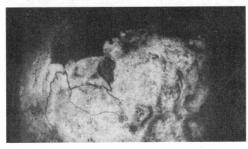

图 3-1

---

① 原文刊载于《法医月刊》1935 年第 20 期第 1—11 页。

继将左颅顶骨外层切去，以比较其健康组织与受伤组织不同之点，则健康组织内无上述之溢血现象。（图3-2）

图3-2

实例二：

为某法院委托鉴定致死缘由①之一骨骼。

头骨：（图3-3）

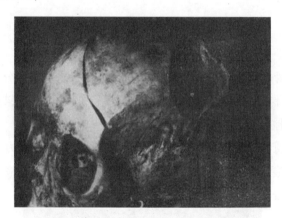

图3-3

在前头骨上有缺损骨质4公粝②之缝隙一道，此缝隙之方向，系自上而下，由右而左，由前而后。此缝隙之上端，分为二裂纹，一斜行向左颅顶骨，一斜行至右颅顶骨。其下端裂纹下行至左方达前头骨与蝴蝶骨③之缝合处。此

---

① 缘由：原文为"原由"。

② 公粝：指 millimeter，毫米。

③ 蝴蝶骨：蝶骨。

缺损骨质缝隙之前边缘，较光滑，具有不甚显明之平行线纹。(图3-4)

图 3-4

　　左颅顶骨上有折孔一，其前方之边缘，作后向之弓形。表面平滑，其上显有平行线纹。此种线纹得为刀身粗糙点所遗留之痕迹。其后方边缘粗糙，该处头骨之外层，亦有缺损。观此情形，殊易证明前头骨之缝隙及左颅顶骨之折孔，均系广刃利器之伤痕。因前头骨之缝隙及颅顶骨上折孔之中部，均阔8公分。由其边缘上线纹之走向，指示外力侵入之方向，知此外力乃斜行由上而下，由右而左，由前而后。故其前方之边缘均平滑，而后方之边缘粗糙。(图3-5)

图 3-5

　　此类线纹，亦系生前伤痕之一确证，因此种线纹系于骨质尚保有弹力性时所构成。嗣以利刃重斧在干燥骨质上作砍劈之试验，则不能得同样之结果。又在地腊①（Paraffine）上试验之，得见此种物质载有刀身粗糙点所

---

　　① 地腊：石蜡。

遗留之痕迹。

欲借骨质上遗留下之线纹，以鉴定是否为原凶器所遗之痕迹，各种试验现均在进行中，尚未竣事。

其他骨质上无伤损检见，盖被害者受斧伤二次后，当立即死亡。

实例三：

埋葬 17 年后再掘出之骨骼，其鉴定之目的，为检查骨骼上有无生前受伤之痕迹。

头骨：有一方形折孔，伤及右颅顶骨及后头骨之一角。后头骨上尚有其他冲撞痕迹。其后部有交叉形裂纹，而此十字裂纹又为头骨外层裂纹所围绕。(图 3-6)

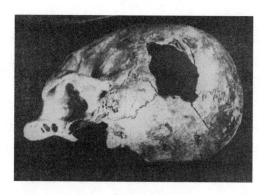

图 3-6

兹将头骨从正中部锯开，以便施行详细检查。该尸体既已受细菌及昆虫侵蚀后，现又为植物所盘踞。须根蔓延于头骨上，作血管细枝之分布状。(图 3-7)

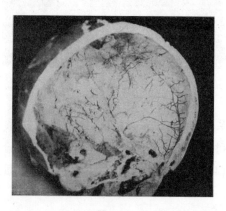

图 3-7

后头骨上由横沟至大后头孔间各层骨质，均为血液色素所浸染，其海绵体作深棕色，而其内外层则作淡棕色。（图 3-8）

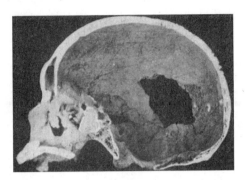

图 3-8

此方形伤口之外面，较为规则。其内面粗糙，并有多处缺损内层骨质。据此二面状态，得推知外力之方向系由上而下，由外而内。（图 3-9、图 3-10）

图 3-9

图 3-10

试验结果

取犬一头，供试验之用。以重锤猛击犬之头部，犬受此锤后，立即毙命。乃将其掩埋，任其自然腐化。经 4 个月后发掘其骨骼，而检查其受伤痕迹。在犬头被击处骨质上检见血斑，惟其头骨上并无裂纹。（图 3-11）

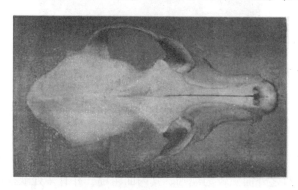

图 3-11

于通常室内光线下，已可检见此骨质上之血斑。若在滤光装置下之水银灯光下，则此血斑更为明显。在此种光线下，此血斑呈陈旧血液之色泽，而其边缘较在日光下观察时，更为清晰。头骨表面其他各部，则无陈旧血液之色泽。

再将犬头骨有血斑处，就其前后径中部之垂直线锯为二节，得见其头骨之外层及海绵体之一部，作淡棕色。又其头骨底面，即头顶血斑直径对方骨质中，亦有溢血点。

依上列实例及试验结果，可确信骨质上遗留之生前损伤痕迹，较人体其他组织之伤痕，保持恒久。

上三项鉴定均限于头骨，以此三头骨均曾受有极重之伤损，得推知遭难者于头部受伤后，立即毙命，故于其他骨质上均未能检见伤痕。以犬试验时，则又与前述情形相同。犬头受猛重之一锤后，立即死亡，亦不复有再击之必要。

此种伤痕状态之特征，即为曾受损伤骨质内所沉降血液之状态，骨质为血液浸润之色泽，又随骨质组织之疏密而不同，在海绵体内作深棕色，于致密组织内则作淡棕色。（图 3-12）

图 3-12

此种血斑在日光下固易检见，若血斑不甚显明时，则在有滤光装置之紫外线光下检查之，即可显出。

于受伤骨质及健康骨质之磨片中，施行血色素中含铁蛋白之检查时，得发现多量含铁蛋白，集聚于受伤骨质之磨片中。

据上述情形，若于鉴定施行过晚时，依有持久性之骨质内血液浸润痕迹，尚有检见生前伤痕之可能。

【述评】

关于骨质上生前受伤痕迹的发现。早在南宋宋慈《洗冤集录·论沿身骨脉及要害去处》就有记载："若骨上有被打处，即有红色路微荫，骨断处其接续两头各有血晕色。再以有痕骨照日看，红活①乃是生前被打分明。骨上若无血荫，踪有损折乃死后痕。"

1932年，林几任法医研究所所长时开始研究这一现象及其价值。他认为，"骨折部位周围组织出血可证明生前伤，但死后时间久，周围组织已腐败，欲在枯骨上证明其为生前伤或死后伤则十分困难。按各国法医检验尸体，其尸体多新鲜，故经剖验可解决。但我国验伤送检尸体，多属已腐，甚至死后数年，方求复验"。林几的研究是：先将狗10只，打伤致骨折，详细记录原伤部位，然后处死，分别埋于法医研究所后花园内。经两年，待狗尸肌肉腐败后，再挖掘检骨，对照原来记录，在紫外线下观察。结果，发现生前打伤骨折处可见土棕色荧光。然后，他再把未骨折处用锤

145

---

① 红活：指红润。

击致骨折，也在紫外线下观察，结果见白色荧光。他还发现生前打伤骨质有出血者，用刀刮、用水冲洗、出血斑痕均不能去除，因为骨质出血在深部。林几用此办法解决了30例骨折案的生前死后判定。例如，许宝聚案，死者死亡已5年，其家属反复告状。受法院委托，开棺检验许宝聚尸体。开棺见尸体只剩一骷白骨。经检查头骨有骨折。为排除是否挖尸时被土工碰伤致骨折，林几将颅骨骨折处放在紫外线下观察，发现有土棕色荧光。然后，用力锤击骨折裂部上方，使骨裂部分延长，继续观察。结果，在紫外线下原来骨折处出现土棕色荧光，而人工延长部分骨折处见白色荧光。因此，林几下结论："许宝聚的头部生前受暴力打击。"由于林几的科学鉴定结论，使累讼5年的案件很快得到解决。林几把这一现象写成专著，题目为《骨质血荫之价值及紫外线下之现象》发表于《法医月刊》（1934年第六期第40—44页）。

孙逵方继续开展骨质上生前受伤痕迹的研究。1935年，《骨质上生前受伤痕迹之持久性》一文发表于《法医月刊》第20期1—11页。该文开场白说："骨质上血斑之性状，各专家已有详细之研究。本篇所举之各实例及试验之结果，系仅就骨质上伤痕之持久性而讨论之。"

孙逵方研究发现："此种溢血之状态，在骨质之海绵体内最为显明。虽头骨之内层及外层，亦得为血液之色素所浸润，然其色泽则较浅淡。于骨质受重大冲击时，则在受有外力骨质直径之对方骨质上，亦能发生溢血现象。"孙逵方所提到的"骨质之海绵体"，指骨松质。人体骨头由骨松质与骨密质组成，骨松质由大量骨小梁相互交织构成，呈海绵状。骨松质配布于长骨的两端，短骨、扁骨和不规则骨的内部。

例一为死亡后15个月掘尸检验，此尸体已高度腐败，仅存有骨骼及残余之筋腱。右颅顶骨及颞骨骨折，检见其海绵体亦为血液色素所浸润，证明骨折系因外来暴力而发生。

例二为头骨骨质缺损、骨质上伤损痕迹，判定为生前伤。

例三为埋葬17年后再掘出的骨骼。检验发现头骨有一方形骨折，伤及右颅顶骨及后头骨，可见血液色素所浸染，其海绵体作深棕色。动物实验：以重锤猛击犬之头部，立即毙命。掩埋后4个月发掘，检见犬头被击处骨质上血斑。头骨外层及海绵体见淡棕色，系骨松质内出血。证明为"曾受损伤骨质内所沉降血液之状态，骨质为血液浸润之色泽。"孙逵方认为，此种血斑在日光下易检见，若血斑不甚显明时，则在有滤光装置之紫外线光下检查显出。受伤骨质磨片中血色素中含铁蛋白之检查可见多量含铁蛋白，集聚于受伤骨质之磨片中。孙逵方认为，本案可检见 17 年前的骨质上生前受伤痕迹，"依有持久性之骨质内血液浸润痕迹，尚有检见更久的生前伤痕之可能。"

八、处女膜之检查及其伤痕所在之指示法①

【原文】

处女膜形态极多，有唇形、环状形、半月形，解剖学论之其详，兹不赘述。

处女膜之完整与否，在法医学中关系颇巨，虽法医学界曾引证处女膜于生产后犹未破坏之例数条，此系特种情形，故处女之证明，仍以处女膜完整为要件。至强奸案件之成立与否，应集合各种证据，详细检查，方可决定；如出事地点之勘验，衣服被褥上是否留有精液之痕迹，强奸者与被强奸者之身体及生殖器上有无伤痕，尤当注意阴户内有无精液存在。

处女膜系一薄黏膜之皱襞，紧张于阴户外口之四周，年幼女子之处女膜，所处之地位较成年者稍深，处女膜既系薄黏膜，其组织之柔脆可知，故处女膜之检查，实非易易②，检查时受检查者应取妇科卧位，历来法医学者对局部检查，均主谨慎从事，举动宜轻灵，切忌鲁莽，以避免因检查而生之创痕。用消息子③及油浸纸捻，以拨开处女膜之折纹，慎重可谓已极，但处女膜上富分泌液，欲研究其折纹是否天生，或因伤所致，确非易事。加之年幼女子被奸后，阴户往往发炎肿大，稍触外物便觉疼痛，故检查时尤觉困难。

1932 年，法国法医学杂志曾载有处女膜检查器说明书一通，该书为余所著，该器亦余所设计，余初意欲造一极细而又带半硬性之橡皮管，（其形略似导尿管）其端附以胶皮管，此管不宜过分坚硬，因欲其能扩大至相当程度，如余所希冀者，以制造匪易作罢。最后乃用胶皮管（半硬性）以代之，欲制该器先取一类似乃拉东氏（Nelaton）管④，或直接用乃拉东氏管，将其一端之有口处切断，于切断处紧接一富有伸缩性之胶皮软管，软管前

---

① 原文刊载于《法医月刊》1936 年第 21 期第 1—5 页。

② 实非易易：指某件事做起来实在不那么容易。源自 [明] 孙传庭《恭听处分兼沥血忱疏》："臣以各镇新合之兵，办敌实非易易，恐绳之太急，别致偾误。"

③ 消息子：是明清时期常见的一种用来清除耳垢的卫生用具，其形制主要有两种：一是前端带有绒毛球的，形同如今的"耳捻子"；二是前端为小勺状的耳挖子。

④ 乃拉东氏 Nelaton 管：内拉通氏导管。

端为一充实胶皮奶头。(图3-13)

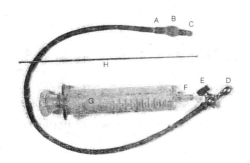

A. 切断处　B. 胶皮软管　C. 胶皮乳头　D. 注射器头
E. 开阖机关　F. 注射器小管　G. 注射器　H. 消息子

图3-13

软管之直径，应能扩大至三个半生的密达①，余前在法国时所制造之软管，其直径在未扩大前，约半生的密达。

乃拉东氏管之另一端，安置在一有开阖②机关之注射器头上，注射器头可直接套在注射器小管上，(图3-14)注射器之容量，约二十西西③，取一极细之消息子，放入乃拉东氏管中，以避免胶皮管之随意弯曲。

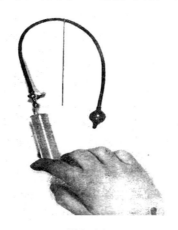

图3-14

检查前宜将该器消毒。

检查时，先将软管放入阴户深处，再由注射器射入液体或空气若干西

——————————

① 生的密达：即英文 centimeter 之音译，今译作厘米（cm）。
② 阖：关闭。
③ 西西：cc，全称是 cubic centimeter，意思是立方厘米，即毫升。

西，使软管扩大成球形，阖起机关，拔出注射器将此球徐徐向外牵引至阴户口，使处女膜之内面与球之表面相接触，如此则处女膜得平铺于该球面上，有无伤痕显然可见。

俟检查完毕，可开机关将液或气体放出，软管仍复原形，自易取出，亦可不致损伤处女膜。

所谓类似乃拉东氏管及胶皮软管，曩昔①曾定制数只，携以返国，国内气候湿热，储藏不易，数年以来，均已损坏，国内不乏业胶皮者，但此种精细用品之制造，恐无人胜任，势不得不求之异国，器具缺乏虽巧工不能成事。

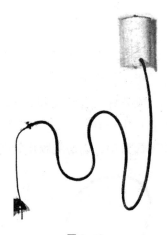

图 3-15

近来对于强奸案件之检查，已不用硬管冲洗法，改用乃拉东氏管直接冲洗，此管殊便利，以有孔在其侧面，将管之一端与有开阖机关之灌肠器管相连接，检查时先悬灌肠器于壁上，次将乃拉东氏管引入阴户内，再开放机关，使灌肠器内之水由乃拉东氏管而流入阴户，管孔既在侧面，可免直接冲击子宫口，处女膜因水流冲动而伸展，如欲检查处女膜之一部，只需转变管口方向，方向既更②，水流必异，如此周而复始，则处女膜各部均可详细检视。

灌肠器内盛约一公升之无色兼含有消毒剂之溶液，2%或3%之硼酸水即可。应用硼酸水，宜加温至三十七（摄氏）度。

———————————

① 曩昔：从前。
② 更：变化，改变。

乃拉东氏管及灌肠器，各药房均出售，此法最便内地法医之使用。

至处女膜上伤痕之指示法，法医学家拉加沙日氏（Lacassagne）[1] 曾有一简明法，用特介绍如下：向例指示处女膜受伤之地位，用左上方、右上方、左下方、右下方、左方、右方等名词[2]。拉氏以此等名词，易使阅鉴定书者，迷于方向，故创一新法，即用表面钟点部位，以指示伤痕之所在，例如左下方有裂痕可说在 4 时处有裂痕，或用图指示裂痕针对 4 时，如图3-16。又如右方有裂痕，可说伤痕在 9 时处，或用图指示裂痕针对 9 时，如图 3-16，此法既简明而确切。

图 3-16

【述评】

1932 年，孙逵方在《法国法医学杂志》上发表关于"处女膜检查器"的文章，介绍在内拉通氏管（医用导管）尖端连接上有伸缩性的胶皮软管和胶皮奶头，用以检查是否处女膜破裂及其破裂程度。孙逵方将该"处女膜检查器"带回国内，准备用以开展处女膜检查。孙逵方介绍："检查时，先将软管放入阴户（阴道）深处，再由注射器射入液体或空气若干西西（毫升），使软管扩大成球形，阖起机关，拔出注射器将此球徐徐向外牵引至阴户（阴道）口，使处女膜之内面与球之表面相接触，如此则

---

① 拉加沙日氏（Lacassagne）：Jean Eugène Alexandre Lacassagne（1843—1924），拉卡萨涅，里昂大学法医学教授，1906 年出版《法医学概要》（Précis de Médecine Légale）第 1 版，1921 年与里昂大学法医学教授 E. Martin 合作出版第 3 版，1935 年由巴黎大学医学院法医学教授 V. Balthazard 修订出版第 5 版。

② 名词：原文为"名辞"，后同。

处女膜得平铺于该球面上，有无伤痕显然可见。俟检查完毕，可开机关将液或气体放出，软管仍复原形，自易取出，亦可不致损伤处女膜。"孙逵方介绍，处女膜破裂及其破裂程度用钟表观察法："用表面钟点部位，以指示伤痕之所在。"

九、警政与法医^①

【原文】

  十一月二十一日，上海真茹法医研究所所长孙逵方先生来杭，本校赵校长以法医与警察职务上之刑事侦查有密切之关系；法医之学识，实为警务人员所不可忽略者，爰于是日下午三时请其莅校演讲，并由徐楚白先生为之速记，所记载稿，复经孙所长亲自校正，兹特登载于此，俾供警界同人^②之参考。

编者

各位教官、各位同志：

  今天到贵校参观，看见贵校设备完善和精神充满的情形，实在觉得警政前途希望很大。因为警政和法医关系非常密切，承赵校长不弃，要兄弟和诸位谈一谈，这是更加荣幸了。现在兄弟把法医学的意义，及侦察学在法医学上之重要，和个人对于法医学之应用上一点意见，略说一下。

  法医学的意义是应用科学医学的知识，来解决立法司法各种问题的学问。法医学在我们中国好像还是个新名词，但事实上在我们中国已有几千年的历史，对于检验方法，早也就有人研究过了。兄弟可以举几部书来证明，如《洗冤录》《折狱龟鉴》《棠阴比事》等书，都是法医学和侦查学混合一起的书籍。不过已往人的方法都是凭经验而来的，并不是以科学医学为根据研究而得的。现在有许多法院，还是根据《洗冤录》上的检验方法确定致死原因。《洗冤录》本身也没有承认他是根据科学医学从事检验的一部书籍，并不是一部法医学。所以现在还可以说法医学是我们的一种新学问。因为法医学上的检验方法，是根据医学及科学的检验方法，换一句话说，就是拿医学和科学的知识来解决一切的案情，为判决的证据。在外国应用法医学的历史也不长久，不过是从十八世纪以后才实行的。法医学的

---

  ① 原文刊载于《警光季刊》1936年第1卷第4期第5—9页。

  ② 同人：同仁。

变迁，是从外表观察，病理解剖，到试验室内的。社会日日复杂，科学日日进步，因为适应环境的缘故，所以法医学的范围也日见扩大起来。以往仅在验伤、验尸、验病、验毒方面从事研究。到现在各种社会问题，如关职业病、劳工保险、社会保险侦查学，等等问题，都是在法医学的范围以内。从前的法医检验，普通医师都可以办的。可是现今社会日日复杂，法医学所研究问题，有超出普通医学范围以外的了。所以不是普通医生就可以作一切法医的检验，不过法医学的本身，还是不能脱离医学范围。就是拿已存在医学科学知识来应用于施行检验的方法上。现在法医所研究的各部分大概可以分为以下各种：

（一）医务学①

关于医药法律责任职业秘密等等

（二）尸体现象

（三）伤痕研究

（四）窒息致死

窒息致死之分类，近年在医学上也有很多的变迁，就是不仅专指以往所谓机械窒息。现今的法医学上所谓窒息的原因，是指血液内含有氧②气减少，血内含有氧气减少，不单是完全由于机械的窒息，所以现在窒息致死的原因，可以分为三类。①呼吸入的空气，或其他气体内的氧气成分过少，如驾飞机的人到很高的天空中去，氧气不足而发生窒息现象，如溺死等亦系此类。②空气达到肺部的途径闭塞，即所谓机械的窒息，但亦可分为两种：一是病理的机械窒息，如气管受瘤的压迫而使呼吸阻碍，是因病而发生的；二是人工机械窒息，如缢死、勒死、搤死③等。③因为血液的变化而发生的窒息，如同以往所谓氧化碳④中毒，也是一种窒息致死。因为血球运输氧气的工作，被氧化碳夺去，所以血液内的氧气缺少，而发生窒息致死。

（五）毒物学

研究毒物之作用、中毒病理的现象，及毒物的分析等。

（六）法医精神病学

研究犯罪人的行为动作是不是由于病的冲动，是不是病态。因为有时

---

① 医务学：原文为"义务学"。

② 氧：原文为"氫"，为"氧"的旧译书写形式。

③ 搤死：同"扼死"。

④ 氧化碳：原文是"氫化炭"。

犯罪人的行为及不合情理的举动，是一种病的征象。举一个例：在外国有一件事，平时一个很规矩的商人，坐火车到都市来。下了火车以后，就上了公共汽车，后来他自己发现自己在警察局看守所里面。事实的经过情形，是自从他上汽车走了以后，就到某条街上去寻找一个旅馆，开了一个房间，又到外面去找了一个妓女。不知因为什么缘故，把妓女杀死，经旅馆主人发觉，把他送到警察局，他也直认不讳地供了出来。到了第二天，他在看守所里清醒过来，他自己觉得很奇怪，为什么在那个地方。问旁边看守的人，为什么把我关在这里，我是一个奉公守法的公民，后来警察告诉他的经过情形，他一点都不知道，一点也不记得。是什么缘故呢？这就是一种精神病发病时期，会有这种现象。在这个时期中所做的事，以后完全遗忘了。这种遗忘是有一个准定时间的。每次问方才所说的这个犯罪的人，他都说我下了火车，上了公共汽车以后，我就不记得了。他不说没有上公共汽车，也不说下公共汽车以后的事。因为他是从一定的时间起，把以后所做的事，完全忘了。譬如兄弟现在这里说话，说话的时候，是在这张桌子面前，未说话的以前，在那张椅子上坐。如果是一个有病的人适在发病的时期，我们问他，他要是说我离开椅子以后，就记不得做些什么事了。每次问他他都是这样说，这是真有病的。如果再问他，他说我在这张桌子面前说话以后，就记不得做些什么事，那就不是有病的人所说的了。因为在这种病人，是忽然间就不能记得他所做的事了。他遗忘的事，是有一个准定的时间的。不是可前可后的，这是拿时间检验精神病的真伪。法医精神病学，除病理现象以外，要有相当的经验，才可以测验某某种的病人。

　　说到刑事侦查上物证采取检查在法医学上是非常重要的。因为法医检验的宗旨，在要明了一切事实，要明了事实，需要知道已往经过的情形，没有一种事实经过的情形的帮助，在检验方面有时候是不容易判断的。所以侦探学问和物证采取，在法医学上非常重要，集中经过的事实，再看和法医检验结果是否符合，方才可以明了证明犯罪的行为的经过。因为法医学上所说的现象，不是每一次都和事实相同的，如同法医上所说的自刎的伤痕刀伤是由左而右由上而下的，被杀的刀痕是由右而左作平行线（以上都是说习惯用右手执物的），如果有人从后面来用刀切断一个人的颈部，刀痕也是由左而右由上而下，不是和自杀的情形相同吗？在这种情形之下，法医检验的时候不知道当地的情形，可以说是自杀的。在事实上要分析研究是自杀他杀，必定要明了当地情形。比方在当地发现离死人很远的地方有血痕足印等，在法医学上一个人颈部动脉管切断后不能走这样远，自然就可以说这个人不是自杀。所以收罗证物和勘察当地情形，是法医检验所不可少的辅助，如同缢死的自杀他杀也是这样。我再举一个例子，在欧洲有一件很有名的事，是一个拿绳子治病的医生，他专门治年纪大的人，每次去治病总带一条绳子。在前几次去的时候，他先看好一切地形，到最后一次他再找一个机会，把年老的人吊起，形容他是自杀，如此谋杀好几个老年的人，最后一次被一个病人看破告发，才被官厅捉住，供出他已往的行为。遇到这种案件，专检验尸体，法医也不能说明有他杀的嫌疑，不过要是能知道当地情形就不同了。自缢的人预备在梁上上吊，绳套要是在高处，下面当然有一个櫈①子或是一个椅子，这种也是要参考当地情形，就是要参考侦查的经过；假使加害的人也放一个櫈子，那就更困难了。唯一的方法，就是在发生案件的环境，侦查其他可作证据的痕迹。倘若发现了指纹足印，则当鉴别系被害人自己所留的痕迹，或者是其他外人所留的痕迹。凡此种种情形，均可用之以证明是否有他杀的嫌疑。由此可知侦查事实的经过，在法医学的应用上，是非常重要的。故在法医学上的解释可根据侦查的结果，而有所变更。总而言之，法医鉴定之结果，须处处与事实之经过相符，毫无矛盾之处，我们方可断定一切事之起因经过和结果的真相。所以检验方面，单靠法医学还是不够，必须从有关系之环境中多方面侦查，始能谓之完善，不致有所差误。

诸位将来都是在警界服务，负有公共安全的责任。关于刑民案件侦查的责任，一部分是在法院，一部分是在维持公共安全的警官。换一句话说，就是在诸位身上。至于侦查的方法，法医学固然是最重要的一部分，不过法医学的大部分是以医学为根据，有时仅能在某一段落中做实际现象的检验，往往因时间上所限制，虽想注意各案件环境中的侦查，而事实上有所不能。

诸位将来在社会上服务，均负有维持公共安全的责任，对于法律案件与法医是要分工合作的，所以侦查学法医学都是贵校所注重的科目，贵校各位教官都是学术丰富的同志，对于这几点也许比兄弟讲得更详细些。兄弟今天所讲的非常肤浅，不过是一种讨论，希望各位多多指教。

---

① 櫈：同"凳"，"櫈"是"凳"的异体字。

【述评】

本文系孙逵方应邀到杭州给警校师生作的一次演讲。该演讲有 3 个方面内容，分别是法医学的意义、侦察学在法医学上的重要性和法医学的应用。关于法医学的意义，孙逵方从法医学史角度和法医实际需要加以介绍，认为"法医学的意义是应用科学医学的知识，来解决立法司法各种问题的学问。"提出法医学要在医务学、尸体现象、伤痕研究、窒息致死、毒物学、法医精神病学等方面深入研究。关于侦查学在法医学上的重要性，孙逵方认为，法医检验的宗旨，在要明了一切事实，要明了事实，需要知道以往经过的情形。侦探学问和物证采取，在法医学上非常重要，集中经过的事实，再看和法医检验结果是否符合，方才可以明了证明犯罪的行为的经过。关于法医学的应用，孙逵方认为，侦查事实的经过，在法医学的应用上，是非常重要的。侦查的方法，法医学是最重要的一部分。法医鉴定之结果，须处处与事实之经过相符，毫无矛盾之处，方可断定一切事之起因经过和结果的真相。

十、《法医学季刊》发刊辞①

【原文】

　　本所自成立迄今，已历四载，月出刊物一册，以介绍新知为使命，同人②工作甚忙，而各处送检案件又纷至沓来，寓研究于工作之中，虽工作綦重而兴趣不减，惜困于时间，一有所得便需记录，不能从长加以讨论，殊属憾事。故自本期起，即改为季刊，每三月出版一次，俾文件脱稿可细加厘正，与吾人以深长思之机会。

　　研究科学问题，须学理与经验并重，故凡有例能证明学理者，必举例以实吾说，庶阅者可两相对照，无偏重学理或者经验之弊。本刊谨秉上述宗旨发行，俾能加意切磋，他山攻错，余于同道有厚望焉。将来成绩如何，惟同人之努力是视，自强不息吾愿与诸君子共勉之！

民国二十五年四月

孙逵方

【述评】

　　本文是孙逵方为《法医学季刊》写的"发刊辞"。孙逵方在文中提到，《法医月刊》每月刊出 1 册，法医研究所"工作甚忙，而各处送检案件又纷至沓来""虽工作綦重而兴趣不减"，但"惜困于时间"，从民国二十五年（1936 年）四月改为《法医学季刊》。孙逵方在"发刊辞"提出《法医学季刊》办刊宗旨："研究科学问题，须学理与经验并重，故凡有例能证明学理者，必举例以实吾说，庶阅者可两相对照，无偏重学理或者经验之弊。"

---

　　① 原文刊载于《法医学季刊》1936 年第 1 卷第 1 期第 1 页。
　　② 同人：同仁。

十一、中国法医学史①

【原文】

《洗冤录》系吾国刑事衙门内所使用之一种检验方法，其检查不用科学方法，其立场不以医学为根据，故不能视为法医学。今为编史起见，除《洗冤录》外又无可取材，故分中国法医学史为三时期，第一期《洗冤录》未出现前，第二期《洗冤录》出现期，第三期法医学之输入。

第一期

我国法医学发达极早，沈家本著《法学盛衰说》内有战国之时法学最盛，可证法学之发达已还在千百年前。

按法家者流，出于理官②，管子③、商鞅④、申不害⑤、处子、慎到⑥、韩非⑦、游隶子诸人，均著名之法家。其中以申韩为尤著。申子略而不详，韩子共二十卷，周韩非撰，《孤愤》⑧《五蠹》诸篇，议论精密，故能动秦

① 原文刊载于《法医学季刊》1936 年第 1 卷第 1 期第 3-9 页（作者：孙逵方、张养吾）。张养吾，即张颐昌（1902—1968），字养吾，曾任司法部司法鉴定科学技术研究所副所长兼华东政法学院和上海第二医学院法医学教授。

② 理官：治狱之官，中国古代掌管司法的官。

③ 管子（？—公元前 645），姬姓，管氏，名夷吾，字仲，颍上（今安徽颍上县）人。周穆王的后代，中国古代经济学家、哲学家、政治家、军事家、散文家。春秋时期法家代表人物。《管子》是中国春秋时期（公元前 770—公元前 476）齐国政治家、思想家管仲及管仲学派的言行事迹。

④ 商鞅（约公元前 390 年—公元前 338），姬姓，公孙氏，名鞅，卫人。战国时期政治家、改革家、思想家、军事家，法家代表人物，卫国国君后代。商鞅辅佐秦孝公，积极实行变法，使秦国成为富裕强大的国家，史称"商鞅变法"。

⑤ 申不害（公元前 385—公元前 337），亦称申子。嵩山东麓的郑国京（今荥阳东南）人。战国晚期法家的代表人物，思想家、政治家、改革家，百家争鸣中的代表人物。

⑥ 慎到：尊称慎子。古慎国（今河南省正阳县）人，列国时祖上由山东迁居赵国。曾长期在稷下讲学，是稷下学官中最具有影响的学者之一，法家创始人之一。

⑦ 韩非：即韩非子（约公元前 280—公元前 233），战国末期韩国人，为韩国国君之子，中国古代著名的哲学家、思想家、政治家和散文家，法家思想的集大成者，后世称"韩子"或"韩非子"，中国古代著名法家思想的代表人物。著作有《韩非子》一书。

⑧ 《孤愤》是韩非所著的书篇名。《史记·老子韩非列传》："（韩非）悲廉直不容于邪枉之臣，观往者得失之变，故作《孤愤》。"《五蠹》是战国末期法家学派代表人物韩非创作的一篇散文，全文近四千七百字。

王而跻高位。李悝①作《法经》，萧何②作律九章，其三章何所增，其六章则李悝之《法经》也。

医学之起源亦甚早：刘恕③《通鉴外纪》曰，民有疾病未知药石，炎帝始味百草之滋，尝一日而遇十二毒，神而化之，遂作方书以疗民疾，而医道立矣。

黄帝时有二名医：一为僦贷子④，能理色脉而通神明；一名歧伯，系僦贷子之弟子，内考五脏六腑，外综经络血气色候，参之天地，验之人物，著有《针经》。

《内经》十八卷，黄帝著，此为医书之祖，内容有脉理病机治法《针经》运气，《内经》有云，其死可解剖视之。

史记，扁鹊⑤仓公⑥列传，载有"乃割皮解肌，诀脉结筋"等语，可证昔人已有解剖思想。

扁鹊撰有子午经一卷论针砭之要，或谓系后人所伪托⑦。

王莽传云，翟义党王孙庆既捕得，莽使太医尚方与巧屠共刳剥之，量度五丈，以竹筳导其脉，知所络始。

汉末李当之⑧校修本草。

古时医事，即早有编制，用礼天官医师上士二人，下士二人，府二人，史二人，徒二十人，掌医之政令。聚毒药以供医事，此为吾国注意毒药之象征，凡邦之有疾病有疕疡者造焉，则使医分而治之，内外分科，界限划清，有疾医疡医之类别，凡民之有疾病者，分而治之，死终则各书其所以，

---

① 李悝（公元前455—公元前395），嬴姓，李氏，名悝，一作克，战国时魏国（今山西南部运城一带）人。战国初期魏国政治家、法学家，法家代表人物，大臣。制定了中国第一部具有代表性的成文法典《法经》一书。李悝变法，使魏国富国强兵，废止世袭贵族特权。

② 萧何（？—公元前193），沛郡丰邑（今江苏省徐州市丰县）人。西汉开国功臣、政治家，与张良、韩信并称"汉初三杰"。他采撷秦朝六法，制定实施《九章律》。

③ 刘恕（1032—1078），字道原，筠州高安（今江西高安）人，祖籍京兆万年（今陕西西安），北宋中期史学家、藏书家。元丰元年（1078）八月，刘恕编定《资治通鉴前纪》，更名《外纪》，共10卷。

④ 僦贷子：僦贷季，传说为上古神农时人。歧伯祖师，医家之祖。

⑤ 扁鹊（公元前407—公元前310），姬姓，秦氏，名越人，春秋战国时期名医。

⑥ 仓公：即淳于意（约公元前215—约公元前140），西汉医学家。齐临菑（今山东临淄）人。曾任齐太仓公，故称仓公或太仓公。《史记》记载了他的二十五例医案，称为"诊籍"，是中国现存最早的病史记录。司马迁在《史记》中，把他与扁鹊合并立传，即《扁鹊仓公列传》。

⑦ 伪托：原文为"伪讬"，意为"假讬，假冒，虚构"。

⑧ 李当之：三国时期医家。一作李珣之，里籍欠详，为名医华佗之弟子，于药学尤有研究，著有《李当之本草经》一书，早佚。

而入于医师。直至汉代，医学之发达，蒸蒸日上，若淳于意、张机[1]、华佗[2]均汉代之名医，尤以华佗为最，后汉书方术传载：佗精于方药，若病发结于内，针药所不能及者，乃令先以酒服麻沸汤，既醉无所觉，因刳破腹背，抽割聚积，若在肠胃，则断截湔洗，除去疾秽，既而缝合传以神膏，四五日创愈，一月之间皆平复。襄阳府志载：佗为关羽刮骨去毒，即此二则。可证明佗精于手术。其于解剖学必有充分之研究，恨狱吏昏愚，致其学说不传。（方术传佗临死出书一卷于狱吏曰：此可以活人。吏畏法不敢受。佗亦不强索火焚之。佗之死盖为曹操所杀。）

梁末陶弘景[3]注释本草古药三百六十五种。

梁有《明堂孔穴图》[4] 五卷，又有《偃侧图》[5] 八卷。

法学与医学及药学各自进展，颇少相互之关系。由两汉至石晋[6]中间经过甚长，名法代有专书，而"法医"二字始终缺如，即如何搜寻证据，检验用何方法，史家不载，又鲜专著。按吾国重检验，自古已然，《礼经》所载是一章明证据，后人未加注意，遂致数典忘祖。《礼·月令·孟秋之月》命理、瞻伤、察创、视折、审断，据蔡邕[7]之说：皮曰伤，肉曰创，骨曰折，骨内皆折曰断，瞻焉，察焉，视焉，审焉，即后世检验之法也。惜其法不传，秦汉以下亦未闻有检验[8]之书，至石晋时始有《疑狱集》。

《疑狱集》为和凝与其子㟢同撰，共四卷，杜震序，陈振孙书录解题。称《疑狱集》三卷：上一卷为凝书，下二卷为㟢所续，今本四卷，疑后人所分也。集中所记皆平冤滥，抉摘奸慝之事。俾觉者触类旁通，以资启发。虽人情万变，事势靡恒，不可限以成法，而推寻故迹，举一反三，师其意而通之，于治狱实有裨益。以上按语。见四库全书总目卷一百一。推此按

---

① 张机：字仲景，东汉末年医学家，被后人尊称为"医圣"。

② 华佗：原文为"华陀"。东汉末年著名的医学家。华佗与董奉、张仲景并称为"建安三神医"。

③ 陶弘景（456—536），字通明，自号华阳隐居，谥贞白先生，丹阳秣陵（今江苏南京）人。南朝齐、梁时道教学者、炼丹家、医药学家。

④ 明堂孔穴图：书名。指经脉孔穴图。撰人不详。见《隋书·经籍志》。书佚。

⑤ 偃侧图：书名。撰人不详。《隋书·经籍志》记有二卷本、八卷本两种。均佚。

⑥ 石晋：后晋（936—947）是中国历史上五代十国时期的一个朝代，从936年后晋高祖石敬瑭灭后唐开国，到契丹947年灭后晋，一共经历了两帝，十二年，另别称为石晋，初定都洛阳（今河南洛阳），后迁都开封（今河南开封）。

⑦ 蔡邕（133—192），字伯喈。陈留郡圉县（河南杞县）人。东汉时期名臣，文学家、书法家，才女蔡文姬之父。

⑧ 检验：原文为"检检"。

语，足证《疑狱集》之能引人注意案情。欲推究案情，必当搜求证据，故《疑狱集》不啻为检验专书之缘起。惟书中所记，如楚金辨补字孙登比弹丸等类，确合求证方法。庄遵闻哭致疑，披髻获钉，已实行检验。至黄霸戮三男等类，则近于武断，毫无检验价值。

隋律简要，唐律适中，法学进化至隋唐已有相当成绩。于此时代，检验小道犹未进步，遑论法医。

唐高宗命李勣重修本草，长史苏恭表请修定，增药一百一十四种。

唐武德中设医博士一人，助教二人，掌教医生。分体疗、疮肿、少小、耳目、口齿、角法，分科之精以唐为最，惜当时医生墨守成规，只知《本草》《甲乙脉经》，而不知注意人体之构造及各器官运用之理由，故如孙思邈虽负一代盛名，除《千金方》而外，别鲜创著。

第二期

宋太祖命医官详校《本草》。

崇宁间，泗州①刑贼于市，郡守李夷行遣医家并画工往亲抉膜，摘膏肓②，曲折图之，尽得织悉，校以古书无少异者，杨介③因之编成《存真图》④一卷。

仁宗尝诏王惟德⑤考次针灸之法，铸铜人为式，分府藏十二经，旁注俞穴所会，刻题其名，并为铜人针灸图及主疗分术。

仁宗又命补《注本草》，增药一百种。召医唐慎微⑥合为证类，修补象《本草》五百种。

故宋之本草版本甚多，计有"嘉祐补注本草""大观本草""政和本草""证类本草""绍兴本草"。

宋时对于药物固已注意，而对于折狱尤格外当意，因此而注意检验，

---

① 泗州：今江苏盱眙。
② 膏肓：膏肓穴。原文误为"膏盲"。
③ 杨介：字吉老，生卒年不详，宋代名医，北宋政和三年（1113）编绘《存真环中图》。
④ 存真图：脏象著作，又名《存真环中图》。该图谱在人体解剖上远比《区希范五脏图》详确科学，推动了宋代医学对人体脏腑器官的了解和研究，是宋代人体解剖学成就的代表作。
⑤ 王惟德：又名王唯一（约987—1067），宋代针灸学家，曾任太医局翰林医官、殿中省尚药奉御。天圣七年（1029）设计并主持铸造针灸铜人两具，铜人的躯体、脏腑可合可分，体表刻有针灸穴位名，用于教学和考试。还撰了针灸著作《铜人腧穴针灸图经》一书。
⑥ 唐慎微：字审元，成都人，北宋著名药学家。他对发展药物学和收集民间单验方做出了非常大的贡献，开创了药物学方剂对照之先河。而且在多年广泛采集的基础上，约与1082年编成《经史证类备急本草》（简称《证类本草》）三十一卷，目录一卷。

开三录之先河。

宋无名氏有《内恕录》，郑克以疑狱集疏略，特撰《折狱龟鉴》八卷，桂万荣永乐中以知医荐，取疑狱集，参以《折狱龟鉴》，比事属词，联成七十二韵。

宋嘉定中，湖南广西刊印正背人检验格目，江西提刑徐似道言之于朝，四年诏颁行于诸提刑司，名检验正背人形图。

淳祐中，宋慈①融合②《疑狱集》《内恕录》等书，荟萃厘正，增以己见，名曰《洗冤录集刊》。后来检验诸书，大抵以是为蓝本。

又有《平冤录》，宋无名氏著。

《无冤录》，元王与著。《无冤录》共分二卷：上卷为官吏之章程，下卷皆尸伤之辨别，其论自缢勒死之分，皆发《平冤》《洗冤》二录之所未发，并驳食颡③在前，气颡在后之误。

明王肯堂，又取《洗冤录》而笺释之，张景又增补《疑狱集》。

《赤水玄珠》④载：何一阳以医从征，历剖脏腑，见心大于豕⑤心，而顶平不尖，大肠与豕无异，惟小肠上多红花纹，膀胱是脐之室。余皆如《难经》所云。

明万历时，李时珍整理《本草》，增新药三百八十四种，类析旧本分为一十六部，名为《本草纲目》。

《本草》为吾国唯一药物书籍，故于其进展步骤约略记载，药物包含一切毒物在内，毒物关系法医学者甚巨，惜当时化学尚未进步，弗克一一分析而研究之。

清乾隆间，又于《洗冤录》后增加检骨图行世。《洗冤录》共四卷：第

---

① 宋慈（1186—1249），字惠父，福建建阳人，南宋杰出的法医学家，被称为"法医学之父"。宋慈先后担任四次高级刑法官，后来进直宝谟阁奉使四路，一生从事司法刑狱。所著《洗冤录》是世界上第一本系统的法医学巨著。

② 融合：原文为"溶合"。

③ 颡：字从桑从页，桑亦声。"页"指人头。"桑"指桑树。"桑"与"页"联合起来表示"桑树与人头齐平"。本义：颡头。据王与《无冤录》："夫所谓食气系者，结案式中则名曰食气颡。予尝读医书，夫人身有咽有喉，喉在前通气，咽在后咽物，二窍各不相关。喉应天气为肺之系，下接肺经为喘息之道。咽应地气为胃之系，下接胃脘为水谷之路。错文见义，于《洗冤录》之说，有所不通。窃疑后人传写之际，交错食气二字，以致抵捂。反复参考，喉气颡在前，咽食颡在后，医书足可征也。"

④ 《赤水玄珠》：全称《赤水玄珠全集》，又名《孙氏医书三种》，是明代孙一奎撰医书。刊于万历十二年（1584）。

⑤ 豕：读音为 shǐ，基本含义为猪。

一卷内有检验总论、验伤及保辜总论、尸图、尸格、验尸、验未埋尸、验已攒尸、洗罨、初检、复检、辨四时尸变、辨伤真伪、验妇女尸、白僵、验已烂尸、骨图、检骨格、验骨、检骨、检骨辨生前死后伤、论沿身骨脉、滴血、检地。第二卷内：分殴死、手足他物伤、木铁等器砖石伤、踢伤致死、杀伤、杀伤辨生前死后、自残、自缢、被殴勒死、假作自缢、溺水死、验溺水辨生前死后、溺井死、焚死、验火焚、辨生前死后、汤泼死。第三卷分：疑难杂说、尸伤杂说、论中毒、服毒死。服毒辨生前死后、诸毒、意外诸毒。第四卷为治疗法，有急救方、救缢死、救溺死、治刃伤、救汤火伤、救中暍①、救冻死、救魇、救中恶、救惊毙、救扑打身死、救跌压伤、治蛇虫伤、治癫狗伤、救服毒中毒方、解砒毒、解巴豆毒、解鼠蟒毒、解莨菪毒、解苦杏仁毒、解斑蝥芫青毒、治菌毒、解胡蔓草毒、解蕈毒、解草乌头毒、解射罔毒、解轻粉冰片毒、救服卤、治吞金、解药蛊金石毒、解水银入耳、解煤薰毒、解饮馔毒、治蛊毒及金蚕蛊、群秽方。

《洗冤录》在裁判上极占地位，因历代法吏群奉《洗冤录》为圭臬，科刑律罪，平反冤狱，唯此是赖。

检验专书，虽起于宋，而宋代医师除桂万荣外，少注意于检验者。盖宋时性理之学盛行，性理之说混入医学，医师均尚空言，不寻根据，阴阳五行之说大行，医学之基础不立，虽以桂万荣之博雅，亦不能以医学立场作检验之基础也。复次向来研读《洗冤录》者，均系从政之人，而实行检验者又系仵作，此两种人均无医学知识，故检验之方法虽立，而进步则难言。

但检验总论有云：凡检验遇有大段疑难，须更广为访察，庶几无误。如斗殴限内身死，痕损不明，若有病色，曾使医人师巫救治之类，多因病患而死，若不访则不知也。于此可见古人在检验上，未曾忽视医师之地位。附救急方于《洗冤录》末，又可证医与检验之关系。

总之检验人员地位过低，从政者漠不知医，往昔医师无科学基础，既不屑又不能从事科学之检查，加之以社会之阻力，虽有志之士不易为力，清王清任致疑于古人，欲观人生之脏腑，而举世目为狂生，生理解剖化学诸科均不发达，且无医学可言，更何论法医学。因法医学系将诸科学研究结果，而应用之于检验，同治时，沈葆贞曾奏请解除仵作禁锢，给予椽吏

---

① 中暍：读音 zhōng yē，出自《金匮要略·痉湿暍病脉证并治》，即中暑、中热。

出身，但格于部议，竟未实现。

第三期

清光绪二十五年，《法律医学》出版于江南制造局，此书为新阳赵元益①所笔记，系根据英国傅兰雅②口译，原书为英国该惠连与弗里爱③同撰。

三十四年王佑等④译成《实用法医学》，日本石川贞吉原著，原名为《各国刑事民事检验鉴定最新讲义》。

清光宣之间，效⑤法图强，改良司法，刑部饬令各省审判厅附设检验学习所，惜困于人才，竟未成立。

民国二年始由内务部公布《解剖规则》五条，同年十一月江苏公立医学专门学校始执行解剖。

民国三年四月教部颁布《解剖规则施行细则》十条。

十七年《解剖规则》经内部重行制定。

二十三年教育部规定国内各大学及高等专门以上学校教育课目。始将法医学一门列为医科之必修科，并法科之选科云。

【述评】

孙逵方把中国古代法医学史列为 3 个时期来研究：第一期宋慈《洗冤集录》未出现前；第二期宋慈《洗冤集录》出现期；第三期法医学之输入。

关于第一期，孙逵方认为，我国法医学发达极早，《黄帝内经》十八卷有"其死可解剖视之"，《史记·扁鹊仓公列传》载有"乃割皮解肌，诀脉结筋"

---

① 赵元益（1840—1902），字静涵，新阳（今江苏昆山）人。清医学家、翻译家。曾任职于江南制造局翻译馆长达 30 年，先后译介西书 25 种，时人赞誉其"译学尤精，语通华夷"，是近代最早译介西医书籍的中国人。

② 傅兰雅：John Fryer（1839—1928），英国传教士、学者。出生于英格兰，1863 年受聘任北京同文馆英文教习。1865 年转任上海英华学堂校长，并主编字林洋行中文报纸《上海新报》。1868 年起任上海江南制造局翻译馆译员达 28 年。

③ 该惠连与弗里爱：Guy William Augustus（1810—1885），英国伦敦国王学院法医学与卫生学教授；Ferrier David（1843—1928），英国国王学院法医学教授、神经医学创始人。《法律医学》译自他们合著的 *Principles of Forensic Medicine*。

④ 王佑等：指王佑与杨鸿通，王佑和杨鸿通根据日本警视厅第三部医员兼保养院长石川贞吉所著《东西各国刑事民事检验鉴定最新讲义》（又说：日本东京帝国大学校医科讲师法医学博士石川清忠所著《实用法医学》），进行增补，把书名改为《汉译实用法医学大全》，1908 年由汉口湖北公友公假事务所出版，1909 年再版。该书封面题：实用法医学；书脊题：东西各国刑事民事检验鉴定最新讲义。

⑤ 效：原文为"効"。

的解剖思想。《黄帝内经》最早成书于先秦，据此，法医萌芽期在先秦。据《礼记·月令》记载：孟秋之月，命理瞻伤、察创、视折、审断。《礼记·月令》是后世检验之法。关于《礼记·月令》说法不一，有说是战国时作品，有说是两汉人杂凑撰集的一部儒家书。秦汉以下亦未闻有检验之书，至石晋时始有和凝与其子和㠓同撰的《疑狱集》。孙逵方认为，"欲推究案情，必当搜求证据，故《疑狱集》不窗为检验专书之缘起。"孙逵方注意到，"隋律简要，唐律适中，法学进化至隋唐已有相当成绩。于此时代，检验小道犹未进步，遑论法医。"

关于第二期，孙逵方在对宋慈《洗冤集录》（文中为《洗冤录》，应为《洗冤集录》）进行大篇幅介绍后，对《洗冤集录》出现后的元、明、清各朝代《洗冤集录》的增补、修订、解释等版本问世，说明《洗冤集录》的影响力。孙逵方认为："《洗冤集录》在裁判上极占地位，因历代法吏群奉《洗冤集录》为圭臬，科刑律罪，平反冤狱，惟此是赖。"但孙逵方也认为，"向来研读《洗冤集录》者，均系从政之人，而实行检验者又系件作，此两种人均无医学知识，故检验之方法虽立，而进步则难言。"

关于第三期，孙逵方认为，清末是西方法医学输入时期。孙逵方从四个方面加以阐述。一是译著。清光绪二十五年，《法律医学》出版于江南制造局，此书为新阳赵元益所笔记，系根据英国傅兰雅口译，原书为英国该惠连与弗里爱同撰。三十四年王佑等译成《实用法医学》，日本石川贞吉原著，原名为《各国刑事民事检验鉴定最新讲义》。二是培训。清光宣之间，效法图强，改良司法，刑部饬令各省审判厅附设检验学习所，惜困于人才，竟未成立。三是立法。民国二年始由内务部公布《解剖规则》五条，同年十一月江苏公立医学专门学校始执行解剖。民国三年四月教育部颁布《解剖规则施行细则》十条。十七年《解剖规则》经内部重行制定。四是教育。民国二十三年教育部规定国内各大学及高等专门以上学校教育课目。始将法医学一门列为医科之必修科，并法科之选科云。孙逵方的这一观点与黄瑞亭、胡丙杰将清末法医学从古代法医学剥离出来研究，是一致的。因为，无论在立法、司法变革、法医学输入、法医学教育、学术探究，乃至部分法医学检验方面都受到西方法医学的影响。同时，此阶段法医学发展，为以后的民国时期接受西方现代法医学，建立法医学法规，以及改变传统观念等创造了有利条件，是个很重要的历史阶段。

十二、外伤性头骨破裂①

【原文】

小引

不详研头骨解剖，弗识头骨之正常，焉能辨②其畸形，故本篇首论头骨之解剖及畸形。至头骨易生骨折之理，特于正常头骨脆弱章内详细讨论，次论骨折及其放散，由是可知普通骨折多发生于某处，骨质损伤系起于生前抑死后。又因其诊断以血斑之有无为基础，特节译韦尔嗜（Verger）、朗德（Lande）及道劳日（Dorolle）三氏合著之《头骨上之血斑》一文，以资借镜。遇有头骨损伤如何鉴定，及其有关法医诸点亦扼要论列，末复举例俾供参考。（本文术语名词悉遵科学名辞审查会所审定者）

论头骨

头骨分两部分，一部分居上，为颅穹窿，一部分处下，为颅底。颅穹窿之前方为额骨之铅直部，其两侧为顶骨及颞鳞，其后方为枕骨（后头骨）之上部；颅底之形成如下：筛骨及额骨之水平部在其前方，蝶骨处其中，枕骨之下部及颞骨在其后方。

颅穹窿与颅底之划分线为纡曲线，此线从鼻额沟起，至外枕粗隆经过眼窠弓颧弓及枕骨之上顶线。（图 3-18）

以下论头骨之外面及内面。

---

① 原文刊载于《法医学季刊》1936 年第 1 卷第 1 期第 10—51 页（作者：孙逵方、张养吾）。
② 辨：原文为"辩"，从字义上，应为"辨"。

头骨之外面

一、颅穹窿（图 3-17）

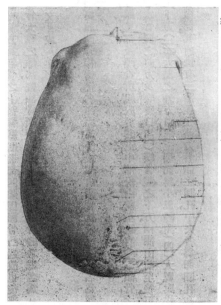

额正中结节
额正中缝

额结节

冠状缝
冠矢联合
（不来格马 Bregma）
矢状缝

顶结节
奥败里雍 Obelion
顶孔
人矢联合
（朗勃打 Lambda）
人字缝
枕骨
又名后头骨

图 3-17　颅穹窿之外面

颅穹窿系平滑之凸面，于正中线由前至后为额正中结节、额正中缝、矢状缝，两侧有额结节、冠状缝、顶结节，及人字缝。在矢状缝后段左右两侧有小孔，名顶孔。在两孔中间稍在其前方及矢状缝左侧，有奥败里雍（Obelion），矢状缝与冠状缝之连接点名顶矢联合，西名为不来格马（Bregma）。人字缝与矢状缝之会合点名人矢联合，西名为朗勃打（Lambda）在顶结节之下方颅穹窿为颞凹处所占据。（图 3-19）

颞凹之上方为上颞线，下方为颧弓，前方为颧骨之上后缘。颞凹前部凹陷，因颧骨凸起故也，后部则稍凸隆。颞凹为颞鳞顶骨之下部，蝶骨大翼之颞部，暨额骨颞面联合组成。连接各骨缝之总名为 H 缝，西方名为勃带黑里雍（Pteryon），常作西文 H 或 K 字形。

二、颅底

颅底之外面，可分为两部分，前部与颜面骨相衔接，名颜面部分，后部由颞骨、枕骨所构成，名为颞枕部分。（图 3-18）

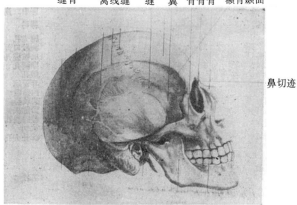

腭横缝
颧弓
蝶颞节
翼状窝
关节结节
舟状小窠
咽结节
下颚凹
乳突
茎突
颞凹

下顶线

上顶线

门齿孔
腭中口盖缝
腭弓
腭大孔
翼状口盖孔
前破裂孔
卵圆孔
棘孔
耳管沟
内颈动脉管
岩枕裂缝
头静脉管
后破裂孔
枕颗
枕骨大孔

外枕脊

外枕粗隆

图 3-18 头部骨骼之下方

人字顶缝骨　上颞窝　颞线　冠状缝　H字缝　额结节　蝶骨大翼　颧骨　泪骨　鼻骨　额骨颞面

鼻切迹

枕骨　孔顶缝　人字缝　及乳枕　缝一缝　联合处　颞鳞　下颌骨　上颌骨

图 3-19 头颅之侧面

甲、颜面部分由筛骨、额骨之鼻部、眼窠部及蝶骨所组成，于其正中部分，由前至后，有：①额骨之鼻切迹，及额棘；②筛骨之下方；③蝶骨体之前方及蝶窦口；④蝶骨体之下方，两侧由前至后。可见：①额骨之眼窠部；②蝶小翼之下方；③大翼之外方，由眶上裂而与小翼隔开；④大翼与蝶体联合处有翼突，蝶骨大翼之内部或根部，其前后有三个孔，在前方者谓之圆孔，中央者为卵圆孔，在后外侧者为棘孔。

乙、颞枕部分，于正中央线由前至后：①枕骨结节和咽结节，暨舟状小窠；②枕骨大孔；③外枕嵴。（图 3-18）

颅底颞枕部之侧面，能分为两三角带，一在前外方或颞部，一在后内方或后头部，其划分线由翼突内侧板之后缘，直至乳突之后缘，经过岩枕裂缝及后破裂孔。

前外方三角，由蝶骨下方暨蝶骨大翼之后端所组成，于三角之外方由前至后有颞突，及下颚凹乳突，乳切迹及后头动脉沟，以上各部分均属颞骨，于三角之内方，可见颞骨椎体下方之突起、凹陷及各孔，如颈动脉口、颈静脉凹、茎突等，其他如耳管沟，此沟起于骨性耳管之前孔前，沿颞骨岩部与蝶骨大翼之缝而进行。

后内方之三角，（一）前方为后头骨侧部和枕颗、颗前管、颗凹；（二）后方为枕鳞，于枕鳞上，吾人可辨别上顶线及下顶线。

头骨之内面

一、颅穹窿（图 3-20）

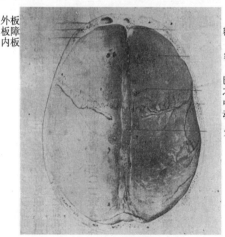

图 3-20　颅穹窿　内面

颅穹窿系凹面，于正中线由前至后，可见额嵴及矢状沟，沟之各边为颗粒小窠。

两侧有脑面，冠状缝，顶窝，中硬脑膜动脉沟，及枕骨之大脑后头叶窝。

二、颅底

颅底分三部分。（图3-21）

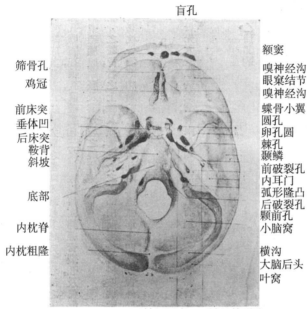

盲孔

额窦
嗅神经沟
眼窠结节
嗅神经沟
蝶骨小翼
圆孔
卵孔圆
棘孔
颞鳞
前破裂孔
内耳门
弧形隆凸
后破裂孔
颞前孔
小脑窝
横沟
大脑后头叶窝

筛骨孔
鸡冠
前床突
垂体凹
后床突
鞍背
斜坡
底部
内枕脊
内枕粗隆

三叉神经压痕　面神经管裂孔

图3-21　颅底　内面

前层或额筛层，其前方为额骨之铅直部，及鞍结节，其后方为蝶骨小翼之后缘，其中心部有鸡冠，盲孔在其前，两侧可见嗅神经沟，为筛板上之诸孔所穿过，次见眼窠及蝶额缝。

中层介在前层之后边，蝶骨之鞍背及锥体之上缘间，中层之中部为垂体凹，其四角为前后床突，中层之两侧为海绵窦沟及蝶颞窝。

蝶颞窝由以下各骨组成，其前方为蝶骨大翼之脑面，及颞鳞，其后方为岩部之上前方，蝶颞窝由前至后，有上眼窠裂、圆孔、卵圆孔、棘孔、前破裂孔、三叉神经压痕、面神经管裂孔及弧形隆凸，另有分歧之沟，起于棘孔，此沟为中硬脑膜动脉及其分支[1]之经行处。

后层之周围为蝶骨之鞍背岩之上缘，及横沟，此层之中部由前至后有斜坡，枕骨大孔，内枕嵴内枕粗隆，两侧由内至外，为枕骨侧部，和髁前管[2]，后破裂孔，内听道，弧形下凹，前庭管外口，后方则为枕骨之小脑窝。

头骨之畸形

头骨之畸形，或原于先天，或原于疾病，有限于头骨局部者，有遍及全身骨骼者，今依下列次序择要述之。

一、先天性畸形

甲、全身的　乙、局部的

二、病理的畸形

甲、全身的　乙、局部的

一、先天性畸形

甲、全身的

（一）颅锁两骨遗传性荣养[3]不良。

其现象如下：

头骨之左右径过分发展，各囟门骨化甚迟，锁骨不发育，其不发育之程度或深或浅。

畸形由于遗传。

（二）骨膜的成形机障碍（Dysplasie periostal）。

其特征如下：

骨骼之发展障碍，如长骨骨干、肋骨、头骨，故骨质脆弱易折，头骨畸形，头骨上并无早期骨性接联，四肢长骨均短，骨膜上致密层之形成缺乏。

骨膜厚而多细胞，骨膜上仅蒙以一薄层之致密组织。

其原因，有谓系遗传，有谓系自身中毒之结果者。

（三）先天性全身骨质荣养不良。

其特征全在肢体，尤其是手，手短而厚，于第二节指骨处，手指弯曲，

---

① 分支：原文为"分枝"，后同。
② 髁前管：即髁管，原文误为"髁前管"。
③ 荣养：营养。

成直角，第二节指骨与第三节指骨关节变硬，头骨亦有变形者，但极少见。

骨之发展早而过分暨骨干及骺骨消失过早。

乙、局部的

（一）颅穹窿之先天性畸形。

有三种。

脑积水之空隙。

空隙原于颅穹窿与羊膜或胎盘愈合，于愈合处，可检见头皮盖受有损伤。

先天性空隙，病因不明，其所现之状态，有如补充囟门，此补充囟门，多在缝之对线点，两两相对。

各缝及囟门均扩大，骨化过迟。

（二）尖头畸形。

通常为先天性，亦有生时仅略具雏形，后始发展者。

此为头骨早期骨性接联（Synostose）头骨之畸形，能引起视觉障碍，可至失明。

（三）早期性骨接联，但非尖头畸形。

三角头畸形，原于额正中缝之早期骨性接联，额不能向左右发展，故头骨上方成三角形，两后角为两顶结节，其前角为额正中结节，此为两正常额结节混合而成，颜面部不变形，亦无视觉障碍。

舟形头畸形，原于矢状缝之早期骨性接联头骨横径之发展中止，而前后径过分发展。

（四）半边额骨肿大，整个额骨皆肥大，并有大外生骨疣，限于一侧，眼部除骨质肿大而外，兼有眼球突出现象，颜面之鼻部及下颌骨均无畸形。

（五）尖头并指畸形，此症为头骨变形，其变形部分，在额骨上方及四肢端有并指现象。

额正中缝不合而向前骨化，人字缝过早即合。

（六）遗传性头及颜面各骨之营养不良，又名克鲁汝松氏病（Crouzon）。

有三种现象。

头骨变形，系前头囟门处，现隆起如结节，其体积大小不定。

颜面畸形，下颌向前，故下方各牙及下唇均联带向前，鼻根部扩大作弓形。

眼损伤，如眼珠突出，分开性斜视俱是，视神经之损伤，因情形而异。

其他症候，均非特征，如搐搦危象、癫痫危象等。

此为遗传及家族疾患。

二、病理的畸形

甲、全身的

佝偻病为全身骨系统疾患，营养障碍，石灰成分缺乏，骨质柔软，易于弯曲，四肢骨骨端著明肥厚，骨干弯曲，后头骨软弱而可压陷，作皮膜状，通常头骨变化较少。

头部之畸形为各囟门扩张，颅穹窿变形，牙齿之发生迟延。

骨软化能使全部骨骼变形。故头骨亦不能逃出例外。病理解剖：骨梁表面及哈氏管周围之石灰分消失，骨化为结缔组织①，次第瘦削以至消灭，髓腔扩张，骨髓变成胶样质亦渐消亡。

结核杆菌常侵海绵组织，故短平骨常受其害，但头骨受侵袭者尚属少数。梅毒常侵骨质，分骨衣炎、骨性橡皮肿、骨质坏死等，头骨如其他骨，不能免其侵袭。

渐进的畸形性骨炎，又名巴喈氏骨病（Maladie osseuse de Paget）②，本病多发于中年或老年人，各骨均肥大变形，头骨甚大，或异常巨大，头骨之两侧伸展，但无凸凹不平之处，此为区别佝偻病性头骨畸形与本病之要点，额不隆起，与脑水肿又有分别。

骨性狮面，其原因尚不知，似缘于骨肉瘤，各骨均肥大，尤以头骨为著明，颅穹窿厚达三至四公分，颅底则缩小而狭窄。

乙、局部的

头骨成形不全如脑水肿等。

脑盖骨萎缩。

脑盖骨肥大，分求心性肥大，如骨硬变症，远心性肥大如外骨瘤。

上述两症，萎缩与肥大，其原因以全身病为多。

头骨之动脉瘤，系头骨内动脉之瘤性扩张，消耗骨质，终至缺损。

骨瘤多生于骨衣，头骨内膜，常继发于外伤炎症，结核、梅毒之后，限局一处，或具短茎，表面平滑而有凸凹，呈海绵质样，或象牙质样，构造陈旧者，比较坚固。

正常头骨脆弱

头骨之厚薄，随部位而异，今专就其薄处而论，如巴喜要尼氏（Pa-

---

① 结缔组织：原文为"结缔织"，考虑是漏了一个"组"字，应为"结缔组织"。

② 巴喈氏骨病（Maladie osseuse de Paget）：佩吉特病（Paget disease）。

chioni）之小窠，中硬脑动脉之前枝尚未分歧处之沟，额骨上之额顶 H 缝联合三角之下方，颞鳞之弱处偕日第氏（Gerdy）之矢状缝间之囟门。

以上各点处所见之厚薄。

一、巴喜要尼氏之小窠

于五百十五个头骨中，有三百三十五个仅厚三公厘①，于三百三十五个中，有四十二个其厚不逾一公厘五，就中尚有十五个不及一公厘。

二、中硬脑膜动脉之前枝沟

此处厚不及二公厘，为二百二十四个头盖测验之统计。

三、颞鳞之弱层

普通厚不及一公厘五，其大多数仅厚一公厘，倘中硬脑膜动脉之前枝沟可见，则此沟之厚不及一公厘。

四、额骨上之额顶 H 缝联合三角之下方

此部普通较颞之鳞弱属稍厚，但尚不及一公厘五。

骨折之处，常为血管沟。

血管进行于头骨上或于其外方，或于其内方，为内板或外板低下之原因，所以颅穹窿于此点特弱，有时冲击加于该处，往往有骨折之结果，其断处适为血管之分歧处，在 Dupuytren 之博物院内，见一顶骨折，骨折之路线由额骨前下角，至后上角此骨折沿中硬脑膜动脉之小枝而进行。

动脉沟能变为闭塞管，或局限性闭塞管，此类形成，有时候能使本处之外伤加重。

骨折常缘于头骨脆弱，且常在头骨之弱点（见头骨骨折章内），其他各种情形，头骨外似完善，及其组织甚好，冲击之后，脑内遂致出血，竟为死因，倘无病理关系，头骨脆弱，可为骨折之原因。

头骨骨折

头骨骨折分两种，颅穹窿骨折、颅底骨折。

颅底骨折常为颅穹窿骨折之放散，于此两种骨折中，仅有程度问题而已，条分缕析②，个别研究，近于人为，但就病理解剖学上观察，有某种骨折，仅限于颅穹窿者，似可分开研究。

法国名医亚朗（Aran）曾拟有头骨骨折之三个结论：

一、大部分的颅底骨折，为颅穹窿骨折之放散。

---

① 公厘：毫米。
② 条分缕析：析，原文为"桥"，应为"条分缕析"。

二、骨折之路线，由最短路径从颅穹窿至颅底。

三、倘叩击颅穹窿，其与该颅穹窿接合处之颅底，易于发生骨折。

原因

其发生多缘于冲击，如头骨遭棍击，或铁棍击，受重量物体之坠下，或受用力抛掷之重量物质，或遇矿物炸裂①，以及受各种压力（如火车与地震所生之危险），或头骨与能致外伤之原因接触如跌于地上，触及车辆，从马上跌下，由高处跌下等，若跌在腭膝及坐骨结节，以上三处，直接受跌，能致头骨骨折，此种骨折，稍为特别。

以上为头骨骨折之重要原因，骨折缘何发生，此不可不加以研究。

头骨骨折之构成：与其他骨折同，亦分两种，直接骨折，间接骨折。

直接骨折，发生于创伤原动力之接触处。

间接骨折之发生，不在接触创伤原动力处，而在距离该处甚远或不远而发生（故又名对冲骨折，或独立骨折），因间接骨折，实际上无关紧要，故先约略言之。

间接骨折之构成：此等骨折，虽极少见，但确存在。

常发生于倾跌后，从马上跌下，从高处跌下，吾人所常见之发生处所，为眼窠弓。倘系受钝器伤所致，则此钝器之面积必大，其暴力必然散漫。

直接骨折之构成：直接骨折及其放散之构成，吾人知之较深，全系于头骨之结构，今先研究头骨之结构。

头骨结构：

骨折发生，自然倾向于弱点，暨放散于弱点，故头骨上有弱点与非弱点之分，已于正常头盖脆弱章中，述及弱点，兹就骨折所常见处，复详述其弱点，其非弱点亦一并述及。

非弱点如头之上部，或前头部，大概为六角形，由前到后之面积，平均约十二公分。

由此六角形，遂生富有抵抗力之六部分，此六部分均趋向颅底。

一部分在前部或额部（额嵴）。

一部分在后部或枕部（枕嵴及枕骨粗隆）。

外前方而有两部即蝶额部（颧骨突起暨蝶骨大翼）。

后外方亦有两部分，为岩部（Pars petrosa）及乳状部（Pars mastoidea）

---

① 裂：原文为"烈"，这里"裂"更为合适。

所形成。

此六部分均作弧形，且系数骨联合组成，故名弧形联合。

此六弧形联合，均与颅底衔接，直达枕骨底部之边缘。底部骨折，甚不易见，各弧形联合之抵抗力，并非同等，均有弱点，额弧形联合内之弱点，为筛骨，蝶弧形联合纪之弱点为大翼之基底（圆孔、卵圆孔），岩弧形联合内之弱点为耳腔，枕弧形联合内之弱点，为颗后薄层。

于弧形联合间，有头骨之弱点，名联合间弱点，薄而透明，易于识别，各侧有三个联合间弱点，额蝶联合间弱点，蝶岩联合间弱点，岩枕联合间弱点，此为解剖学之三层，前层，中层，及后层。

倘暴力适中，骨折之路线，依联合间弱点及弧形联合内之弱点而进行。

直接骨折之构成：冲击颞部之高处，外伤之力，使头骨之弹力作用出现，发生陷没，此等陷没可借染黑之头骨使坠于纸上以证明之，另一方面倘头骨内，满贮以蜡，复今此头骨之颅穹窿倾跌地上，则颅穹窿倾跌处之蜡面上，即现陷没，青年人头骨之弹力甚大，遇险之后，常能不发生骨折，颅穹窿复还其原状，倘已逾颅穹窿弹力之限度则突然发生中断，即骨折是也。

内板最先损折，能单独骨折，骨折永远先从伸展处起，并不从受压迫处起，例如弯曲一棍，于膝前而力折之。

倘暴力有限，则骨折限于颅穹窿，暴力较大，则放散至颅底。

倘使骨折发生之暴力严重，则可见头骨破损，骨缝离开等。

病理解剖：

骨折损伤，此处先研究直接骨折之病理解剖。

1. 直接骨折，能只限于颅穹窿（普通骨折），由颅穹窿蔓延至颅底（甚为普通）。骨折仅限于颅底者甚少。

仅限于颅穹窿之骨折，此等骨折，或完全或不完全。

不全骨折，仅限于一板，或外板如鼻额部，或内板，此甚少见。

完全骨折，两板均有关系，可于外板上检见裂隙（直、弯、分歧、星芒状的各种裂隙），或碎片骨折，或陷没性骨折，骨虽陷没成碎片，尚未完全与其本骨分离，碎片旋转于骨折发生处之基底之周围，其相对之缘，互相骑行，遂压迫大脑，或碎片与本骨完全分离，整个移行，与头骨作平行线，其断处为不规则之圆形线。

内板受伤，常发生重大障碍，外板有裂痕，亦能生重大障碍。

由颅穹窿至颅底之骨折。

（1）额蝶联合间弱点骨折（颅底之前层骨折），从额下降，至眼眶边缘，常切断眶上孔（图3-22），眼窠弓发生骨折[①]，骨折之方向，趋向视神经孔，限于此层，或蔓延至相对侧前层，破坏筛骨之筛状板，或同侧蝶岩联合间弱点，破坏蝶骨大翼之基底（上眼窠裂，圆孔，卵圆孔；图3-23）。

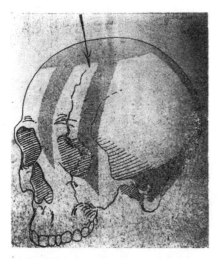

图3-22　前层骨折在眼眶边缘眼窠上
切痕处由视神经孔面蔓延至颅底
该处骨折之路线之理想图

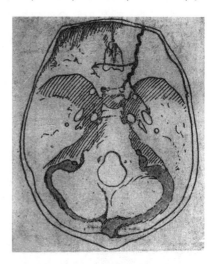

图3-23　前层骨折由前层内面观察
其路线雨箭头标明骨折放散至蝶骨
大翼及卵圆孔或至对侧前层之可能

（2）蝶岩（中层）联合间弱点骨折，此为最常见之放散性骨折，此骨折起自前顶或自颞凹至前破裂孔，成一与岩部平行之骨折（图3-24），有时蔓延至相对侧之鞍背，头骨被划分为二部分，前部，后部或蔓延至同侧岩枕联合间弱点，于耳腔处，破坏锥体尖或在耳腔处，破坏锥体，岩直之垂部骨折，于此种情形内不多见。

（3）岩枕联合间弱点骨折（后层），起自枕鳞（上部）限于小脑窝或蔓延至同侧蝶岩联合之弱点，发生岩部横行骨折（图3-25），或岩部基底之斜骨折（图3-26），或同时蔓延至蝶岩联合间及额蝶联合间之弱点，形成颅底去中线略偏之前后骨折。

于大外伤常见缝裂，尤其是冠缝及颞顶缝往往易裂。昔有一坠马者，头骨各缝均裂。

---

① 骨折：折，原文为"拆"，应为"折"。

图 3-24　骨折之路线与
岩部之锥体平行由颞窝
起直至前破裂孔——
系标明鼓室盖之所在

图 3-25　岩部锥体之
垂直线骨折粗直断线
标明岩部锥体之轴当骨
折构成时屈曲之状态

图 3-26　岩部基底之
斜骨折将乳状
蜂窠之一部分剥离

　　总之，由颅穹窿至颅底之放散性骨折，常依傍弧形联合进行，有时竟将弧形联合破折，岩部骨折，为此种骨折中之最重要者，大骨折分四等。（图 3-27）

　　甲、与岩轴平行之骨折　岩部骨折将岩部分为二部分，前部仅骨质而已，不含有器官，后部有听官，穿行岩部之大血管及神经。

　　乙、锥体尖骨折　系牵引骨折，因于此处骨质上，有由岩部至枕骨底部之强靱带②之接合。

　　丙、岩部之垂直线骨折　倘岩部因枕骨受冲击而被推向前，易发生骨折于耳腔处，此骨折路径与岩轴成垂直线，由后破裂孔之外部，直至前破裂孔。

　　丁、岩部斜骨折　此路线从后面之最外

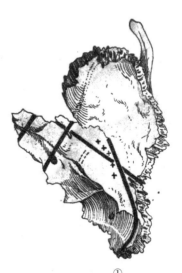

图 3-27　岩部之四①种骨折
平行骨折　垂直骨折　斜骨折
椎体尖之裂开骨折

――――――――――

① 四：原文误为"三"。
② 靱带：韧带。

部分起，将乳突小房内耳，面神经管裂孔分裂，直至前破裂孔。

限于颅底的骨折（甚少）。

在基底之边缘（乳突下腭凹），或于枕骨部。

乳突可为不全骨折或完全骨折之处所即乳突完全与其基底分离（横窦不受牵累），下腭凹发生骨折：如跌在额部，下颌骨，颗突之颈能发生骨折及侵入头骨于枕骨部可见一简单颗后破裂，枕颗一侧或两侧完全与枕骨剥离，两枕颗及一部分枕骨，分裂作半月状。

直接骨折亦可见于与头骨相连之面部，用重力使锐器进入鼻孔，发生筛骨之筛状板骨折，用雨伞或其他钝器击眼窠，其腔底及鞍背之边缘，均能发生骨折，因此造成海绵窦及内颈动脉之动静脉交通瘤，暨发生脉搏动之眼球突出，向口内发枪（自杀），枕骨底部骨折，向耳部发枪，岩部能生骨折。

2. 间接骨折，其常发生之处所，为眼窠弓，筛骨（筛状板），亦可见于额骨，枕骨及颞骨之岩部。

眼窠弓常遭骨折，其碎片隆起于头骨内，并有眼部脂肪射入头骨内。

头骨上之血斑（Verger, Lande et Derolle）

外伤性血斑，与吾人以研究挫伤各点之机会，如冲击点，外伤之强度，暴行之期日，致伤器之性质之肯定等。一方面研究浅在之血斑，如皮表，或皮下的血斑，另一方面研究深在的血斑，如肌肉内脏等，所谓深在的血斑，如骨质上之血斑，以下所述者均系头骨上之血斑。

此类血斑有时仅单独存在于头骨上，并无骨折等现象，或反之与具有极分明之骨质损伤，同时存在，于此种情形内，沿断处均有血滞积，证明骨折发生于生前，骨质受血液浸润故有此现象，此为真血斑。有时虽受大外伤，血斑并不一定出现，此或缘于各人头骨之构造不同。

骨质上之血斑，须仔细寻求，一方面将受血液浸润之头骨骨膜剥离净尽，另一方面，剥离硬脑膜，可映光透视，即可检见血斑及其周围联合软部及骨质之现象，则不难揣知头部之受伤否也。

下述一例，极有研究之价值。

某甲六十岁，于一九二四年五月十一日，为电车所撞压，移送医院时，即行死去。

尸体胸腹部有严重挫伤，此为致死原因，肋骨骨折多处，右肺受伤，肝脏破裂，全身各部均有挫伤痕迹，头部右侧尤明显，但头骨无骨折，于右顶骨上有一点溢血之色彩，骨质之溢血在板障间，由组织学检查证明。

顶骨透明检查，证明顶骨上某点有血斑之深暗痕，即将此处取出，用布晏氏（Bonin）法固定，用硝酸脱其石灰质，脱水之后，用地蜡包埋。

切片在骨之横面，务使切片内同时含有内外两板及板障，苏木精（Hemateine）①、曙红（Eosine）、橙黄（Orange）染色之后再加加拿大中性树脂于玻片上，以备显微镜检查。

用弱扩大镜头，见切片之板障附着内板处，有不整齐而萎缩之集团，染橙黄色甚浓。

用强扩大镜头，可见此集团由血球凝结而成，散布于纤维网内，此外尚有数血球，业已变质，各血球集合，尚可辨认，其他部分，亦施以切片及检查，并未见有血液元素在板障内。

此为骨折内溢血，位于板障内，附着内板，组成所谓血斑。

法医学上对于头骨损折之鉴定

查头骨损折，可分为直接骨折、间接骨折两种，寻常在外科临床所见之头骨损折，诚如头骨骨折章所述。头骨骨折经外科专家多年之试验及临床之诊察，已获得有相当结果，论著甚多，但此种论著，均系就普通正常头骨而言。至关于病理头骨损折之情形，既无专著又鲜实例以证明之。惟病理头骨之组织有较正常厚者，有较正常薄者，故其抵抗力亦因之有差异。其骨质变厚者，如巴嗜氏病、骨性狮面等。其骨质脆弱者，如骨膜的成形机能障碍。上述各种病理头骨，其破裂之形态，自与正常头骨破裂有异。即正常头骨因天然构造有脆弱点，该处每易发生直接骨折。正常头骨脆弱及头骨骨折两章内，已详论之，兹不再赘。

直接骨折及间接骨折，在法医学鉴定上殊为重要。遇到有骨质上伤痕，其要点在能证明其为生前受伤或者死后受伤，及其致伤之原因。枪弹所伤之头骨，除受伤后，头骨完全爆裂，在骨质鉴定上不易检查出确系因枪伤而发生外，若存有枪弹穿射之入出孔，头骨并未爆裂时，则殊易鉴定其伤痕。法医学内论之甚详。至利器砍伤之头骨损折，亦不难肯定其为生前受有锐器伤，《法医月刊》第二十期"骨质上生前受伤痕迹之持久性"内，对于此点曾加讨论。头骨损折检查时，较为困难者，在须鉴别头骨之损伤究系因钝器冲击而形成，或由于坠跌而发生。实以坠跌时，若头骨猛触坚硬

---

① 苏木精（Hemateine）：应为 Hématoxyline。

物质上，其所发生之骨折状态，与因受钝器伤而形成之骨折状态大概相同，不易辨别①。未腐败之尸体，尚有皮肤肌肉上之伤痕足资鉴别。至仅恃尸骨之检查，而又缺少现场情形之记录时，只能就骨折情形及其地位而研究之。查人跌倒于平地上或由高处坠落，其头骨触于坚硬物质上时，暴力之压迫点每仅限于一处，由此压迫点得发生直接或间接骨折。受钝器冲击之处亦有同样状态，跌坠伤痕之压迫点，因地面坚硬物质之形态各异，如岩石石块等。故其接触面之面积大小不等，纵有时头骨因其所接触物体形态特殊，得于其两面同时受压迫，然同时物体与头骨两面以上相接触者，则为不可能之事实。若谓因数次之倾跌发生多数直接骨折之可能，不知头骨于第一次因接触于坚硬物质上发生骨折，受伤之人已昏厥不能起立，重行倾跌事理所不能。故无发生二次骨折之可能。故头骨上所发生之直接骨折，无论如何不能超过二处以上。至直接骨折之形态，依其局部②状况论之，则以其破裂处之骨质陷没穿孔为最明显。若外力仅触接于头骨之一部，而发生骨折之放散，其裂缝又均应互相连接，决不能发生数处陷没性骨折，及多数不相接连之裂纹。至头骨因受钝器冲击而发生之骨折，得因其所受外力冲击之次数而发生多数之骨折，其骨折虽得为间接或直接骨折，惟其所发生之直接骨折随其地位之不同得生二次以上之直接骨折，在头骨之天然脆弱点尤易发生直接骨折，如颞鳞及额顶 H 缝联合处等。我国自古称该处为命门，盖亦以该处受伤易于致命。

总结以上所言，除因病理而易发生损折之头骨，无实例足以证明之外。通常头骨之构造及其易发生骨折地点，所谓弧形联合间及弧形联合内之弱点，外科学亦均详细述及，至头骨上之天然脆薄点，自亦易发生直接骨折，在法医鉴定上每依直接骨折之状态、数目及其地位以鉴别其伤痕之来源。综以往学者之形究，检案之观察，得审知直接骨折之地位，得发生于弧形联合间及弧形联合内之弱点，尤易发生于头骨上之天然脆薄点，直接骨折之形态以陷没性骨折为最明显。依其直接骨折之多寡及其地位，得断定其为由跌坠或钝器冲击而产生。又据其骨折放散之冰裂纹不相连续，而能断言外力之压迫点，得在多次以上。

---

① 辨别：原文为"辩别"。
② 部：原文为"都"，应是印刷错误。

实例

司法行政部法医研究所鉴定书

为鉴定事，案准×××第×××号公函内开："案查本处于二十三年七月十五日，在××车站附近路轨之边检验无名男尸一具。得右耳窍有血流出，两鼻窍均有血流出，口微开，有钝器磕伤一处，横长一寸四分，宽四分，深抵骨，骨不损，右臀有钝器擦伤一处，斜长一寸七分宽九分，皮微破，稍有出血，断系生前跳车钝器磕擦致伤并脑震荡身死。填具验断书附卷，迄至本年一月，人言啧啧，金谓出于谋财害命，其谋杀方法传说以钉（竹或铁）钉入头颅且以绳索勒于喉间移尸路轨以图灭迹，因此遐迩皆知。本处既有所闻，因案情重大，当即呈由×××指派×××院检验史×××于本月十五日来×××同往复验，开出尸棺，筋肉已腐，迨检齐尸骨洗刷清净之后，逐步检验，仅发现在乘枕骨近下连颅底骨并左右太阳穴（颞颥骨）从右骨缝延至顶心后右侧骨质均有折裂，裂痕处有血瘀，断系生前由高处坠地时即遇坚硬物体受猛力撞伤右耳后部以致骨质折裂脑震血流即时身死。惟其头部伤痕究竟是否自行坠地抑系他人以钝器或其他器具加害，尚不无疑问。为求精密鉴定起见，除将全身骸骨分别包扎装置一木桶之内，交由转运公司送请贵所鉴定外，相应检齐是案卷宗函送贵处以便参考。"等由；准此。当于该尸骨运送到所日，验明封识不误，交由本所检查室，详予检查。兹据检验结果，编就说明鉴定于后：

检验

甲、一般肉眼检查

送检证物，系装入木桶，表面严封不误，启封内为尸骨一具，均分别包扎，在各骨表面均甚清洁，并无肌腱附着。次将尸骨施以肉眼扩大镜检查及紫外线光分析检查如下①：

头骨：高约 15 公分，围径约 48.5 公分，在右侧顶骨之后方近后头缘及矢状缘部，有弯曲陷没骨折一处，似弓形，长约 3.3 公分（图 3-28），其周围

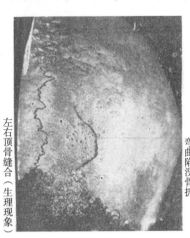

左右顶骨缝合（生理现象）

弯曲陷没骨折

图 3-28 右侧颅顶骨外面

---

① 如下：原文为"如左"。

断面骨质色泽较浓。次将该头骨施以铅直状锯开，查其脑面有斜形分歧骨裂，骨质陷入内部（图3-29），与表面之骨折伤相对，应系同时发生，是由外界暴力冲撞所致。又在左侧之颞骨中央部，有分歧样之陷没骨折，其裂缝为四处，最长者约为3.5公分，呈横形，次之为2.2公分，呈直曲形，又次之为2公分，呈斜形，其中间处有一小分歧长约1.1公分，作斜形，自下而上，其伤痕均深达骨质脑面，仅其最小之裂隙树及脑面（图3-30），在右侧之颞骨，自颧骨突起之后方关节结节始向上有呈钩形之陷没骨裂一处，长约2公分深达脑面，并有小骨折，其左右颞部之外耳门及其上方均有裂纹，并深透脑面（图3-31、图3-32），在左侧之横形裂纹，长约2.6公分，斜形长2.6公分，其裂痕之交错处，有一圆形之破孔，直径约0.4公分，深透骨质内面，其内面骨质上有分歧状裂纹，并有半折断状之骨片（图3-33），应系细杆状坚硬物质之刺入孔，而右侧有分歧骨裂3处，横形裂纹，长约2.5公分，斜形长一为2.7公分，一为1.7公分。详查该头骨之各处裂纹之断端骨面，均呈淡褐色，且其周围有深浅不等之晕迹，是属生前受伤之证。其他各骨均无受伤痕迹。

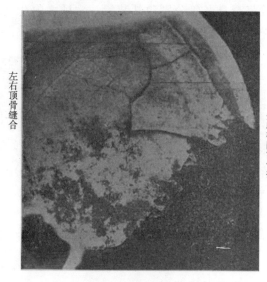

图3-29　右侧颅顶骨内图

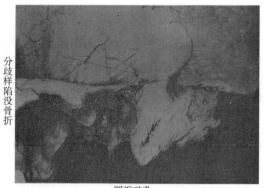

分歧样陷没骨折

圆形破孔

图 3-30　左侧颞颧骨外面

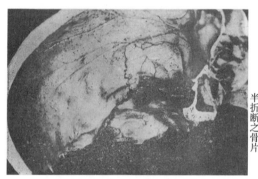

分歧样陷没骨折

半折断之骨片

图 3-31　左侧颞颧骨内面

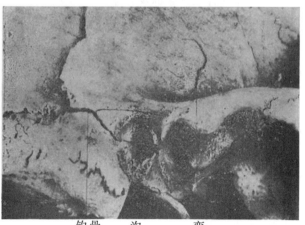

骨裂

钩形陷没

沟形骨裂

弯曲骨裂

图 3-32　右侧颞颧骨外面

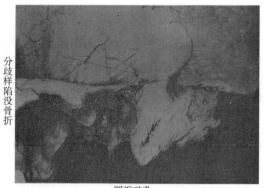

向脑面呈半折断之骨片

骨裂

图 3-33　右侧颞颧骨内面

舌骨：缺如。

锁骨：左右长各 14.6 公分，在骨之两端及上下面，均无受伤痕迹，应属正常。

肩胛骨：左右长各 16 公分，在骨之全面各部，均无损伤或血斑，应属正常。

肋骨：左右侧各 12 根，在其表面及前后两端部，均无损伤或血斑，应属正常。

颈椎：共 7 块，在各骨之前后左右突起，均无伤损痕迹，应属正常。

胸椎：共 12 块，在各骨之突起部及骨体，均无伤损痕迹，应属正常。

腰椎：共 5 块，均正常。

荐骨①：正常。

胸骨：柄及体，在内外面均无伤损或血斑，应属正常。

肱骨：左右长各 31 公分，在其上下两端及骨体，均无受伤痕迹，应属正常。

桡骨：左右长各 24 公分，在其上下两端及骨体，均无受伤痕迹，应属正常。

尺骨：左右长各 25.1 公分，在其上下两端及骨体，均无受伤痕迹，应属正常。

手骨：左右共 52 块，均无伤损。

髋骨：左右长各 20 公分，在其各部表面，均无受伤痕迹，之属正常。

———————

① 荐骨：在人体解剖学上，现在一般称为"骶骨"。

股骨：左右长各 43.2 公分，在其上下两端及骨体全部，均无受伤痕迹，应属正常。

髌骨：左右长各 3.8 公分[①]，其前后面均正常。

胫骨：左右长各 34.8 公分，在其上下两端及骨体全部，均无受伤痕迹，应属正常。

腓骨：左右长各 35 公分，在其上下两端及骨体全部，均无伤损，应属正常。

足骨：左右共 53 块，均正常。

乙、紫外线光分析检查

将前检各尸骨，均一一分别置于紫外线光分析器内加以映视检查，结果在头骨之破裂处，均显有浅褐色反应，是为血斑。系生前受伤之证，在其他各骨，并无血斑检见，均属正常。

图 3-34

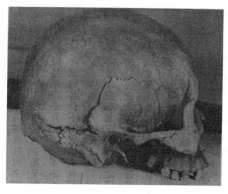

图 3-35

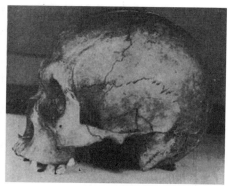

图 3-36

说明

据前检验结果，该无名尸骨，经肉眼检查，扩大镜检查，紫外线光映视检查之下，在头骨之右侧顶骨后方近后头缘及矢状缘，有弓状之陷没骨折（图 3-34），且于骨之内面（脑面）有分歧状裂纹，均呈褐色反应，是

---

① 公分：原文误为"罗分"。

为生前受外界暴力冲撞所致。又在左右颞部，亦检见骨之裂痕（图3-35、图3-36），并有向内陷入之现象，此系受外界暴力所伤，其右①侧颞骨之外耳门后上方，有一圆形破孔，深达骨之内面（脑面），其内面骨质上有分歧状裂纹，并有半折断状之骨片，是为细杆状锐器之刺伤痕（如钉锥类。）按头骨表层之断折或受重大之外伤后，每影响于内层之骨质，易出现分歧状之裂纹。至于来文所询是否自行坠地，抑系他人以钝器或其他器具加害一节，据前检验所见，仅头骨受有巨创，其他各骨均正常，而头骨上之伤痕，并非一处，乃分布于左右颞部及右顶骨三面，且受伤各部之骨质，多向内陷入，按头骨破裂，得因跌坠时头部触于坚硬物质上而发生，亦得因钝器冲击头部而形成，惟于跌坠时仅头骨之一面触于坚硬物上。虽有时（特殊之情形）两面得与外界接触，但外力之压点，仍仅限于一处，故只能使一处之骨质陷下，其受伤骨质之裂纹，虽可向四周蔓延，但必互相连续不断。本次所检尸骨，除头骨外，在其他各骨上均无伤痕检见，而其头骨上之破裂处，又在左右面及后面三处，详察其三处裂纹均不相连接，遂得证明其三处骨质之伤损，绝非由于头骨一面触于坚硬物体上而发生，据其伤痕及裂纹之现象，应为重量钝器（锤类）击碎之痕迹，其右颞骨之外听门后上方，有一圆形破孔，深达骨质脑面，由内面观之，有半折断状之骨片，应为细杆状锐器（钉锥类）之刺伤，已如前述，更难因坠伤而产生。

结论

一、据前检验及说明，得证明送检尸骨之头骨，生前曾受重量钝器冲击，致头骨之右顶骨，左右颞骨破裂，头骨之左颞骨外听门后方，有一细杆状锐器之刺伤。

二、其致死原因，在其头骨因伤破裂。

三、除头骨外，其他全体各骨，均无受伤痕迹。

四、据前检验及说明，其头骨之伤损情形，并非坠触所致。

【述评】

本文对头颅正常解剖学、头颅先天畸形、病理畸形、正常头骨脆弱部位、头颅直接骨折和间接骨折特点进行介绍，继而对头颅外伤性破裂，特别对头颅外伤性破裂及其相应部位出血进行介绍。孙逵方认为："头颅血斑

---

① 右：原文误为"左"。

及其周围联合软部及骨质（骨折、出血）之现象，则不难揣知头部之受伤否也。"孙逵方将1934年7月15日司法行政部法医研究所实例做举例说明。该案系上海火车站附近铁轨边一具无名男尸。原鉴定考虑生前跳车钝器磕擦致伤并脑震荡身死。当地复验，"仅发现在乘枕骨近下连颅底骨并左右太阳穴从右骨缝延至顶心后右侧骨质均有折裂，裂痕处有血瘀，断系生前由高处坠地时即遇坚硬物体受猛力撞伤右耳后部以致骨质折裂脑震血流即时身死。"法医研究所接受委托重新鉴定。"检验结果，除头骨外，在其他各骨上均无伤痕检见，而其头骨上之破裂处，应为生前曾受重量钝器冲击，致头骨之右顶骨，左右颞骨破裂，头骨之左颞骨外听门后方，有一细杆状锐器（钉锥类）之刺伤，非坠触所致。"

十三、蚊污①与血痕之鉴别法②

【原文】

　　凡血液沾染于一切物质上，必遗留痕迹，此痕迹即系血痕。血痕之状态极多，依血痕之新旧及其所占据之物质，而现象各异。血液滴于白布上或其他织品，颜色浅淡而又具有吸收性者，则血液可深入纤维中，血液滴入深暗或纯黑之布或其他织品上，则其血痕即特别难认。血液新鲜作红色，经时愈久则转深暗。血液干燥后初现红色，次转褐色，终成赤褐色。血色转变为血红素（Haemoglobin）与空气接触后，渐转变为血色质（Haematin），其变化之缓速，因时间及环境而异。故当其变化经过中，其色泽亦不同。血液滴在其他物质上，其物质稍具或缺乏吸收性，血液就原占地位干燥后，具有特别形态，形成小块，稍稍隆起，略有光泽，有中裂处。中裂之多少，随气候为转移，气候干燥易生中裂，气候湿润则发生中裂之机会较少。血痕之大小无定，或甚大作块状，或甚小作点状，其形式甚多。血液有从高直滴下者，作圆形，周围有射线。射线之大小，视点滴处之高低及组成血痕点滴之容积而异。有由斜行而抛射者，其射出之点大概均作长形，如惊叹符号。

　　比国德克莱纳氏（DeCraene）对于血液之形态，曾精密研究，现略述其大意如下：

　　血之抛溅及迸射之形式，取于犯罪场所者，可予吾人以重要之根据，由此可以推知受害人与行凶者当时所取之地位，此点各书研究者甚多，兹从略。

　　德氏自身曾作种种试验，以研究血之自然滴下，血之抛射，血之喷射等痕迹。欲实行此等试验，先须具备一种器械，随时能变更其方向、压力、距离，于每种光景下，各种应有条件均需确实决定，为使得各种有次序之试验能供比较研究，所以用去纤维之牛血，作试验用之液体，试验完毕，所得之重要结论，略述于后：

---

① 污：原文为"污"。
② 原文刊载于《法医学季刊》1936 年第 1 卷第 1 期第 52—68 页。

孙逵方论文研究

（一）血从高处自然滴下，其发生痕迹之形式，不但与堕下之角度有关，即堕下之高度与收受血滴物质之性质亦有密切关系，加之，于某种情形之下，血若点滴而下可自行分断，故其所成之小点，宛似由抛射而发生者然。

（二）因血液抛射而得之痕迹（比如摇摆含血液之器械），极似因血液喷射而形成之抛射痕迹，但此类点滴之方向殊不相似，有时完全处于相反地位。

（三）孤立点滴之痕迹，不足以决定发射线之由来，只能在收受血液物质上证明其发射之终点，或于某种限度内，可用以决定堕下之角度。

（四）因喷射而发生多数血点痕迹之研究，有时可获得发射线之过程，及喷射之方向。但有多例虽经研究，其最初之正确方向无从决定。

（五）不应根据普通所获得之单纯标准作论断，以免铸成大错，尤其是业经移动之物件上所提取之痕迹，须特别加意。

以上为德克莱纳氏试验之结论，德氏之用意在对于血痕形态之研究须慎重从事，不可轻加解释，年来在证物上检查血痕时，发现有散在性微细粒状痕迹，大者有时如小粒芝麻，小者似小米，有时则较此尤小，我国南方湿热，夏秋之季蚊虫臭虫繁生，吸取血液之后，其粪便是否呈人血反应，不能不加以试验。

故仅据血痕之形态，有时不能作肯定之解释，血痕形态之研究，既不能作肯定之解释，则对于血痕之检查，不能不恃血痕阴阳性反应、抗人血清沉降现象之检查及血痕内含有物之检查，以鉴别人兽血迹及人体何部之血液。我国各法院送检验血案件繁多，故对于血痕之检查，尤足引起检查者研究之兴趣，初次发表吸血昆虫粪便呈人血之反应者，为日人宫永氏。

蚊虫全恃吸入人血为生，故其粪便对于血痕预备检查、实性反应检查，人血检查，均呈阳性反应已无疑义。在其涂抹标本上，往往检出蚊体上所脱落之鳞片，血红素并未完全破坏，纵使破坏，亦仅限于局部，因还原血红素检查，其结晶固甚清晰。至其他含有物，多系无定形之赭色颗粒，其中亦含有少数类似上皮组织之细胞，惟殊不易检见。故此种组织，究属于蚊体何部，不易肯定。惟蚊虫所遗留之血液及粪便，在检查上与真人血极易区别，捕捉已吸有血液之蚊虫臭虫，置于玻璃器皿内，以便检查其所遗粪便之形态，并施行各种检查，以研求其特质。

蚊虫所遗留之痕迹约有两种现象：

（一）蚊虫体内饱含血液

经击毙后所遗留之痕迹若系短期内者，恒有蚊虫肢体之存在，自易寻出此痕迹与蚊虫之关系。历时较久，蚊之肢体已脱落，则此种痕迹之特殊形态已消失，故须施行各种检查详细研究，方能知血痕之所自来。

蚊虫饱吸人血后，即将其击毙，其血对于血痕预备检查，实性反应检查，及人血检查，均呈阳性，已如上述。于其涂抹标本上，可检见完整之红白血球，血球之破坏者甚少，并杂有蚊虫肢体，不难证明其为蚊血。蚊虫腹内抽取血液施行血型检查，其所含有之血球，依旧呈凝集现象。至为蚊虫所吸取之血液，对于 A. B. 血清经若干时日始不呈凝集现象？及其所含有之凝集素与凝集原，于若干时后始完全消失？尚待研究。

倘吸取人血历时较久，则该蚊虫所遗留之痕迹，对于人血检查虽仍呈阳性，但其涂抹标本上之组织，与前者略异。其所吸取之血球多已破坏，故仅能检见少数已破坏之血球，及细微而又无定形之颗粒，有时尚可检见残留之蚊虫肢体。

至若污痕已历相当时日，曾经抚摩检视者，蚊虫之肢体均已脱落，即其痕迹色泽形态等，与普通陈旧血痕又难以区别，仅恃其鳞片之检见而已。查蚊虫翅上附有细毛及鳞片，其细毛细微不易检见，至其翅上之鳞片既易脱落，且易附着于血液内，此种鳞片状，似竹叶其面上有平行线纹（图3-37、图3-38、图3-39、图3-40）。以其形状之特殊，故易决定其为蚊虫所留之痕迹。兹录一实例于下：

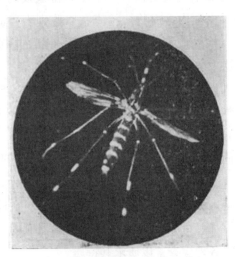

图 3-37

图 3-38　　　　　　　　　　　图 3-39

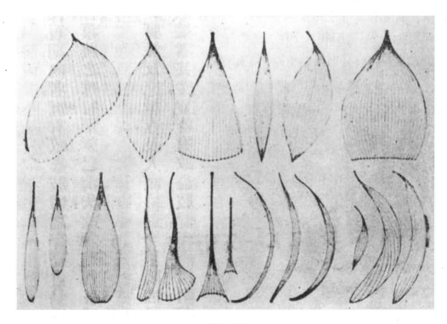

图 3-40

第一例：

司法行政部法医研究所鉴定书

为鉴定事，案准××××法院检察官公函内开："案查本处受理×××被杀一案，兹有扣案血衣两件及剪下血布三块，菜刀一把。本处认为有鉴定之必要，相应检齐证物等送请查收，请按照后开各点代为鉴定。计送菜刀一把，带血小褂两件，带血布块三块。"又附开"应行鉴定各点如下①，①该菜刀上是否有血迹？如有，血是否人血？②该小褂上之血及布块上之血是否人血？③各该证物上之血如为人血，抑系最近所染或所染之血距今已经若干时日？"等由。准此，当于该证物等寄送到所日，验明封识不误，交由本所检查室，详予检验。兹据检验结果，编订说明鉴定于后：

检验

甲　一般肉眼检查

送检证物系用白布包裹，外面封识不误，启封，内为菜刀一把，蓝布小褂两件，及×××裤上布片二块，×××裤上布片一块。兹为便利检查起见，暂将证物分编下列五号检查之：

（第一号证物）系菜刀一把，长约 35 公分，在刀刃之前端作斜坡形，其左右表面均附有黄色锈样污痕，呈散在性排列。次检其刀柄之前端周围缝内，满附有黑褐色污痕，并在缝之附近处粘有白色鱼鳞四片，已干燥，旁缘弯曲②，呈透明状。又在刀柄中部之下方，有散在性之污垢一处，无光泽。遂将各污痕分别刮取少许，备作详检。

（第二号证物）系旧破蓝布小褂一件，粘有纸一条，上书"当庭在×××身上脱下小褂一件"。该褂身长约 59 公分，在其前路之左侧腹都，有赤褐色点状污痕 11 点，次检其前后身均有淡褐色污痕多处。又在小襟之口袋表面，及其附近，均有黄色土样污痕，但均无硬感，不发光泽。

（第三号证物）系蓝布小褂一件，在袋上粘有纸一条，上书"×××身上小褂一件"，该褂身长约 49 公分，在衣之左右侧第二纽扣表面上下端，均附有黄褐色污痕，略有硬感，无光泽。又在左右袖臂部之后侧，均有黄褐色污痕共计 4 处，其表面均无硬感，不发光泽。

（第四号证物）系×××裤上剪下布块二片，一片为圆形蓝布片，其表面附有黄褐色污痕二处，均作涂擦样，触之略呈硬感，无光泽。又椭圆形蓝布片一块，附有黄褐色土样污痕，计大小 6 处。兹将其污痕分别刮落少许，以供检查。

（第五号证物）系×××裤上剪下蓝布片一块，长约 6 公分，在该布之中央有圆形污痕一小块，呈深褐色，有硬感，无光泽。

---

① 下：原文为"左"，下同。
② 弯曲：原文为"湾曲"，下同。

乙　血痕检查

兹将以上证物各号内之污痕，用清洁小刀分别刮落少许，施行血痕预备检查，血痕实性反应检查，及人血检查，所得结果，列表于下①：

表 3-1　　　　　　　　　　　林几教授论文系年

证物		预备检查：(+)为阳性，(-)为阴性			实性反应检查			人血检查
		紫外光线	亚得儿氏法	愈疮木脂法	黑民结晶	还原血红质结晶	吸收线	抗人血血清沉降素反应
第一号	菜刀一把	−	−	−	−	−	−	−
第二号	旧破蓝布小褂一件	−	−	−	−	−	−	−
第三号	钮扣污痕、蓝布小褂一件	+	+	+	+	+	+	+
第四号	×××裤布片二块，圆形者（+），椭圆形（−）	+	+	+	+	+	+	+
		−	−	−	−	−	−	−
第五号	×××裤布片一块	+	+	+	+	+	+	+

说明

据前检验结果，得证明送检之证物第一号菜刀一把，与第二号旧蓝布小褂一件，及第四号内之椭圆形布片一块等各号污痕，在血痕预备检查，及血痕实性反应检查，均呈阴性反应，故非血痕，更非人血。惟在证物第三号之蓝布小褂纽扣上之污痕与第四号×××之圆形布片上污痕，及第五号×××裤布片上污痕，对于血痕备检查，血痕实性反应检查，及人血检查，则均呈阳性反应，故系血痕，且系人血。后将第三、四、五号各证物之已检定为人血者，在其浸出液内残渣，分别制成涂抹标本，置于显微镜下详检其组织成分，则在第三号证物上残渣内，检见有数个之上皮细胞，呈多角形，

---

① 下：原文为"左"。

故得证明该处之血痕系由人体表皮破裂所粘染。但在第四号证物内×××之圆形布片一块，及第五号×××之裤布片一块中，则均检见有竹叶样之鳞状片，其一端为尖形，一端为平形或纺锤样，按其形状，颇与昆虫之翅部鳞状片相近，后取蚊虫之翅部比较之，其翅上亦满载上述之鳞状片，形状酷似，且易脱落。查蚊虫原为吸取人血之昆虫，其人血反应，曾经日本宫永、田口、小南、山上诸学者，及本所血清检查研究，其结果对于人血检查，均为阳性，故本次在浸出液残渣中发现有蚊之翅上鳞状片应属于蚊虫吸取之人血。至于血迹污染证物上所经过时间之久暂，虽由其色泽可以推知，但其色泽每因气候中冷暖燥湿，及其他自然环境与人为环境而生变化，非详细调该证物之环境，殊不易鉴定。

上①说明系根据学理事实，兹谨鉴定如下②：

结论

（1）据前检验及说明，该送检证物第一号菜刀一把，第二号旧破蓝布小褂一件及第四号内之椭圆形裤布片一块上之各污痕，并非血痕，更非人血。

（2）该送检证物第三号蓝布小褂一件，其纽扣上之污痕，应为人体表皮破裂所沾染之人血。

（3）该送检证物第四号圆形裤布片一块，及第五号×××裤布片一块上之污痕，经显微镜检查，并参考各学者研究之结果，得证明其为蚊虫所吸取之人血。

上鉴定系公正平允，真实不虚，须至鉴定者。

（二）蚊虫所遗留之粪便

将饱吸人血之蚊虫，置于试验管内，其所遗留粪便之形态，为细微之小点（图3-41），有时蚊虫于排泄时，身体移动，则其一端作尖形（图3-42），采③取此类细点施行血痕检查时，对于血痕预备反应、实性反应，均呈阳性。对于人血鉴定之抗人血清沉降素反应亦呈阳性。研求此类血痕之来源，需求助于组织学之检查，因在蚊虫粪便之浸出液内，除少数无定形之颗粒外，有时可检见已破坏及不完整之血球，无特殊之细胞。惟以蚊翅上之鳞片易于脱落，故在蚊虫粪便内亦含有此种似竹叶形之鳞片，借此可以证明其为蚊虫所留之痕迹。

---

① 上：原文为"右"，下同。

② 下：原文为"左"。

③ 采：原文为"採"。

图 3-41

图 3-42

　　吸血昆虫之粪便之检查（血痕预备检查，实性反应检查，及人血检查）结果，其区别全恃组织学检查，故于此不能不详加注意。犹如鼻血内之于颤毛细胞，月经血内之于子宫黏膜细胞，阴道、处女膜出血时之阴道黏膜细胞，均已详法医学书籍内，兹从略。吸血昆虫经击毙后，尚易检见其肢体所遗留之痕迹，至其所遗留之粪便，则稍形困难，夏季蚊虫、臭虫竞出肆虐，据其所遗留之痕迹之形态，只能引起检查者之注意，而终不能决定其血痕之来源。欲寻获其来源，仅据痕迹之形态，不若根据组织学检查之结果，以证明究系人体出血之痕迹，抑为吸取昆虫之粪便。至蚊虫所留之粪便内，以其含有蚊体上之鳞片，故尚易知其来源。其他吸血昆虫，如臭虫、蚤等所遗留之粪便，非检出含有之特殊异物，不能作血痕来源之鉴定。

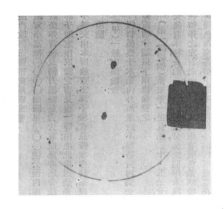

图 3-43

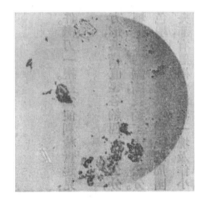

图 3-44

　　臭虫之粪便，其形态亦作点状，与蚊虫①之粪便约略相同，惟其点较大耳

---

　　①　蚊虫：原文为“虫蚊”。

（图3-43）。常似喷出血点，对于血痕检查及抗人血清沉降素反应亦呈阳性。至其粪便内所含异物，迭经试验不易检出，亦无特殊组织足以证明。惟臭虫粪便内含有无定形之颗粒状物极多（图3-44），除被击毙之臭虫痕迹内可检见臭虫体上所附着之细毛及残碎肢体外，而其粪便内并无臭虫体上之细毛，有时于其中可检见一种似上皮细胞之细胞，惟此种类似上皮细胞之组织，系其胃肠组织之一部，或仅系脱落之甲片，此种组织不易着色，加热数次始微吸收染料，故是否含有一核，不易肯定，现方继续研究，俟寻有端倪，当续行披露。

虱蚤等之粪便内，有无特质亦在研究中。

有仅据痕迹之状态，虽人血检查为阳性，及其涂抹片上检见有未曾完全消化之人体组织，即可肯定其为吸血昆虫①所遗留之痕迹，见第二例。

第二例：

司法行政部法医研究所鉴定书

为鉴定事，案准××××法院第×××号公函内开："查本院受理刑事案件中，内有证物刀斧各一，关于柴斧背后及弯刀把眼是否含有血荫非经合法鉴定不足以凭判断，相应检同刀斧函送贵所，希即详予鉴定作成鉴定书见复"等由；准此。附送柴斧一柄，弯刀一把。当于该检物寄送到所日，验明封识不误②。交由本所检查室，详予检查。兹据检查结果，编定说明鉴定于后：

检验

（甲）一般肉眼检查

证物系盛于木箱内。外面严封不误，启封内为柴斧一把，木块一件。弯刀一把。兹为便利检查起见，暂将证物分编以下两组检查之。

（第一组证物）系柴斧一把，长约20.5公分，斧之后端作四方形，其横直径各约4.7公分，中央连有木柄，长约38.5公分，另有圆形木块一段，系由该斧柄之末端锯断，长约22公分。在证物斧之左右表面及前后端，均附有黄色铁锈样污痕，内有呈黑色块状者数块。其木柄上端周围有黄褐色污痕甚多，下端附有黑色小点污痕数处。在锯断木柄之中央部，有黑褐色污痕一块，及作小点状者10处。兹再将其编为以下两号，备作血痕之详密检查：

（第一号污痕）在斧之左右侧，有黄褐色铁锈样污痕甚多，内有呈黑色块状者二处，其前后上下端，均呈散在性黄褐色锈样污痕。遂将其采取少许，以备检查。

---

① 吸血昆虫：原文为"吸血虫昆"。
② 误：原文为"悞"，下同。

（第二号污痕）在斧之木柄上端周围，有黄褐色污痕甚多，其中央有黑色污痕四处，下端有极微细之点状污痕五处，表面均隆起，略发光泽。又在锯断之木柄中央，有黑色微细点污痕十处。另有块状污痕一处，均有隆起与光泽。兹将其各采取少许，以备检查。

（第二组证物）系弯形草刀一把，全长约43公分，在左右表面之刃部背部，均附有黄色铁锈样污痕，其左右侧之前及左侧下端近木柄部，有作黄褐色块状污痕各一处，表面高度隆起，但无光泽。又在木柄之下端，有黄褐色污痕三处，作不规则之涂擦状，亦有黑色小点污痕十数处。兹再编为以下两号检查之：

（第一号污痕）在草刀污左右前端及左侧下端，有黄褐色块状污痕各一处，表面高度隆起，但无光泽可见。其余均作黄褐色铁锈样污痕。次将其刮落少许以备详检。

（第二号污痕）在草刀木柄之下端，附有黄褐色污痕四处；又有黑色小点污痕数处。将其采取少许，备为血痕检查。

（乙）血痕检查[①]

兹将以上证物各组各号之污痕，用清洁小刀分别各刮落少许，施以血痕预备检查，血痕实性反应检查及人血检查，所得结果列表于下[②]：

表 3-2

证物		预备检查：(+)为阳性，(−)为阴性			实性反应检查			人血检查
		紫外光线	亚得儿氏法	愈疮木脂法	黑民结晶	还原血红质结晶	吸收线	抗人血血清沉降素反应
第一组柴斧一把	第一号	−	−	−	−	−	−	−
	第二号黑色小点污痕	+	+	+	+	+	+	+
第二组草刀一把	第一号	−	−	−	−	−	−	−
	第二号黑色小点污痕	−	−	−	−	−	−	−

---

① 血痕检查：原文为"血检痕查"。

② 下：原文为"左"。

据以上检查结果，得证明该证物第一组第一号及第二组第一、二号之各污痕，在血痕预备检查及血痕实性反应检查，均呈阴性反应，故非血痕，更非人血。惟在第一组第二号之暗色小点状污痕，均呈阳性反应，故系血痕。后施以人血检查，则呈弱阳性反应，故为人类血痕无疑。但观其形态及排列，则颇与吸血昆虫排泄之粪便相称（如臭虫等之粪）。兹附原物摄照于下（图3-45）：

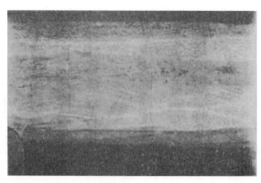

图3-45

说明

按检验物证上可疑之血痕，先施行血痕预备检查，在预备检查中呈阴性反应者（－）则非血痕，呈阳性反应者（＋）则为有血痕之可疑。再施行血痕实性反应检查，用显微镜检查黑民结晶，还原血红质结晶，并用显微分光镜检查结晶标本之吸收线。如在血痕实性反应检查中，发现黑民结晶，还原血红质结晶，并在分光镜中明暗视野 D 与 E 之间，显有较宽之吸收线者，谓之实性反应检查之阳性反应，则确为血痕无疑。不如是者，谓之阴性反应，即非血痕。经以上两项检查，虽均为阳性反应，但仍不能断定其为人血，抑为动物之血，必须施行人血检查。用预制之家兔抗人血血清沉降素检查之，如呈阳性反应之沉降现象者，则确为人血无疑。其不生沉降现象者，为阴性反应，即非人血。现将该送检证物第一组柴斧及第二组草刀上所分之各号污痕，逐一经过血痕预备检查及实性反应检查，结果均呈阴性。惟证物第一组柴斧上之第二号黑色细微点，结果呈阳性。且施以人血检查，亦呈弱阳性，确含有人血无疑。但测其形状及排列状态，颇与吸血昆虫排泄之粪便相称（如蚊虫、臭虫、衣虱、跳蚤等），按蚊虫、臭虫、衣虱、跳蚤等，吸取人之血液为营养，故其排泄之粪便，常有人血成分，此种事实，已在实验上确实证明。又其排泄状态为细微点，以扩大镜视之，有作短锥形、圆形①，或断续之练形。在显微镜下检查其含有未曾完全消化之人体组织，亦与送检证物上之细微点内含有物相似。证物上之细微点，虽含有人血，殊难断定其非为吸血昆虫之粪便。

上②说明系根据事实学理，兹鉴定如下③：

结论

①据以上检验及说明，得证明送检证物柴斧一把及草刀一把上之各污痕，除柴斧上之第二号污痕外，均非血痕，更非人血。

②据前检验及说明，得证明送检证物柴斧上之第二号细微点，确含有人血。解释详细说明项内。

上④鉴定系公正平允，真实不虚，须至鉴定者。

【述评】

据孙逵方研究："蚊虫饱吸人血后，其血对于血痕预备检查，实性反应检查，及人血检查，均呈阳性。于其涂抹标本上，可检见完整之红白血球，血球之破坏者甚少，并杂有蚊虫肢体，不难证明其为蚊血。蚊虫腹内抽取血液施行血型检查，其所含有之血球，依旧呈凝集现象。"

案例一，蓝布小褂纽扣上污痕与圆形布片上污痕及裤布片上污痕，进行血痕预备检查、血痕实性反应检查及人血检查，则均呈阳性反应，故系血痕，且系人血，并在蓝布小褂纽扣上污痕与圆形布片上污痕及裤布片上污痕浸出液残渣中发现有蚊之翅上鳞状片应属于蚊虫吸取之人血。案例二，柴斧上的黑色细微点，结果呈阳性，并进行人血检查，亦呈弱阳性，确含有人血。但测其形状及排列状态，颇与吸血昆虫排泄之粪便相称（如蚊虫、臭虫、衣虱、跳蚤等）。

从上述实验可以看出，蚊子中提取的血痕抗人血红蛋白呈阳性反应，混杂血与蚊子残片部位呈阳性反应，因此，实验证明从叮咬人后的蚊子血及其与蚊子残片的混合体中，可检出人血型。上述实验研究结果表明，20世纪30年代，法医研究所已经进行"蚊污与血痕之鉴别法"的研究，通过对案件现场提取的蚊子血进行血痕鉴定，有重要的法医学意义。

---

① 圆形：原文为"形圆"。
② 上：原文为"右"。
③ 下：原文为"左"。
④ 上：原文为"右"。

十四、肉食动物在尸骨上所留之痕迹①

【原文】

我国年来公路虽极发达，惟交通不便之地仍属不少，深山荒僻之处人迹罕至，实生猛兽，旅客偶行经其地，受山兽侵犯因而致死者亦属可能。人体受大兽蹂躏之后，又有较小肉食动物继其后而残毁之。蚕食鲸吞，所余者不过不全之骨骼。法院勘验之时，若距被害之期不远，尚有现场情形足供参考，若历时较久方始发现，其所有血迹兽踪早已消失殆尽，欲考求致死之缘由，于此种残碎之骨骼上，在侦查及医学上均非易事。若因病路毙，则其内脏肌肉腐败消失，无从检见其致死之病由。若系被人谋害，而行凶者所用之力或凶器未伤及骨质时，亦不易检见骨质上究竟有无因外力而生之伤痕。至其是否因受猛兽之侵害而致死，在骨质之检查上，亦只恃骨质上血斑之有无，及其所遗留痕迹以推测之。在未曾腐败之尸体上，兽爪抓伤之痕，成平行线状。肉食动物齿型构造特殊，故其在人体上所留痕迹，尚不难肯定。法医学内已详言之。猛兽在尸骨上所遗留之痕迹，约可分为二种：一为兽口及其犬齿之痕迹。一为尸骨上所存留之兽毛。关于兽类齿型之研究，动物学及考古学研究者不乏论著，惟对于肉食动物犬齿距离之研究，可供参考之书籍甚少。因犬齿之距离，以估计兽体之大小，就其在骨质上所遗留之痕迹而推测死者是否有为猛兽伤害之可能。考小肉食动物犬齿之距离，有不及 2 公分者，而身体较大之猛兽，亦以其头骨之大小，而其犬齿距离又不相同。同类之兽若虎，其犬齿之距离小者仅 4 公分，而其大者达 8 公分以上，豹类犬齿距离有不及 4 公分者，而狼之犬齿距离多近 5 公分，较大之犬其犬齿距离与狼之犬齿距离相近，而查其齿之方向，则与狼及虎豹之方向又不相同。犬之犬齿作八字形，其犬齿倾斜向外，而野兽之两犬齿成平形线，以其齿方向之不同，故其齿痕之形状亦异，故借此亦得推定其齿痕是否为犬所遗留，抑为野兽所遗留。又犬齿直径之统计，亦乏书籍可供参考，犬齿之距离，往往与犬齿直径大小不成正比例，如豹

---

① 原文刊载于《法医学季刊》1936 年第 1 卷第 1 期第 69—79 页。

之犬齿之距离不过 39 公厘①，而其犬齿之直径则在 1 公分上。至狼犬齿之距离在 49 公厘者，而其犬齿之直径尚不及 1 公分。上言各问题讨论者少，故缺乏统计以资佐证。惟查人之犬齿距离，与头骨前后径之大小成正比例，肉食动物犬齿距离之远近，是否亦同此情形，尚待统计获有结果方敢断定。所②中技术同人，劳心案牍，研究③工作殊乏时间，只能先就观察比较所得，及因检案而发觉现今科学上尚未曾研究之细微问题，略述如上。以冀唤起动物学及考古学者，对本题研究之兴趣。此种工作如有成绩能应用于法医学上，以供案件之鉴定，虽有时未敢肯定某一尸体确为猛兽所伤，然若能于尸骨上依犬齿之距离，及其痕迹之大小而得推定致伤兽之种类，则鉴定人能推测其所检验之尸骨，有为猛兽咬死之可能。虽生前骨质上伤痕，在骨质检查上能有血斑检见。若在未伤骨质之前，而血液循环已停止，则在骨质又焉能有血斑检见。故对于上言兽齿痕迹，虽已能择其主要特殊之点以资案件之鉴定。然关于人及兽类犬齿距离之远近，直径之大小，犬齿之形状，及其与头骨身长之关系等，尚待观察测量统计以完成之。兽类于咬食骨质之时，其面部之毛时能嵌入骨质之裂隙内，检见尸骨上所遗留之兽毛，亦能查其究系何种肉食动物。至人之毛发与兽毛之分别，法医学内论之甚详。而各种兽毛之鉴别法，以余师巴勒达萨氏④及其夫人所著之毛发论，为最完善。此书内图案丰富，解释亦详，足供引用兹不赘述。实例一则附载于后聊供参考。

司法行政部法医研究所鉴定书

　　为鉴定事，案准×××县法院检察处公函第九一号内开："案查本处受理×××诉×××等杀死伊兄陈应催一案，前经令饬检验吏前往检验，因该尸头部皮肉及全身皮肉均已腐烂并被山兽啮完无存，无从检验。在案查×××是否系生前被杀身死，则非断验骨殖不可，以本院院境内并无化验骨殖之专门人才，相应检取×××之全身骨殖，并邮汇鉴定费大洋八元，函送贵所查收，即希检验该骨殖究系何伤，请制作鉴定书函复过处，以凭核办。计送×××骨殖一具"等由；准此，当于该骨殖寄送到所日，验明封识不误。交由本所检查室，详予检查。兹据检查结果，编订说明鉴定如后：

---

① 公厘：毫米（millimeter）。
② 所：指司法行政部法医研究所。
③ 研究：原文为误为"研空"。
④ 巴勒达萨氏：Victor Balthazard，法国巴黎大学法医学教授，孙逵方留学法国时的博士导师。

检验

（1）一般肉眼检查

送检证物系盛于铁皮箱内，外面裹以白布，封识不误。启封，内为尸骨一具。在各骨表面均附有少许已腐之筋腱组织，呈褐色泥状。其胸部之前方左右肋骨，均有断缺，故形状长短不一。次检其他各骨，亦有不规则之骨质断缺。后将全份尸骨，投于清水内，用软刷轻拭清洁，再放于空气中，使其干燥，逐一详检如下[①]。

头骨：高约 14.7 公分，围径 49 公分，其前头骨左右颅顶骨、左右颞颥骨、枕骨，及颜面各骨，均无伤损或血斑。但在枕骨之左侧，乳样突起之右上方，有一不正圆形之小孔，在骨表面，其直径为 0.6 公分，而骨内面直径为 0.7 公分，在内外两面之边缘，均甚光滑，并无裂痕，故非伤损，应系发育异常，或骨质愈合[②]不良。次将头骨自前头骨之中央部锯开，详检内面骨质，并无异常。其上齿槽牙齿，仅遗大小臼齿 7 枚，余均脱落。下颚骨在骨面各部，无伤损或血斑，齿槽上附有牙齿 13 枚，无异状检见。

颈椎骨：共七块，在第一、第二、第三各骨之表面，均无伤损或血斑征像，其第四、第五两椎骨之右侧横突起孔之前后结节，均缺如，其缺损面呈黑褐色，用针刺之，骨质坚固，故非骨杇，应系伤损。次检第六、第七椎骨，在左右之横突起均有缺损，缺损之中央部凹，下边缘不整齐似兽类咬损。

胸椎骨：共 12 块，在各骨之左右横突起，及骨体等处，均无异状，应属正常。

腰椎骨，共 5 块，其第一、三、四、五均正常。在第二腰椎骨之棘状突起部，有一不规则之小孔，长约 0.9 公分，宽约 1 公分，骨质无裂隙，但向中央凹陷，周围有弧形牙痕缺损，应属牙啮伤。其他各处，骨质亦有小缺损。

荐骨[③]：长约 12.3 公分，在骨表无损伤或血斑，应属正常。

锁骨：长左右各约 13.6 公分，在左侧锁骨之胸骨端部，有锥形骨质缺损一处，长约 0.7 公分，深约 0.4 公分，用扩大镜详查其边缘，均甚整齐，以针刺之，骨质坚硬，故非杇腐，在其附近处另有斜形划痕数条，成平形

---

① 如下：原文为"如左"。

② 愈合：原文为"瘉合"。

③ 荐骨：骶骨。

线形，故该缺损，应系爪伤。右侧正常。

胸骨：柄部正常，体部在上端有一弯形折痕，其两端有骨质缺损，呈长形，但不规则，其下方已断缺，在该处边缘有弧形缺损横径约0.4公分，按其外观状态，颇似兽类啮咬痕迹。剑状突起缺如。次在骨体之断缺端，骨质内嵌有黄褐色之毛4根，遂将其取下，备作详检。

肋骨：左右肋骨自胸骨端起至肋骨之胁肋部，均断缺，故仅余少许。其断面呈参差不齐，并有牙痕及啮嚼之裂纹。全肋骨均无血斑或其他伤损。

肩胛骨：左侧长约16.5公分，其肩胛棘之表面，及其附近之椎骨缘部之骨质，均有缺损，而缺损形状不甚规则。又在肩胛棘之下方，亦有骨质缺损，边缘不整，呈锯齿样，其缺损前端狭，后方较宽，最宽处为2.3公分，按其形状颇似兽类咬伤，并于棘下窝部之骨质上亦有裂纹。（图3-46）

右侧肩胛骨：长仅13公分，余已断缺。在上方自内角起至棘上窝部，其骨质边缘均呈不规则之大小缺损，在棘下窝以下之骨质亦缺如，但其缺痕前方狭而后方宽，并在其中央部左右各有弧形小缺损，其宽处为3.6公分，较左侧之缺损为大，均系兽牙牙咬伤。（图3-46）

上膊骨①：左侧长约30.7公分，在骨表各处均无伤损或血斑征象，应属正常。其右侧长约31.7公分，在骨之上端左大结节下方，有横行弯曲之缺损一处，长约2.3公分，宽约0.8公分，其边缘呈不相等之锯齿样，中央陷没，查其外观状态，应为动物啮痕。其他各部，均无异状。

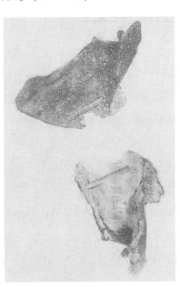

图3-46

桡骨：左侧长24公分，右侧长24.5公分，骨质无异状，应属正常。

尺骨：左右长各约25公分，骨质无异状，应属正常。

髋骨②：左侧长18公分，坐骨断缺，其断面骨质边缘呈锯齿状，并有牙齿之啮痕，骨质断面呈褐色，用刀刮之不去，是为血斑。次检肠骨③缘之

---

① 上膊骨：肱骨。

② 髋骨：原文为"膁骨"，下同。

③ 肠骨：指髂骨。

后上棘，亦有骨质缺迹一处，呈长形，长约 1.9 公分，宽约 1.1 公分，呈褐色，其缺缘有弧形之小缺损，亦为牙痕。其他各部无异状，是属正常。右侧髋骨长约 20.6 公分，在肠骨缘之后上棘，及耻骨上端之内面，均有骨质陷没，呈齿啮痕迹。

大腿骨[①]：左右长各约 44 公分，在左侧之大转子后方，有骨质缺损一小处，长约 1 公分，呈椎状，中央较凹，边缘整齐，颇与牙痕相似。其他各部无损伤或血斑，右侧大腿骨，在大腿骨头后面，有长约 4.3 公分，宽约 2 公分之缺损。其大转子后面亦有缺损一处，长约 5 公分，宽约 2 公分，在该缺损之边缘作锯齿样，中央部呈凹陷，作小沟状，其两缺损相聚约 5 公分。而下端之外上髁亦有缺损一处，呈长形，其长约 2.5 公分，宽约 0.6 公分，骨质向内曲折，并有弧形之啮伤，应系动物牙齿咬啮伤痕（图 3-47）。其他各部均正常。

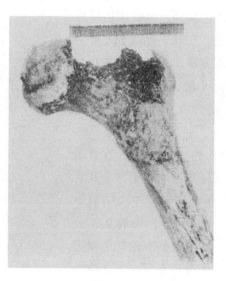

图 3-47

胫骨：左右长各约 34.5 公分，在右侧胫骨之上端，自胫骨粗面之上方起，至上关节面部，有骨质缺损一处，长约 6 公分，深约 2.1 公分，其缺损边缘有大小不等之弧形啮痕；其左侧胫骨无异状，应属正常。

腓骨：左侧长 33 公分，在上端之腓骨小头已断缺，其边缘有弧形断缺，应系动物啮咬状态。其他各处及右侧腓骨均正常。

---

① 大腿骨：股骨。

膝盖骨①：左侧长约 4 公分，表面无伤损，应属正常。右侧缺如。

手骨：左右手骨共 12 块，无异常征象。余均缺如。

足骨：左右足骨共 39 块，无异常征象。余均缺如。

（乙）紫外线光分析检查

将送检之合骨质，均一一分别置于紫外线分析器内，加以映视检查，其结果在胸骨体，左右肋骨，左右肩胛骨，呈淡棕色，不甚明显，是有血斑之可疑。其左右髋骨②、右侧大腿骨、右侧胫骨等缺断部，均呈紫棕色，是为血斑。其他各骨，均未检见血斑痕迹，或骨质裂隙。

（丙）毛之检查

将胸骨体之断缺端内检出褐黄色之毛，置于酒精醚液内脱脂，经水洗过，施以强酸脱色后，制成显微镜标本检查之。在其皮质外边之小皮缘，呈锯齿状，髓质作大小不等块状，互相连络，故应属兽毛（图3-48）。后以虎、狼、狐、熊、犬等毛详加比较，其组织之形状，颇与狼犬之毛相近。

说明

据前检验结果，得证明死者×××之尸骨上有大小不等之骨质缺损，尤以肋骨为著，其缺损面在左右肋骨者仅遗有自胸骨端至其中央之一部，余均断缺，而断端之内外面，均向中心陷凹，骨表有啮咬样裂纹，应系被动物兽类咬伤。又左右肩胛骨，及右侧大腿骨之腿骨头，及大转子后面，均有骨质缺损，其缺损形态前端小而后端大，且左右亦有小半月状之小缺损，按该形态均似动物兽类啮咬伤痕，但其缺损面大小不同，故非同一种兽之啮咬痕也（图3-49）。次施以紫外线光分析检查，

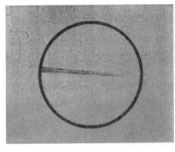

a 在胸骨体内嵌塞之兽毛 前端

b 中央

c 后端

图 3-48

---

① 膝盖骨：髌骨。

② 髋骨：原文为"膁骨"。

图 3-49　骨质被兽类啮咬之缺损面

均附有少许血斑，其他部分亦多被咬食。

按前检各骨上之缺损，皆附有牙痕及啮咬痕，故决非外力伤损所能形成。次验其他各骨，无伤损或血斑，应属正常。故据前检验该死者×××生前应系被动物啮咬，以至骨质伤损。

又在胸骨体内，嵌有褐黄色之毛，经显微镜检查，皮质与髓质之构造，均属兽毛。再施详检，系属犬狼类之毛。故死者应系被该种兽类咬伤。

上①说明系根据学理事实，兹谨鉴定如下②：

结论

①据前检验及说明，在该死者陈应催骨殖之损伤处，其形状及边缘，均附有牙齿啮咬痕迹，应系兽类啮咬伤痕。其他各骨均正常。

②在胸骨体之断端骨质内，嵌有犬狼类之毛，应系被该种兽类啮咬。

③在送检各尸骨内，均经详检，未能检见杀伤痕迹。

上鉴定系公正平允，真实不虚，须至鉴定者。

【述评】

孙逵方认为，在"交通不便之地，深山荒僻人迹罕至之处"，或野外发现尸体历时较久"所有血迹兽踪早已消失殆尽"等情形，对"肉食动物在尸骨上所留之痕迹"的鉴定，有法医学意义。文中，附有一例具体案件加以说明。孙逵方认为，检验此类案件，重点在"猛兽在尸骨上所遗留之痕迹"的鉴定。注意两种情形："一为兽口及其犬齿之痕迹；一为尸骨上所存留之兽毛。""对于兽齿痕迹，择其主要特殊之点（犬齿距离）以资案件之鉴定。兽类于咬食骨质之时，其面部之毛有时能嵌入骨质之裂隙内，检见尸骨上所遗留之兽毛，亦能查其究系何种肉食动物。"

---

① 上：原文为"右"，下同。

② 下：原文为"左"。

十五、先天性大动脉狭窄与急死之关系①

【原文】

按正常心脏，大如本人手拳，其重量男女不同，男性者重约 300 公分②，女性者重约 250 公分，左心壁厚约 1.1 公分③至 1.4 公分，右心壁厚约 0.5 公分至 0.7 公分，凡心脏壁厚不及正常之数目者，谓之心脏萎缩，其过之者谓之心脏肥大。

心脏肥大，约有三种状态：

（甲）心壁之肥厚增加，左壁有时竟厚至 3 公分；（乙）心脏扩大；（丙）心脏同时有上述两种现象。因其形态不同，故名称亦异。

（一）心壁厚径增加，心腔不扩大，名为单纯性肥大。

（二）心壁厚径不增加，而心腔扩大，名为假肥大。

（三）心壁厚径增加，心腔亦扩大，名为远心性肥大。

尚有心壁厚，心腔狭小，谓之求心性肥大，死后肌肉变硬及新生儿之心脏，常有此现象。心脏肥大之原因，分左右两侧次第述之。

右侧肥大或扩张之原因：大动脉瓣有疾患，或大动脉高度硬变及慢性肾脏炎。

右侧肥大或扩张之原因：小循环内发生障碍，如慢性肺气肿、慢性间质性肺炎、支气管炎④、肋膜炎，及左心瓣膜有疾患。总之，肺有慢性疾患或肺动脉分支狭窄及闭塞，均能使右心肥大。

通常先有一侧肥大，因血行障碍，波及他侧，故他侧终亦肥大，亦有因联带关系，而两侧同时肥大者，凡瓣膜有疾患，均能诱起心脏肥大。

大动脉狭窄为心脏肥大之一原因

血液循环⑤，如发生障碍，则心脏可因而肥大，其理甚显明，已如

---

① 原文刊载于《法医学季刊》1936 年第 1 卷第 1 期第 80—90 页。
② 公分：这里是重量单位，"克"，下同。
③ 公分：这里长度单位，"厘米"，下同。
④ 支气管炎：原文为"枝气管炎"。
⑤ 循环：原文为"环循"。

上述。

欲左心室内之血液，流入狭窄之大动脉，左心室使用之力，须超过一切抵抗方能代偿，以维持循环。代偿作用终了，则心室扩大；心室扩大，便可诱发脂肪变性。查变性之主因，为心力衰弱，致输入冠状动脉之血量减少，则冠状静脉即呈瘀血①现象，故心肌因血液缺乏，营养不良，遂引起循环障碍，发生全身瘀血或浮肿，终至心脏麻痹或肺水肿而死。

大动脉狭窄与急死之关系

法国法医学家都尔奴氏②，援引数学者之说，谓先天性大动脉狭窄，常为急死之原因。

举例：

阅者已知大动脉狭窄与急死之关系，兹特举例以做证。

二十四年③四月，一少年在某旅社内，食面之后，容色骤变，其两手在胸部乱抓，医生认为服毒，施救无效，由法院送至本所检验，其经过情形，述之于后：

检验：

一、验尸

（甲）一般外表检查

死者男性，身长 152 公分，尸僵尚存在，尸斑呈暗红色，位于背部及臀部。颜面及胸腹部皮肤微呈污绿色，在眼角部有少许蝇蛆。两臂平伸，指甲微作青紫色。在胸部有多处线型擦伤，系生前抓搔所致。阴茎系包茎，阴囊正常。耳、鼻、口、肛门、发际均无异物。外表亦无损伤。死者身体发育，佳良，据外表所见，不能定其死因，应行剖验。

（乙）剖验

脑：切开头部皮肤，皮下无损伤。锯开头骨，在软硬脑膜上均无血斑及病变。脑组织表面及切面均正常。

心囊：切开心囊，内有黄色液体约 80 公撮④。

心：重 360 公分，外表富于脂肪，上下高 13 公分，左右阔 11 公分，前

---

① 瘀血：原文为"郁血"，后同。

② 都尔奴氏：Leon Henri Thoinot（1858—1915），法国法医学家，曾任法国法医学会副主席，著有 *Legal Medicine and Forensic Autopsy*。

③ 二十四年：指民国二十四年，即 1935 年。

④ 公撮：毫升。

后厚 7 公分。在左心室其大动脉根部狭窄，较通常大动脉约细 1/3，心肌比较肥厚，其心室充有多量凝固血块。其右心室特别发达，肌肉特厚，几与左心室同。左右心室瓣膜均无异状。

大动脉：将其完全摘出，管腔细小管壁正常。（图 3-50）

左肺：重 440 公分，表面呈污绿色，甚柔软。肺尖部及肺门部淋巴腺无肿胀。切开面作深褐色，有瘀血现象。

右肺：重 500 公分，所见与左肺同。

胸腺：尚存，未完全脂肪化。

肝：重 1000 公分，表面平滑呈污褐色，切面无异常。

脾：正常。

胃：外表呈充血现象。切开有糊状灰色内容，黏膜面已腐败，刮之易于脱落。并采取少许胃内容物，行细菌检验①。

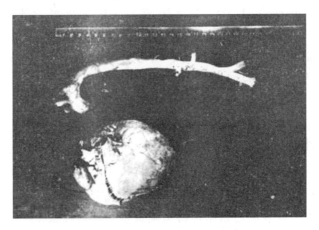

图 3-50

细菌检查：以消毒手续采取死者胃内容少许，直接涂布于二只远藤氏平皿培养基（Endo's Plat media）② 上，置 37 摄氏度温箱中，经 24 小时，采取其疑似之集落（Colonie），以 10 倍稀释之副伤寒菌家兔免疫血清 A. B. 两型于载物玻片上检其凝集反应，结果均呈阴性，是未含有副伤寒菌之证。

肾：两肾表面之星芒状毛细管均充血，左肾之被膜粘连，切面正常。

肠：小肠黏膜呈灰绿色，盲肠及蚓突均正常。肠内容作黄色，全肠无

---

① 细菌检验：原文为"细菌教检验"。

② 远藤氏平皿培养基（Endo's Plat media）：原文误为"Findo's Plat media"。

出血充血，亦无滤胞肿胀及溃疡。

病理检查：

心脏：心肌纤维比较粗大，脂肪增多，外膜无发炎现象。

大动脉：管壁正常。

二、化验

检材全量：2400.0 公分。取用量：1800.0 公分。余量：600.0 公分。

（A）物理学检查（Physical examination）：

检材系肠胃内容，未全腐败，其中不含有结晶性物质，及特有之挥发性毒物臭味。

（B）化学检查（Chemical examination）：

（一）第一属（挥发性）毒物之检查

取检材一部，加醋酸液于摄氏 150 度左右蒸馏之，在密车利斯装置（Mitscherlich apparatus）中，不发生磷光，对于在愈疮木硫酸铜试纸（Guajak copper Sulphate paper），不变深蓝色。蒸馏液对于钼酸铔（Ammonium Molybdate）①或硝酸银及溴水，均不发生沉淀。亦毫无本属一切挥发性毒物之臭味。是为检材中不含有本属毒物之证。

（二）第二属（植物性类碱质）毒物之检查

取检查第一属之蒸馏残渣加纯酒精 200 公撮，在水浴上热浸，滤取其酒精性浸液，移于水浴上蒸干，按司塔施奥特（Stas-otto）氏法反复用蒸馏水及纯酒精精制至不发生沉淀为止，然后将残渣溶解于蒸馏水中，滤过，取其滤过液，移于分液漏斗加纯醚（Ether）振摇数次，先后分离其醚液，于水浴上挥发之，其残渣之精制检材呈褐黄色，不具苦味。施行青蛙注射试验，亦呈阴性。对于磷钼酸（Phosphomolybdic acid）试药不显沉淀。对于过氯化铁液，亦不染赤或紫色。又不含有结晶性物质。足证检材中不含有防己素（Picrotoxin）、秋水仙素（Colchicin）、安替批林（Antipyrin）、柳酸（Salicylic acid）等酸性水溶液能移行于醚之本属毒物。再将醚之下层水溶液，加苛性钠，使呈碱性，再用纯醚数次振摇，分离醚液，在水浴上挥发之，所得少量残渣，分别施行下列之化学检查：

1. 亚马林酸生成反应（Product amalin acid R.）——不显玫瑰色——为咖啡素（Coffeine）之阴性。

---

① 钼酸铔（Ammonium Molybdate）：钼酸铵，原文误为 "Ammonium Malybdate"。

2. 荧光反应（Fluorescene R.）[1]——不生蓝绿色之荧光，——为金鸡那素（Quinine）之阴性。

3. 钒硫酸反应（Mandalins R.）——不变紫堇色，——为士的年素（Strychnine）之阴性。

4. 维太利氏反应（Vitali's R.）——不生赤紫色——为颠茄素等（Atropin group alkaloid）之阴性。

5. 味觉试验（Tast teat）——无著明苦感，小无麻痹味神经作用——为古加素（即高根——Cocaine）之阴性。

6. 蚁醛硫酸反应（Marqui's R.）——不生紫色，——为可代音吗啡（Codein morphin）之阴性。

根据上列 1、2、3、4、5、6 六项检查结果，得证明该检材中不含有咖啡素、金鸡那素、士的年素、古加素、颠茄素、可代音、吗啡等钠碱性水溶液能移行于醚之本属毒物。再取下层碱性溶液，加稀醋酸使呈中性，再加重碳酸钠[2]液使呈碱性，用醋醚振摇，分离醋醚液而挥发之，将其残渣施行下列之化学检查：

1. 钼硫酸反应（Froehde's R.）——不呈紫色。

2. 亚硒硫酸反应（Mecke's R.）——不呈蓝色。

3. 脱水吗啡反应（Pellagri's R.）——水溶液不呈绿色。

4. 单宁硫酸反应（Tannin Sulphuric acid R.）——不呈绿蓝色。

根据上列 1、2、3、4 之四项检查结果，得证明该检材内不含有吗啡、那儿采音等重碳酸钠性碱液能移行于醋醚之本属毒物。

（三）第三属（金属性）毒物之检查

取施行第二属不溶于酒精中之残渣，按汤姆氏（H. Thom's）法破坏有机质后，分别行不溶性残渣及水溶液之检查如下[3]：

1. 残渣之检查：分别施行银、铅、钼、各金属毒物之实性检查，——阴性。

2. 水溶液之检查：取破坏后之水溶液，加钾水浓缩之，滴加少许硝酸，使呈酸性后，分取一部施行砒汞之预备检查：

a. 顾特查特氏反应（Gutzeit's R.）——不呈黄色之砒化银斑，——砒

---

① 荧光反应（Fluorescene R.）：原文为"萤光反应（Fhuorescene R.）"。

② 碳酸钠：原文为"炭酸钠"。

③ 如下：原文为"如左"，下同。

之阴性。

b. 铜棒反应（Copper stick R.）——不生银白色反应，汞之阴性。

取施行汞、砒预备试验之余剩检液，移于水浴上加热，通入无砒硫化氢则检材水溶液生微量之混浊，滤过之分别行不溶性残渣及水溶液之检查如次：

1. 水溶液之检查：施行铬锌各金属毒物之实性检查，——阴性。

2. 残渣之检查：取通入硫化氢所得之少量棕褐色沉淀，加黄色硫化钲及钲水合剂，反复加热洗涤之，又分为沉淀及滤液之检查如下：

1. 沉淀之检查：施行汞、铅、铜、铋、镉各金属毒物之检查，——均为阴性。

2. 滤液之检查：取黄色硫化钲钲水合剂之洗涤液滤过，移于水浴上加热干燥之，滴入发烟硝酸，使呈酸性，混以硝石及碳酸钠合剂，入于坩埚中烧灼之，将残渣溶解于蒸馏水①中，分别施行不溶性之沉淀及滤液之检查如下：

1. 沉淀之检查：分别施行锑、锡、铜各金属毒物之实性检查，——均呈阴性。

2. 滤液之检查：所得之滤液呈碱性反应，加过量硫酸，加热至发生硫酸蒸汽为止，然后施行砒素之定性检查，对于顾特查特氏反应（Gutzeit's R.），不呈黄色之砒化银斑，为阴性反应。

根据上列各项检查结果，得证明该检材②中不含有本类金属毒物之证。

（四）第四属（强酸强碱）毒物之检查

另取检材一部，加热蒸干之，残渣中加蒸馏水溶解，其溶解呈弱碱性，加氯化钡液滤过，其滤液成中性反应，是无强酸强碱毒物之证。

说明

据前化验之结果，在该少年尸体之内脏中并未检见有毒物质。按一般毒物可分为四大属：第一属挥发性毒物如磷、氢氰酸③、哥罗仿等；第二属植物性毒物，如咖啡素、金鸡那素、科代音④、吗啡等；第三属金属性毒物，如砒、汞、钡、铜等；第四属强酸强碱性毒物，如硝酸、盐酸、硫酸、

---

① 蒸馏水：原文为"蒸溜水"，下同。
② 该检材：原文为"该明检材"，应为印刷错误。
③ 氢氰酸：原文为"氰氢酸"。
④ 科代音：与"可代音"为同一种药名，即"可待因"。

钲水等。兹将某少年尸中之胃内容制成检材，按现在已知之各种毒物，逐项化验。该检材对于密车利斯装置，不生磷光，对于愈疮木脂硫酸铜试纸，不变为深蓝色。对于钼酸钲及溴水，不发生沉淀。对于过氯化铁液，亦不变色。是该检材内不含有第一属挥发性毒物之证。又按第二属及第三属之各毒物，用各种试药，一一检查，该检材对于第二属毒物防已素、秋水仙素、安替批林、柳酸、可代音①、吗啡、士的年素，及第三属毒物银、汞、砒、铜等，均呈阴性反应。是该检材内不含有第二属植物性毒物，及第三属金属性毒物之证。该检材之蒸馏水浸液，既呈弱碱性，精制后之滤液则为中性。是该检材内不含有第四属强酸性与强碱性毒物之证。综合以上化验之结果观之，该尸体之胃内容物中并不含有前化验项中所列举之各项有毒物质。

据前检验结果，在该少年尸体之外表未检见受伤痕迹。剖验内部得证明死者某少年之大动脉自根部起至下方分歧处之总肠骨动脉②均过细小但管壁无病变，应系单纯性管腔狭窄，而诱发代偿性之心脏肥大。因主动脉狭窄，致血流不畅。心脏系营全身血液循环之器官，有以上所述之症状，即增加其伸缩力之负担，故易肥大，且易于疲劳。切开心囊，内有黄色液体，心外膜经病理检查无发炎现象，是为心囊水肿。其余各内脏无著明之病变。采取胃内容施以细菌培养，在显微镜下检查之，亦未检见其他食物中毒之病原细菌。

大动脉狭窄如何能发生心囊水肿

通常尸体心囊内含有少量之浆液 5—20 公撮，此液于生活时已存在，或曰于将死时或死后所成。若心囊无炎症而蓄积多量之浆液性漏出液，则曰心囊水肿。其液透明，黄色或绿色，呈碱性，含蛋白质，或有少数纤维及尿素等。本病之原因，为慢性肺脏疾患、肋膜疾患、癌肿、慢性下痢、顽固之出血、化脓性肾炎、慢性心脏病，及循环障碍等，有时因冠状静脉之血行障碍，发生心囊水肿，大动脉狭窄，能诱起循环障碍，已如前述，兹不赘。既能引起循环障碍，即可为心囊水肿之原因。

结论

该尸体心脏肥大缘于血压增高；血压增高缘于大动脉狭窄。如此少年，

---

① 可代音：与"科代音"为同一种药名，即"可待因"。
② 总肠骨动脉：髂总动脉。

即有血压增高现象，若仅①据临床之诊察，必不易推知其原因。今据剖验结果，可知先天性大动脉狭窄。能为血压增高之原因。

该尸体之心脏及大动脉之组织，经病理检查，心脏有肥大现象，大动脉管壁、正常心外膜无炎症现象，由此可知其动脉狭窄为先天性，其心囊液体非渗出液，而系水肿，其死因系原于心囊水肿致心脏发生麻痹。

根据以上各点，可见先天性大动脉狭窄能为急死之一原因。

【述评】

本案，经毒物检验"死者（少年）内脏中未检见有毒物质"；经尸解和病理检查，"死者未见受伤痕迹"。剖验死者见"大动脉自根部起至下方分歧处之总肠骨动脉均过细小但管壁无病变，应系单纯性管腔狭窄，而诱发代偿性之心脏肥大。因主动脉狭窄，致血流不畅。心脏系营全身血液循环之器官，有以上所述之症状，即增加其伸缩力之负担，故易肥大，且易于疲劳。切开心囊，内有黄色液体，心外膜经病理检查无发炎现象，是为心囊水肿。"因此，"该尸体之心脏及大动脉之组织，经病理检查，心脏有肥大现象，大动脉管壁、正常心外膜无炎症现象，由此可知其动脉狭窄为先天性，其心囊液体非渗出液，而系水肿，其死因系原于心囊水肿致心脏发生麻痹。"孙逵方认为，先天性大动脉狭窄可致急死。

---

① 仅：原文为"谨"。

十六、死之研究①

【原文】

　　法医学上对于死之研究可分为四部分

一、死之现象

二、死之诊断

三、实行剖验

四、猝死

一、死之现象

死之现象可大别为二：

（一）各器官停止作用之现象

（二）尸体上发现之变化

死之现象又可分四节论之：

第一节　生活机能停止作用之象征

　　死即各生活作用停止之谓，须知生活作用之类别甚多，其停止有先后，决非同时停止，故死非一极短时期事，而系一种过程，普通之所谓死，究在何时，依实际及理论推之，呼吸及血行消灭时，即生命停止之时。

　　理论所推定者，未必确实，人于死后，心脏往往能继续运动，郝勒拿（Regnard）及鲁尔（Loye）见一死囚，身首分离之后，在运尸车中，其心犹跳动不已。勃鲁阿尔载勒（Brouardel）曾用狗作试验，狗被杀后，25分钟，心尚颤动。

　　多数生活作用于人死后，尚能继续表现，分述于后。

　　（甲）肌肉收缩

　　比斜（Bichat）及尼森（Nysten）经长久之研究，证明动物肌肉于该动物死后，如受机械及电力刺激，犹显反应，即用机械电流等刺激之，可见

---

　　①　原文连载于《法医学季刊》1936年第1卷第2期第1—68页、第1卷第3期第1—48页，孙逵方、张养吾编译。

该受刺激之肌肉有明显之收缩。

（乙）瞳孔反应

对于此点，颇多争执，试验结果，互有异同，郝勒拿（Regnard）与鲁尔（Loye）发现光线反应于一死囚眼中，其身首分离，业有相当时间。但爱夫拉尔（Evrard）作一同等试验，死囚之被杀未达五分钟，已毫无光线反应。

药物刺激如阿刀平①（Atropine）及埃塞领（Eserine）等，布许（Bouchut）谓阿刀平之作用在死人虹膜内，仅数分钟而已。其他医家均不支持布许氏之说，马沙耳（Marshall）则谓阿刀平之效用可达 4 小时，埃塞领之效力，则仅 2 小时 [1885 年奥夫莽氏（Hofmann）② 尚引用马氏说]。

（丙）肠继续蠕动。

（丁）倘温度适宜，天气未过分干燥，虽死后 5 小时，毳毛尚能颤动。

（戊）精虫生活期之长短无定，由 24 小时至 48 小时，如猝死则其精虫之生活力尤强。

（己）消化力继续存在，倘尸体温度于数小时内不骤然降低，则消化程序依然进行。

惟死征于数种有机器官上，表现甚明，无须研讨即可测知，如知觉与感觉之失去，血行及呼吸之停止，现今对于死之诊断，已有相当改进，略述于后。

1. 死之面貌

重要现象，如额皮发皱，眼睛收入眶内，鼻准更尖，且现一淡黑色边缘，颞颥部显凹下状，颧骨凸出，耳益显不贴肉，鼻毛与眉毛均沾有白色粉，面色韲蹙之不易辨认，此种面貌不特死人有之，即将死之人，亦常有之。

上述死之面貌不见于急死或猝死者。

---

① 阿刀平：即"阿托品"。

② 奥夫莽氏（Hofmann）：Eduard Ritter von Hofmann（1837—1897），霍夫曼，奥地利著名法医学家。曾任维也纳大学法医学教授、医学系主任。1878 年在维也纳出版《法医学教程》。

大法医家如载外而喜（Devergie）[①]、都德（Tourdes）[②] 发现人死后常有笑容或带愁容，此系一种尸体痉挛，通常死后面无表情，各种表情均缘于颜面肌肉之伸缩，故生者有喜怒哀乐之容貌，至死后则肌肉松懈，故各种容貌，均归乌有。

2. 尸体姿势——无动作

既死之后，尸体无动作，其无生活之四肢，有时能稍改变其临死时之原有位置，系因吸引力关系。又于肌肉变硬时，肌肉收缩，身体各部亦能有轻微变动。

因患霍乱、黄热病而致死者，其尸体往往有自行动作之现象（实例甚多）。

通常尸体之姿势为仰面，头微偏，上肢稍弯曲，脚尖向外。

3. 括约肌弛缓

此为临死现象。

（1）瞳孔放大

将死之时，瞳孔缩小，临死之时，瞳孔散大，布许（Bouchut）有云，"于心脏末次跳动几分钟前，或几分钟后，瞳孔散大"，瞳孔之直径能骤扩大至五或六公厘[③]，瞳孔散大，系暂时性，未几即仍缩小。

瞳孔缩小之程度两边不等，系常见现象，并无特别原因。

（2）眼半开

死者多不合眼，故通俗习惯，于人死后他人往往用手并合死者之上下眼睑。

（3）肛门括约肌弛缓

尸体内往往有粪便流出，皆由于肛门括约肌弛缓所致，大法医家如拉加沙聂（Lacassagne）即不认此为死之一定特征。

（4）下颌骨坠落

咬肌弛缓，故口张开。

（5）尿道口有精液发现

---

① 载外而喜（Devergie）：Marie Guillaurme Alphonse Devergie，德维尔日（1798—1879），法国法医学家。1868 年，他创建了世界上第一个法医学会——巴黎法医学会，1878 年 8 月 12—14 日在巴黎召开了第一届国家法医学代表会议。

② 都德（Tourdes）：Gabriel Tourdes（1810—1900），法国法医学家。

③ 公厘：毫米。

尸体尿道口有精液流出，对此点解释分两派，一派以谓系括约肌弛缓所致，另一派则谓因尸体挛缩，影响精囊，故有此现象云（注：尿道口有精液可检见系尸体通常之现象，并非急死之特征）。

第二节　尸体现象

1. 身体厥冷

人死后，体温即开始降低，亦有特种情形，温度不但不降低，反而增高，如霍乱、急性高热传染病（天花、猩红热、伤寒等）、日射病、破伤风、神经疾患（结核性脑膜炎、羊痫病、中枢神经疾患）。曾有一破伤风患者，死后 55 分钟，尚有 45 摄氏度之体温。

取一热血动物，将其气管束结，动物死后数分钟，其体温必超高一二摄氏度，窒息死者，其尸体温度往往超过常人之体温云。

尸体至何时方能完全厥冷，即尸体之温度降至与其所在地之温度相等需时几何，尸体表面失热，约需 8 小时或 10 小时，至内部散热，需时尤长。

邰楼（Taylor[①]）与魏而克（Wilks）均谓尸体完全厥冷，至少需 23 小时（最低限度为 16 小时，最高限度能至 38 小时）。

基也谋（Guillemot）则谓凡尸体存放在储尸室者，倘室内之温度在 20 至 22 摄氏度之间，则尸体之温度，约需 30 小时，方可与室温相等。倘室内温度为 10 摄氏度，则需 44 小时，倘室温仅 5 摄氏度，则需 50 小时，大概环境之温度愈低，则求等之时间愈需长云。

身体外表各部厥冷之时间不一致，手足颜面最先冷，腋下及颈之两侧，最后厥冷，拉加沙聂（Lacassagne）谓死后 2—3 小时，手足颜面即冷，至尸体各部之温度，与环境之温度，需 8—20 小时，方能相等，拉氏之说，失之过简，不如基氏测验之详密。

厥冷之次序，无一定时间，环境之温度，身体之肥瘦，年龄之长幼，致死原因之为急性或慢性病，均有关系，富有脂肪之尸体其厥冷较迟缓，奥夫莽氏（Hofmann）测一女尸之温度，尸重 30 公斤，业经死后 10 小时，与常人死后 2 小时者有同等温度。

幼儿与老人死后，其尸体比青年人尸体易冷，初生儿死后 5 小时，即完全厥冷。

患慢性病死者，其尸体比患急性病死者易冷。

---

① Taylor：原文为 "Tayor"。Alfred Swaine Taylor（1806—1880），泰勒，英国法医学家。1865 年在伦敦出版《法医学的原理与实际》。

一氧化碳中毒及窒息死者，其尸体厥冷较迟缓。

溺死者之尸体易冷。

倘尸体为外物所被覆，则其厥冷必较迟，理甚明显，或储尸于一紧闭窗户之小室中，空气不易流通，则尸体散热自然缓慢。

2. 血液凝固

人死后，血液即凝固于血管中，或血管外。

循环器官内，往往有凝血块，如心脏、大静脉管、大动脉管等，小血管内凝血块甚少，至毛细血管内，素无凝血块。

尸体上之凝血块，与生人[1]之血凝固时，有类似之状态，亦分两种，血球集合之凝血块，纤维集合之凝血块。

凝血块之量与质，因死之原因而异，在窒息死及各种急死，心与大血管内之血，尚系流质，凝血块仅血球所集合，甚小，颇松软，缓死者之血球易凝固，凝血块大半系纤维所集合。

尸体血管内之凝血块，与人体内之凝血块（病理的），颇相似，其区别甚重要，但不易。

尸体内之凝血块，作牵缕状，不粘牢血管内壁，易于取出，不充满血管内壁，仅占据其一部分，纤维比生人体内凝血块少。人体内凝血块，因病理关系，与上述形态不同，生人体内凝血块，既干燥，且致密，又有纹。

对于尸体之血在血管外凝结与否，议论纷纭，群众之意，均以死后血既在血管中凝结，其余不凝固之血，均系流质，无凝固力。若在尸体血管内取出少许血，此血不凝结，道乃（Donné）以此为死征，加斯拜（Casper）[2]抨击道乃之说甚力，其意以为实行剖验时，手术台上，往往有凝血块，其凝固之程度或有高下。取尸体大静脉内之血，置玻片上，其血亦照常凝固，奥夫莽（Hofmann）谓血出血管必凝结，无论人或尸体。惟尸体内之血液凝结较缓，其凝结块疏松。

高蓝氏（Corin）之说，在诸学说中较为可信，尸体内之血即窒息死或猝死者之血出血管外，均显同等之凝结，但有一要件，尸体须新鲜，高蓝氏曾取众多陈旧尸体做试验，其血不均凝固，只有一例外，高氏以此现象，

---

① 生人：活人。

② 加斯拜（Casper）：原文为"Gasber"。Johann Ludwig Casper（1796—1864），卡斯帕尔，德国法医学家。曾任柏林大学法医学教授、柏林市法院法医师，1857—1858 年，在柏林出版《实验法医学手册》，包括死亡学和生物学两部分。

由于血管内有一种新生物，使血失其凝结本能云。

3. 水分消失

人死后，水分消失，无所取偿，故有两种现象，一为全身现象，一为局部现象，全身现象如体重减轻，局部现象如皮肤现羊皮纸状，黏膜干燥，眼有特征。

全身现象：体重减轻。无论任何尸体，其体重量均较生存时减轻，尤其是胎儿及新生儿，其体重减轻之速度，较成年人著明。

局部现象：

（1）皮肤出现羊皮纸状

各部皮肤受擦伤及压迫后，表皮失去，皮肤遂出现羊皮纸状，发黄色，变厚，血管甚明晰，带暗青色，角化层一经揭去，真皮毕露，故显此状态，倘非因尸体干燥，则无此结果，人身之角化层失去，真皮湿润，为血或浆液性渗出物所覆盖，遂有结痂形成。

所谓羊皮纸状者，等于生前用发泡药，致皮肤之真皮失去后，即有此现象。

尸体皮肤之出现羊皮纸状，不全由于擦伤，表皮有未经擦伤，即自显羊皮纸状，如阴囊之皮，在人身则湿润，在尸体则干燥硬化，显羊皮纸状。

尸体皮肤受压迫后，其水分排出，干燥原因，实基于此，干燥故出现羊皮纸状。

（2）黏膜干燥

两唇干燥，即黏膜干燥之代表现象，两唇干燥在新生儿及幼儿尸体上特别显明，干燥处有红褐色或黑褐色边缘，触之有硬感，此种现象，特显于黏膜器官之外部。

黏膜干燥于法医学上甚形重要，倘失于认识，将以为系受暴行或口唇上曾受一种机械行为所致，暴行如口唇曾受腐蚀剂所腐蚀，机械行为如压一硬器于口上，均有类似之现象，是不可不知。

（3）眼之特征

两眼干燥尤具特征，如：角膜不明，蛋白质网之形成；巩膜斑点；眼球软化。

①临死时或死后，眼无光，角膜失明，透明之角膜，为极细密之蛋白质网所覆被，此网不固定于角膜上，一经摩擦，即行消失。

蛋白质网系三种特质所组合，（甲）角膜之上皮细胞脱落后软化，

（乙）蛋白质，（丙）尘沙细粒。

②巩膜斑点，系一种不分明之黑斑，有圆形、椭圆形、三角形之分，初于眼球外角现一小黑斑，继于内角又现一类似之黑斑，互相平行，黑斑渐自涨大，相连接，终成椭圆形。巩膜黑斑从何发生，讨论甚多，莫衷一是，要以扫梅（Sommer）之说认为比较有根据。

扫梅以谓巩膜干燥后，变为透明体，故脉络膜色素全行呈露，所谓黑斑者，即脉络膜色素是也，扫梅曾进行一试验，将尸体之巩膜一部分掩盖，则此处即不复有黑斑云。

③尸体之眼球，于数小时内，即行软化，其质甚弱，故布许（Bouchut）有云，欲于尸体眼中，行白内障摘除手术，颇不易易。

4. 尸斑及内脏呈坠积性充血

死后血行机能停止作用，血液，因自身重力，遂行坠积，故有二现象，一是尸斑；二是内脏呈坠积性充血。血既坠积，凡生前充血现象，均自消失，麻疹、猩红热、丹毒等患者，死后褪色，即缘于此，但皮肤因黄疸病而发黄色，与皮下出血而现青紫色者，及各种色素斑点均不变动，凡身有刺花纹者，其花纹色仍旧，溃疡之周缘不发苍白色，尤其是胃溃疡周缘，仍现红色。各种窒息死者，其口唇面部均现青紫色，此系瘀血现象，生前有此现象，死后毫不更动。

（1）尸斑

血液，依自身重力，而坠积于下位之毛细血管中，故皮肤呈暗蓝红色之斑，即尸斑是也，尸斑为必有之现象，因大出血致死之尸体上，其尸斑不甚明显。

①位置

尸斑发现之处与尸体所占之位置，有密切关系，通常尸体系仰面，尸斑现于头后部，背部，臀部，肢体各端之后部，除最低下部外，即于相当低下部分，亦可发现尸斑，如四肢各端及胸腔之侧部等。

倘尸体之位置为合面，则尸斑即现于颜面，胸部腹部四肢之前方。

倘尸体卧于一边，则近该边之身体各部，均有尸斑。缢死者大半为悬垂，血液竟向下坠积，故下肢有尸斑。尸斑不现于直接受压力之皮肤上，其压力源于尸体自身卧位所致，或源于人工，均无差别，不问其压力种类，但皮肤需受直接压力，方无尸斑。倘尸体取仰卧位，则腓肠部臀部及肩胛部因受尸体自身重量之直接压力，避免尸斑之形成。尸体各部之受绳索勒者，特现白色，与尸斑界限划清，其现象一如受器械所压迫者然。

②形态

尸斑初形成时，为圆点，或小条痕，最后结合成块，此块有时甚大，能覆被全身。

③色彩

尸斑呈各种色彩，由鲜红色以至暗蓝色，竟有呈淡黑色者。

尸斑之色，系于血色，血色因死之原因而异，氧化碳与氢氰酸中毒死者，其血鲜红，故尸斑亦呈鲜红色。

窒息死者，其血黑，尸斑呈暗红色，氯酸钾中毒死者，其尸斑呈深褐色（咖啡色）。

溺毙者之尸斑为鲜红色，因身体各部表面之血，与水接触时，仍可氧化，故冻死者冻死于冰或雪中，其尸体均呈鲜红色。

死时含充分血量（生理的），如猝死者，其尸斑之色，自比大量失血者之尸斑显明，大量失血者，其尸斑淡而不显，多系散在性。

成年人尸体上之尸斑，色较年幼者淡。

④尸斑出现之时

尸斑出现之时，据都德氏（Tourdes）意，死后 5 小时即出现，马斯家（Maschka）曾观察数百具尸体，谓尸斑之出现于死后 3—4 小时，据比国贝尔赛（Peltzer）重要案件鉴定人之经验，谓尸斑之出现，在死后 4—6 小时云。

尸斑之出现，有时甚早，死后半小时即可有尸斑出现，有时甚迟，其早迟可用数个缘因解释。尸斑早期出现：一是因尸体有充分之血量如猝死者；二是血尚系流质，如猝死、窒息死；三是败血症，几种中毒，及尸体所在地之温度过高时，患贫血、霍乱、破伤风、砒中毒、士的年中毒等。反之，尸斑出现甚迟。

⑤变化

尸斑在初起时，并不显明，随时长大，直至尸斑起后 12—15 小时，扩张至最高度，其逐步扩大，由于血液坠积，尸斑之色，与时俱进，经时愈久，斑色愈暗，但尸斑颇不难认识，除至尸体腐化时，呈绿色或黑色，此时则难辨认，孰为尸斑，孰为腐化现象。

⑥诊断

尸斑之诊断，并非难事，应知尸斑与血斑之分别，通常用切开法，倘系血斑，切开之后，即见有溢血灶，血凝结在皮下细胞组织内；若系尸斑，细胞组织内无溢血现象，新尸体之皮下细胞组织呈白而带青色，陈旧尸体，则因渗透作用，现玫瑰色或淡红色，切开时有血滴出，因静脉管被切断，故血外溢。

⑦尸斑在法医学上之价值

血液坠积为尸斑之原因，与死后受伤，因伤出血有分别之必要，此点当详细讨论于生前受伤死后受伤之诊断章中。

尸斑甚重要，因用尸斑可以决定死者所取之位置，但尸体需从未移动，倘尸体受移动，则尸斑亦将移动，唯此种现象，仅于死后少许时间内可以见之。

尸斑变位问题，都德氏（Tourdes）曾有极深之研究，都德氏谓凡死后无几时，尸斑可因尸体之移动而变位，但只能在死后12—14小时内，过此而尸斑变位者甚少，死后11—12小时，将尸体更换位置，比如尸体原为仰面，现改为合面，虽能将尸斑之色变淡，使前身有红色斑点，但终不能消灭①尸体曾取仰面之痕迹也。

据都德氏之试验，移动死后4小时，6小时，12小时，23小时，28小时之各种尸体之原位置，都德氏见死后4小时，至6小时及12小时之三种尸体上，其尸斑变位，至死后23小时暨28小时之两种尸体上，则从无新尸斑发现云。

（2）内脏呈坠积性充血

内脏各部之血液，因自身重力关系，故有坠积现象，对于此点应有确切之认识，庶不致误认生前受伤为尸体现象，或尸体现象为生前受伤，内脏器官内之常呈坠积充血现象者为脑、脊髓、消化器官、肺、肾等。

①脑

尸体之血，常集于头后下部，如尸体取仰面，则血液竟聚于头后下部，头皮下之细胞组织层内，脑盖内部亦呈坠积性充血现象，在大脑脑膜及各窦内亦甚明显，上矢状窦后部矢及横窦内，常有血液充塞，若同时锯开脑盖及脑时，见有大量之坠积性充血在脑后部及窦连合处，宜合与生前之血斑辨别，不应视为生前所成之溢血斑，脑软膜后部之血管，均含满血液，故现形如细绳状，从膜外即可见各血管软膜前部之血管，均空无所有，毫

---

① 消灭：原文为"销灭"。

无起伏，各部充塞血液处，均与尸体卧位相合，以此点作根据，即可不致误认为生前充血现象。

软膜后部近血管处潮润，因血管受血液坠积影响，故扩大，血浆得以渗出血管外。

②脊髓

若尸体取仰面位置，在后部之脊髓膜及其软膜内之静脉管均有充分之血。

③消化器

胃肠有比较显著之坠积性充血。

胃后壁及大弯①之倾侧部，均现坠积性充血有暗红点及淡青色淡褐色之线纹，暗红色点系极细血管连合处之积血现象，其线纹即较大之血管内壁受血液充塞，故扩大，具有特征，故易鉴别。

胃黏膜又为死后血斑之形成处所，血斑发生之原因，系胃液浸袭充满血液之血管故发生血斑。

小肠呈坠积性充血，在小骨盘内及腹腔后侧部蹄系②之血液坠积现象，尤著明。肠之血液坠积现象，为肠外面有暗红色，其色或不甚明显，或甚明显，剖腹之后，即触眼帘，其内面即黏膜亦充血。欲区别肠之坠积性充血与生前充血，须将全肠展开，蹄系即消失，因血液沉降而发生之充血部分，为健全之肠所间断，可见充血系片段的而非整个的。生前充血，决无此种现象。

④肺

肺之坠积性充血，是一种必有及甚重要之现象，奥费拉（Orfila）谓死后24—36小时，即发生此种现象，加斯拜（Casper）谓其出现时期较奥氏所述者略早云。

仰面尸体，其坠积性充血所占之位置，多在肺下部之后方③，肺上部之后方有此现象者甚少。坠积性充血部分之外面显青紫色或深红色，切开面呈灰红色或深红色。坠积性充血部分，充满血液，触之比正常部分稍硬，含气略少。

尸体上肺之坠积性充血，应与生前所患之疾病加以鉴别，如坠积性充

---

① 大弯：原文为"大湾"。
② 蹄系：尚找不到合适的解释。推测为肠系膜。
③ 之后方：原文为"后之方"。

血之肺炎，广袤性梗塞，肺膨胀不全，肺水肿，其鉴别以坠积性充血所占之特别位置为依归。坠积性充血仅限于低下部分，肺前方并无同等现象，血液系渐次的侵入，因坠积性贫血而改变之部分至未曾侵及之部分，系由下向上，坠积性充血部分平滑齐整，无凹陷处（如肺膨胀不全），无硬变处，及作大理石样（如支气管①肺炎之病灶）。

坠积性充血之肺与赤色肝变肺殊易鉴别，若剪取少许坠积性充血之肺，投入水中，则不沉入水底，与赤色肝变肺呈相反之结果。

⑤肾及膀胱

肾显坠积性充血者甚少，若尸体取仰面，其充血部分，仅限于肾盂。

膀胱常有坠积性充血，大小静脉管均充实，在该器官之后方及尿道附近，形成线网。

5. 尸体强硬②

尸体强硬，系死后之一种重要现象。

甲 尸体强硬，系尸体上必有之现象，但强硬度有时甚弱，故常有人承认在某尸体上缺乏强硬之现象云，但肢体上或肢体之一部分上，因受一种机械性之组织破坏，常缺乏此种强硬，如坏疽即其一例。触电死者，其尸体缺乏强硬，但都德氏（Tourdes）曾见三尸体，其死因均为触电，其强硬依然出现，毕嘉（Bichat）谓中一氧化碳而窒息死者，其尸体亦不强硬云，勃鲁阿尔载勒（Brouardel）则从未见尸体不强硬者，胎儿死于母体内者，亦有同样之强硬。

乙 强硬之原因，不在关节而在肌肉。

尸体强硬之原因，在肌肉，切断肢体上之皮、韧③带、关节囊后，强硬度并不减弱，倘切断肌肉，则强硬消失。不但随意肌肉有强硬现象，即不随意肌肉，亦有强硬现象。

随意肌肉，其强硬度特别显著，四肢坚硬，关节不能屈伸，全体强硬至极度，故举其一肢或尸体之一部分，全尸体即随之而起。

强硬之尸体有一特性，即尸体强硬，肌肉变硬，失伸缩能力，倘能胜其硬，则不能复原位置，如用大力牵尸体之一肢，倘此肢已受移动，则此肢即守此移动之部位，不再还原。

---

① 支气管：原文为"枝气管"。
② 尸体强硬：尸僵。
③ 韧：原文为"靭"。

如用力能使一关节为某种运动，既达目的后，则此关节即柔软，能受他人之指使运动，如其他无生命之物，此为鲁意氏（Louis）[1] 之说。尸体已经硬强之后，施以大力，使关节运动，一达目的则关节即松软。鲁氏之说只适用于在关节强硬进行期中，但若于尸体初强硬时为之，则不能持久，如于死后 6—8 小时，施行此等手术，手术完成 4—6 小时后，关节即仍旧强硬。

肌肉强硬之后，即行缩短，犹如生前肌肉作收缩运动，故于尸体上，常有抽动现象。

死后下颌骨坠落之后，能重行举起，与上颌骨紧触，都德氏（Tourdes）曾作一透澈之证明，取一种圆形脂肪素，置于尸体两颌骨之间，稍历时刻，将圆形脂肪素取出，即有牙齿痕迹，在脂肪素之上下两面。

拇指趋近示指，颌指均屈向掌心，前膊屈曲，临死时各指及前膊均屈曲，尸体强硬时，即固定此屈曲部位，倘于死后，即展开各指，并使前膊伸直，尸体强硬时，指及前膊，仍复屈曲。

尸体强硬时，各种肌肉均强硬，如生殖器及阴囊均萎缩，精囊之肌肉亦强硬，死后于尿道口可检见精虫，尤其急死者有此现象，精虫出现之缘由，许多学者认为，系精囊肌肉强硬所致云。

妇人死后流产，缘于尸体腐败，并非因子宫肌肉强硬所致。

心亦强硬，不可误认心肌强硬为心脏收缩。

1889 年，斯特拉斯莽（Strassmann）[2] 对心之收缩问题，经若干次试验，承认死后心从无显立时收缩现象者，即士的年中毒死者亦同，心脏反而有扩张现象，尸体强硬时，心肌强硬，始驱血外出。奥夫莽氏（Hofmann）则谓死后心脏即立时收缩。总之心肌为诸肌肉中最先强硬者。

丙　变化

死后强硬需若干时，不能测定；强硬时之久暂，亦无一定；肌肉强硬之经过，亦不规则。但各种强硬现象之变态，决非偶然，亦有规律可循，兹特分节论之于后。

（1）发端——死后无几时，尸体即强硬，但究需几时，亦难确定。

扫梅（Sommer）谓强硬时间，最早为死后 10 分钟，最迟为死后 7 小时，都德氏（Tourdes）标明死后 6—12 小时为尸体强硬时间。

---

① 鲁意氏（Louis）：Antoine Louis（1723—1792），法国法医学家。
② 斯特拉斯莽（Strassmann）：Fritz Strassmann（1858—1940），德国法医学家。

马斯克家（Maschka）据其丰富之经验，则谓尸体强硬平均约在死后2—3 小时内，马氏从未见有尸体强硬于 1.5 小时以前者，亦从无迟至死后 6 小时而不强硬者，虽马氏承认尼森（Nysten）之说，尼氏谓有一种尸体强硬甚迟，有迟至 16—18 小时始强硬者。

加斯拜李莽（Casper Linman）谓强硬时间，极不定，能迟至 8—10 小时或 20 小时。

奥夫莽（Hofmann）认强硬之时间从死后 2 小吋起至 4 小时。

尼载日告尔（Niderkorn）对于尸体强硬有精密之观察，尼氏谓欲指定关节强硬最早在死后几时，颇不易易，但保持关节轻松，最迟至死后 7 小时又 45 分钟。

尸体强直与尸体热度之关系若何，引起不少争论，此系理论问题，实际上无关紧要。

鲁意氏（Louis）曾见尸体之关节已开始强硬，其温度尚未减低，早期强硬，常有上述现象，尼森（Nysten）则否认鲁氏之说，尼氏宣布在哺乳类及鸟类动物内，关节才强硬，生前之体温即消失几尽，但大多数学者均赞成鲁氏之说。

（2）强硬之次序——各肌肉强硬并非同时，亦循累进次序，其消失也亦然。

肌肉强硬之次序，可分为两种，依大多数学者之意见，可分为向上次序和向下次序，尼森（Nysten）、扫梅（Sommer）均主向下次序，奥夫莽（Hofmann）亦选此次序，拉德海（Larcher）则主向上次序。

尼森谓尸体强硬先从面部及颈部起，次为上肢及胸部，最后为下肢及腹部。依据扫梅之观察，先从颈部及下颌部开始强硬，延及上肢根部，递降而下，直至下肢，扫梅于二百具尸体内，只有一尸体，其强硬不自颈部开始。

奥夫莽所接受之次序如下，先从枕骨部起，上肢部躯干，最后为下肢，但奥氏同时声明例外甚多。1862 年，拉得海（Larcher）根据其观察 600 具尸体之经验，谓尸体强硬虽自下颌部肌肉开始，但下肢肌肉亦同时强硬，次为头与躯干部之肌肉，最后为上肢。

诸人之意见中，以尼载日告尔（Niderkorn）之意见为折中，且近事实，尼载日告尔以上述之分类，偏于理论，故只指明各种强硬之侵入次序，依普通情形而论，大多数下颌部比其他关节强硬得早，其硬度又极强，颈部亦常最先强硬，约半数有此现象。另有一种名折中现象，即颈部与其他各关节同时强硬其强硬度相等，亦有下肢先强硬者，但比较少，至上肢先强硬者，则甚少见云。

约需几时，尸体各部始全行强硬，尼载日告尔（Niderkorn）对此问题，曾有重大之贡献。尼载日告尔依其研究之结果，分为四种，早期即死后三小时内尸体各部全行强硬，正常由第三小时至第七小时，晚期由第七小时至第十小时，最晚期死后十小时，尸体各部始全行强硬。

（3）硬度——尸体之硬度，各尸不同

（4）时间——尸体强硬之时间，长短无定，下述之各种情形，与之极有关系，平均在壮年人尸体上，大约强硬形成后第七十小时或第七十五小时，强硬消失，亦有延长至第八十及九十小时，始行消失者，但有在强硬形成后之第二十三小时或第四十小时，即见行消失者。

强硬之形成与消失，循同样次序。

（5）各种变态之定律——尸体强硬之经过，变化甚多，各变态之原因，吾人不能尽知，已知之数种普通原因及特别原因分别如下[①]：

①普通原因　尼森（Nysten）曾制一定律，即硬度、出现期及经过三者有互相连接之关系，全视临死时肌肉所呈之状态，为断。倘肌肉有充分发达，完全无缺，则其强硬迟，其坚硬度甚强，保守强硬之时间亦甚长；倘肌肉软弱强硬甚早，其坚硬度亦有限，强硬经过之时间亦暂。

②勃朗帅加（Brown Sequard）对尸体强硬，曾拟有生理公式，其说与尼森大致相同。勃氏谓临死时，肌肉之刺激反应愈高，则尸体之强硬愈迟，其强硬经过之时间愈长。凡于临死前肌肉之刺激反应著明，则强硬之出现必延迟，及其强硬经过之时间必延长；反之若有减低肌肉刺激反应之原因，则其结果必与上述者相反。换言之，即临死时肌肉生理机能愈充分者，其强硬愈迟，其强硬之经过愈久。

③特别原因，为年龄、死因、外因。

甲、年龄——老人与幼儿死后，其强硬比壮年人尸体早，其经过甚暂，其强硬度较弱，其原因极易了解，幼儿之肌肉尚未充分发达，老人之肌肉，生理机能，消耗殆尽。

幼儿死得愈早，其尸体强硬愈显得早，其推广之力愈弱，强硬之消失

---

① 如下：原文为"如左"。

亦愈速，在甚幼及新生儿之尸体上，强硬现象极薄弱至最低度，死后十分钟或一刻钟，强硬即出现，老人死后半小时或有未达半小时者，尸体即强硬。

乙、死因——倘死之原因，对于全身营养或肌肉系营养，妨害愈少，则尸体强硬愈出现得迟，其强硬度愈强，其坚硬之时间愈长。所以在猝死暴死两种尸体上，其强硬出现迟，经过长，其强硬度强，在急性病而有虚脱状态者或慢性病而有衰弱之经过者，或肌肉系营养失调，其致病之原因，或为急性或为慢性，均无关系，以上三种患者死后，其强硬早，经过甚促，其强硬度不强。

上述死因与强硬之关系，学理事实，互相印证，足见准确，但有少数例外。

身体素来健康而自杀者，与窒息而死者，其尸体强硬甚迟，其经过长久，其强硬度强。受断头之刑者，其尸体强硬能至死后 10—12 小时始出现，强硬之经过亦长。

勃朗帅加（Brown Sequard）曾举一极有兴趣之例。1848 年，一军卒患伤寒，兼有其并发病，故身体衰惫已极，在心跳动停止前三分钟，即有强硬现象，半小时后，强硬即消失。

霍乱为急性病，在短期中，能陷人于衰弱，依勃朗帅加之观察，患霍乱死者，其尸体强硬因患病期间之久暂可分为二种：其一染病之后，未几即死，其营养方面，尚无大变动，则尸体之强硬迟，强硬之时间长；其一染病之后，经长期之痉挛，肌肉之刺激反应消失殆尽，死后凡曾经痉挛之肌肉，均强硬得早，而消失亦易。

尼森（Nysten）谓凡死因能致人全身衰弱者，如肺痨、胃癌等症，则尸体强硬迅速，但硬度甚弱，强硬之时间短。

大出血后死者，其强硬早而弱，且易消失。

临死时肌肉自身之状态完整，或因全身或局部疾患而起变化，均与尸体强硬有莫大关系。大概肌肉完整者，其收缩迟，收缩之时间长，反之肌肉之机能消耗，如疲倦长期收缩或急性拘挛等，其收缩迅速，收缩之时间短。

尼森有言，凡武术团体之份子，因尚武关系，其肌肉必发达，故其尸体强硬往往有迟至死后 16—18 小时者，强硬能延长 6—7 日方始消失。

各种动物，经奔驰或疲劳之后，死后其尸体强硬速而消失亦易。勃朗帅加（Brown Sequard）于1851年，在抵南（Dinan）见一牧人驱两羊而行，因须按时入市，故行甚急，两羊死后5分钟，尸体即强硬，8小时后腐败开始，强硬遂失。

肿胀对于肌肉之营养，有极显明之障碍，所以常见有全身水肿之尸体，其强硬度弱，消失易，布许（Bouchut）谓该尸体各部亦有强硬可检见，但有时上肢部不强硬因上肢部遭过度之浸润。

倘肌肉之营养，未起变化，虽肌肉痿瘫，对尸体强硬无十分大影响，尼载耳告耳（Niderkorn）①曾见一偏瘫患者，其尸体强硬两边同样，病侧与健侧现象一致，并无岐异，勃朗帅加则谓病侧之强硬发现较健侧迟，强硬之经过亦比较长久，拉得海（Larcher）谓麻痹历有期日及肌肉已有萎缩现象者，死后强硬度必减低，或竟无强硬发现云。

倘麻痹兼有肌肉挛缩者，则死后强硬之现象，亦因而起变化，嘉国（Charcot）谓偏瘫患者，其肌肉起麻痹及挛缩，于死后则柔软，其健侧则有充分之强硬发现，与寻常尸体无异，布遐尔（Bouchard）谓患小儿麻痹死者，其尸体上无强硬现象。

凡有搐搦（症状）病者，尤其是破伤风及士的年（Stychnine）中毒死者，其尸体强硬现象颇别致。

尼森（Nisten）谓因破伤风而发生之搐搦，在临死前必消失，故尸体强硬之前，有肌肉弛缓现象，由此可知尸体强硬不与搐搦期紧接，但都德氏（Tourdes）曾见破伤风患者，其尸体强硬紧接因破伤风而发之搐搦症状。

因士的年中毒而发搐搦症状者死后，其尸体强硬出现甚早，于此有两种情形：其一在生前搐搦与尸体强硬中间，有肌肉弛缓期；其一紧相连接，无过渡期，士的年中毒死者，强硬度隆重其强硬之时间亦长。

哥罗仿（Chloroforme）中毒死者，其尸体强硬出现早，其强硬之时间亦长。

经高压电流而死者，其尸体强硬似甚早，毕加南（Buchanan）曾有见一受2400瓦特（Volts）之电流通过死者，4分钟后，其尸体即完全强硬。

依都德氏（Tourdes）及勃鲁阿尔载勒（Brouardel）之观察，氧化碳中毒死者，尸体强硬出现甚早。

丙、外因——冷与热对于尸体强硬有相当关系，此为不可否认之事实，

---

① 尼载耳告耳（Niderkorn）：尼载日告尔。

冷能使强硬发现早，并能延长强硬之时间。

布许（Bouchut）谓在于同等温度下，对尸体强硬，冷水之效力比空气大。倘置一尸体于0—15摄氏度之冷水中，尸体强硬比在同度空气中快，而强硬经过之时间又比较长。

气候炎热，尤其是气候过热，使尸体强硬得早，其强硬度甚强。

丁、诊断。

尸体强硬与生前肌肉挛缩，有显明之分别，倘能稍稍注意，必易于诊断。

尸体强硬与冰冻尸体，表面上颇难区别，但尸体强硬，只有肌肉强硬，冰冻尸体中之各种组织均变硬，皮乳各部与肌肉有相等之强硬度。

尼森（Nystem）曾标明一鉴别之特征，即摇动冰冻尸体之一肢，可听见一种声音，此声为血管内细胞组织空隙处之冰块破碎之声，此特征并无大价值。

戊、性质。

尸体强硬之性质，已成为生理上之争论点，于法医学上，无关紧要。

尼森已证明只有肌肉强硬。

拜格拉（Becland）谓尸体强硬无神经作用。对于肌肉强硬之性质，有两种意见，第一种意见，谓仍系肌肉生活现象，不过系一种后期搐搦；第二种意见，谓系肌肉死的一种现象，因强硬之发生，均随尸体变硬。

勃吕克（Bruck）谓肌肉强硬原于肌蛋白凝固，其学说经古斯摩日（Kussmaul）与古纳（Kuhne）之研究而益昌明，其学说大意如后。

死后，肌肉内发生酸素，此种酸素，即系乳酸，能增长肌肉内之浆液凝固，尸体强硬即由于此，稍经时日，在氨于尸体内充分发展之下，肌肉内酸素得以饱和，同时肌肉组织破坏，故肌肉复行柔软。

因拉加沙聂（Lacassagne）及马耳丹（Martin）研究之结果，吾人之智识增加不少，拉马二氏谓缺乏水分亦尸体强硬之一重要原因。尸体强硬虽由于肌蛋白凝固，但肌蛋白之所以能凝固者，因肌肉内缺乏水分，肌肉内缺乏水分，全因血液向下移行，即坠积性充血，所以有下列诸现象。

（甲）注射液体于肌肉内，吾人可使肌肉之强硬消失，最低限度总可使强硬暂时消失，勃朗帅加（Brown Sequard）注射血于人或禽兽之已经强硬之肌肉营养血管内，强硬即消失，其受人工灌溉部分之肌肉之刺激反应，重行出现。

（乙）于尸体上用人工使肌肉缺乏水分，尸体能立时强硬，拉加沙聂（Lacassagne）暨马耳丹（Martin）曾用脱水剂，如哥罗仿（Chloroforme）、氨化钙（Chlorure de Calcium）等注射，此类试验，实行已久，各书均有记载，但缺乏解释。

古斯摩日（Kiissmaul）曾用石灰水，碳酸钾（Carbonate de Potasse）等作注射剂，高斯（Coze）注射哥罗仿（Chloroforme）后，即见尸体强硬，布许（Bouchut）欲考证尸体肌肉内酸素为强硬要素之学说，是否确实，特注射重碳酸钾（Bicarbonate de potasse）于一兽类尸体。尸体强硬仍自出现。

（丙）实际上常见强硬出现甚早，倘其人死之原因，系一种易于失水之病，如霍乱大出血等。

（丁）吾人可使尸体某部分缺乏水分，将尸体改换位置，即能随意改变肌肉强硬之次序，于尸体变冷时，将尸体头部向下，足部向上，则下肢必先强硬。

6. 尸体痉挛

（1）定义——尸体痉挛，系尸体强硬之一种特别现象，即生时肌肉之最后收缩，移行于尸体上，毫不更改其收缩现象。

在早期及尸体痉挛中，有一最重要之区别点，尸体早期强硬之前，必经过尸体弛缓，弛缓期愈短，则强硬之出现愈早，尸体痉挛则异，是生前肌肉收缩，与尸体强硬紧相连接，其间无弛缓现象。尸体强硬无论如何早，总不能发现于生前，虽至死之最后一刻，亦不能有强硬现象，痉挛则可发现于生前。

（2）各种变态

尸体痉挛有两种：一是全身痉挛；二是局部痉挛。

全身痉挛，即固定临死时所取之位置，局部痉挛即限于一部分肌肉。

①全身痉挛常见于战场中之牺牲者，其现象奇异。

1861年，蒲蓝东（Brinton）曾于败日猛（Belmont）战事后，见一兵士已弹中额骨而死，犹跪于地上，左手执枪，枪柄触地，头向下低至腹部，背倚于邻近树旁，上下颌骨互相紧接，全身均现极度坚硬。

王果（Wahncau）见一妇人立于墙角而死，其时已完全强硬，但仍倚墙而立。

②局部痉挛：（甲）保存最后之面容；（乙）保存最后形态，一部分之动作形态，或最后动作为痉挛所固定者。

勃蓝东（Brinton）、纽吕得费（Neudurfer）等于战场上见死者面部有各种表情，如怒容、恐惧容、愉悦容，死者最后之表情，为痉挛所固定。

有时面部表情，与全身痉挛同时发现，有时只有面部肌肉痉挛。

罗斯拜克（Rossbach）于跛猛（Beaumont）战场中，见一六人小队为炮弹所击死，其中一人之脑盖也被炸去，但其面容极其愉快。

局部痉挛　保存尸体一肢之最后形态，如全身痉挛之于全身。

罗斯拜克（Rossbach）见六法国兵在一路转处聚餐，其中一兵用拇指及食指执一锡酒杯举近口之附近，忽一炮弹落下，六人皆被炸死，另有一兵之尸体倒于此兵之后，因此此兵能不倾跌，仍坐于地，其脑盖与面部均被炸去，只有下颌尚存，但酒杯犹在手中，且近下颌。

用器械自杀者，死后其器械仍不脱手，此问题甚有趣，当于自杀章中，详细讨论。

（3）痉挛之缘由及要件

大多数学者，承认尸体痉挛系一种生时最后收缩，而延长至死后，成为生前收缩与死后强硬之居间现象，两现象合而为一，中间无肌肉弛缓期。

但众学者对于构成痉挛之要件，意见各别。

于两种情形下，有尸体痉挛发现：①病死时同时有全身痉挛，如破伤风、士的年中毒等；②急死缘于火器或枪杀，此类急死，常见于战场中或自杀，通常所见之尸体痉挛，以此类为多。

枪杀之急死中，有痉挛现象，是否由于尸体痉挛，应分别研究死及伤之类别。

众学者谓猝死，死之原因，突如其来，其人之全身或局部肌肉正在收缩，为全身或局部尸体痉挛之要件。罗斯拜克独标异议，罗氏谓尸体痉挛，不但见于急死之兵士，即慢死之兵士，亦有此现象。

罗氏亦反对伤之类别与尸体痉挛之关系，罗氏曾见一腹下部受枪伤死者，其现象一如脑盖中枪者。其他学者，曾条分某处受伤能发生尸体痉挛，勃蓝东（Brinton）谓枪中额骨或心，为尸体痉挛之原因，另有学说则以中枢神经之上部受枪伤为能诱发尸体尸挛。克劳夫（Schroff）及范日克（Falk）则谓伤在脊髓之上部，爱抵挨纳马尔丁（Etienne Martin）则谓伤在延髓与桥脑部分，均能诱发尸体痉挛。

勃朗帅加（Brown sequard）则以伤在小脑，方有尸体痉挛现象。

第三节　尸体破坏之程序

1. 普通腐败

（1）一般的原因

普通腐败原于细菌之作用，倘将一切必需之外因除去，则细菌必不能作用，因此种外因，能成腐败之偶发原因故也。

所以吾人应分两种描写。

（甲）腐败的细菌。

（乙）偶发的条件。

（甲）腐败的细菌

此种研究，尚未精细，吾人于此，只能约略言之。

所谓腐败的细菌，即作用于尸体初破坏时之细菌，腐败已日久之尸体，其细菌之作用如何，吾人于此，一无所知。

最初研究之时，只以为需气菌及变形杆菌为腐败之缘由，因于腐败物中，必见此两种细菌也。

马日宝氏（Malvoz）研究结果，认大肠菌亦腐败菌中之活动分子。

最近公认厌气菌为腐败重要原因，其作用比需气菌大而强。

1900年，比昂斯道克（Bienstok）证明肠内有一种厌气菌，名腐败性大肠菌（B. coli putrificus），对于蛋白质及纤维有极强之破坏作用，同时比氏亦认腐败性纺锤菌（Clostridium foetidum）与腐败性大肠菌有同等作用。各学者均信比氏说为确当，但梅克尼高夫（Metehnikoff）证明在健康人肠内恒有腐败性大肠菌之存在，底喜爱（Tissier）及马尔得里（Martelly）研究肉铺内肉类腐败现象，曾寻获13种各别之细菌，自由需气菌厌气菌尤以厌气菌有特强之腐败作用。在厌气菌中，有大形厌气性双球菌（Diplococcus magnus anaerobus）、腐败杆菌（B. perfringens）、腐败性大肠菌、发酵①芽孢杆菌（B. pi fermentens sporogenes），梅克尼高夫研究消化器官内有分解蛋白作用之细菌，如腐败性大肠菌，酸酵芽孢杆菌，巴斯德（Pasteur）之腐败弧菌类，及腐败杆菌。

近代研究之结果，均接受巴斯德意见，认厌氧弧菌为腐败之中坚分子。

腐败由肠开始，新生儿系例外，肠内含有芽孢，虽人死后，此类芽孢

---

① 发酵：原文为"发酸"。

犹可作腐败之原因，腐物寄生菌即由肠内出，能破坏各器官。此类细菌，用其淀粉酶破坏黏膜细胞，穿通组织，侵及门脉，淋巴腺，蔓延至肝，以及其他大血管等，以上为马日宝氏（Malvoz）之说。血受腹内气体排压，因连带散播细菌于各器官，腹部第一步腐败现象，即与细菌发展之过程相吻合。

口与呼吸器及生殖器官内，均含有腐物寄生菌（Saprophytes），于人死后，均须备进行工作，溺死者之呼吸器官内于将死时，为大量细菌侵入，所以其腐败之最初现象，不于腹而于胸，职是之故。

外来细菌，能深入皮肤，重大创伤，不啻开放门户，与细菌以方便之门，故尸体曾受重大伤害者，其腐败进行甚速。

数种特别疾患，其临终时肠内之细菌，能移行入血及器官内。多数学者尤其吴尔体（Wurtz）观察甚详，使一兽类受冷或使之过度疲劳，最后将其牺牲，于其将死之时，在各器官内，如肝内尤其是脾内可检见大量肠细菌。此种细菌，移行于人类，亦有同等之经过。砒剂及吐剂（Emetique），经皮下注射后，而中毒者，于其将死时，常有此等现象。

上述观察结果有两利益：①倘吾人于器官内，检见细菌，不能随意将死或病的原因，归纳于所检获之细菌，因其发现，未必即有病理之价值；②可解释有长期临死苦闷死者及某种中毒死者，其尸体腐败甚速之理由。

死后用砒剂保存尸体，似与上述之试验冲突。

勃鲁阿尔载勒（Brouardel）有云，凡人于生前曾患腹泻，或曾服泻剂，消化器官内细菌之一部分，已随粪便析出，故其尸体腐败较缓。反之如顽固便秘，肠闭塞患者，其尸体腐败甚易。马尔宝甚信勃氏之说。

新生儿之尸体腐败，另有特别现象，因腐物寄生菌之分配于新生儿及成年人体内，各不相同。马尔宝氏（Malvoz）谓新生儿生后数小时或数日消化器官内，始有细菌之痕迹，大肠菌及产气乳杆菌（Bacillus lactis aerogenes）为乳儿体内之重要细菌，倘小儿死于运用消化器官前，则其腐败原因，不出于肠，而由于皮肤及各腔孔内。

1893 年，马尔宝氏专门研究各种新生儿尸体内之细菌集团。其中尸体有受浸者，有生数小时而死者，各尸体均暴露，循自然次序而腐败，尸体所在地之温度，在 18—20 摄氏度。马氏曾公布其所观察之 14 例。

马氏观察所得之结果如下，细菌之分配，分解现象之程度，细菌作用之种类，依胎儿之死于子宫内，或生而即死，或业经呼吸，或活无几时而死之尸体上，各呈异状。

其业经呼吸或曾经生活有相当时间者，其腐败从消化器官起，其腐败菌多属于大肠菌，其死于子宫内，或生而即死者，其腐败原因即为寻常兽类分解之寄生物，如变形杆菌、萤光菌（Fluorecens）、枯草杆菌（subtilis）等，均进行破坏工作。其侵入尸体，均由尸体上与外界最有接触之各腔孔，最易受侵入者为气道。马尔宝氏在一死胎中，作一种细菌分析，并未检得大肠菌，即诊断此为死胎，其实此系一新生儿，降生时即患窒息，曾经用口对口度气与之，未能获救，死于俄顷。

有数学者谓各种腐败细菌之相继续，极有次序，马氏则不倾向于此类学说。

（乙）腐败的偶发条件

无论尸体安置于任何地方，必有普通腐败现象，或露尸体于空气中，或掩埋于地下，或浸于水，均不能避免腐败之发生。腐败于某种情形之下，方能进展，倘将某种情形除去，则腐败不能发生，另有他种现象，取而代之，即枯干与尸体蜡形成。所谓某种情形者，即空气潮湿及热是也。

高热与气候过凉，均不宜于腐败之进行，气候过凉，则尸体表面上既不腐败，又无变动，若置尸体于冰块中，则必可完全保存。

斯朽昂斯胆（Schauenstein）[1] 标明普通腐败可进展于 0—60 摄氏度之间，尸体腐败若须充分发展，应在 18—25 摄氏度之间，此为载外而喜（Devergie）之说，斯氏则谓约须 37 摄氏度，尸体腐败，方能充分发展。

潮湿为腐败发酵之要件，最初之时，体内所含水分（约85%）足使腐败进行，倘经过尸体正常失水之后，不能取偿于外界，或尸体处于某种光景之下，蒸发甚快，普通腐败停止进行，另经他种过程，名枯干。

空气中为腐败要件之一，但过多之空气，尤其是干燥之空气，能令腐败停止进展，而转入枯干。

普通腐败可举行于空气中，但干燥流通之空气，不能供给尸体以返还水分之要素者，则不宜于腐败之进行。

普通之腐败，可于水内举行，但于水内常有尸蜡形成，以代替腐败，属何原因，现尚索解。

在土壤内亦有腐败经过，但并非各种土壤，均合宜于腐败，故分墓地

① 斯朽昂斯胆（Schauenstein）：Adolf Schauenstein（1827—1891），又译作"丝绣丁"、"斯绣丁"，德国法医学家，格拉茨（Graz）大学法医学研究所教授。

为二类，①食尸墓地；②藏尸墓地。在疏松之土质内，空气流通，故尸体易于破坏，反之若在黏土质内，含有潮湿，空气不能阑入①，尸体卧于一层止水上，与外界隔离，毫无交易，故尸体不受腐败，而成脂肪质。于共同墓穴内，尸体堆积，造成特种情形，居上层之尸体，仍与空气接触，故仍经过普通腐败，至在下层者，则不与空气接触，故倾向碱化。

于干燥之沙漠内，尸体不为腐败破坏。

尸体具有各种有利于腐败之条件，则普通腐败现象，均自表坝。在一尸体上，并非各部分均处于同等有利腐败进行条件，往往于一尸体中，同时有变化过程，及保藏现象。常有尸体上一部分独有普通腐败现象，其他一部分因比较暴露，受蒸发而干燥，遂致枯干，另一部分则形成尸蜡。

（2）腐败现象

分普通腐败之紧要过程，整个②的形态研究，分析的形态研究，即各器官各组织腐败之详细叙述，普通进展之申述。

①腐败过程之要素。甲、腐败气体之形成，乙、组织学上之变化，丙、死体毒素之形成。

甲、气体之形成。

气体之形成，为腐败固定之要件。

腐败气体，同时发展于皮下，及内脏细胞组织内，血及中空器官内。腐败现象于皮下细胞组织及腹内器官内最明显，皮下细胞组织，易受侵袭之处，为组织疏松处，如眼皮、阴囊、阴茎、颈部、胸上部。

腐败气体之进展，改变尸体之形态，至为明显，气体膨胀腹部，并能使阴囊及阴茎扩大，眼皮面部及颈部③均肿胀，故各部形状甚丑恶，加斯拜（Casper）有云，因气体进展于皮下及腹部，故尸体成庞然大物。气体形成，外表因而改变，气体之压力，发展于腹内，遂有他种现象介入，即心及大血管因受压迫而中空，血液均散出于尸体表面，勃鲁阿尔载勒（Brouardel）名此种现象为死后循环。

胃内容物能回至食管，或竟至咽，再由咽转入气道，肛门及阴道黏膜均下坠，甚似脱肛及阴道脱垂之缘于病态者，妊娠之妇人死后，其胎儿可自脱落。以上种种，均系气体压力之结果，最后有一种现象，很奇异，但

---

① 阑入：进入不应进去的地方，混进。
② 个：原文为"箇"。
③ 颈部：原文为"茎部"。

少见，腹部破裂，肠外出，尤于妇人常见有破裂发见于生殖器部分。

腐败之气体极易证明，穿刺受气体膨胀之腹部及阴囊，即有特别臭气，由穿刺孔发出，并可使之燃烧。

据载外而喜（Devergie）之意，腐败气体之重要成分，为碳化氢、碳酸、硫化氢及磷化氢。腐败气体之张力甚大，尸体安置于一极坚固之棺内，其气体不能自由外射，气体之张力可使棺与盖脱离，有时金属制棺之结合处，亦为张力破坏。

腐败气体之形成，为新死现象，但并非死后立时即发生者，有时此种气体之形成极快，如电之驰，死后俄顷，尸体全部即现重大之气肿。马斯克家（Maschka）曾集合此类例数种，其他学者亦常提及，马氏谓此类现象，由于一种特别细菌之作用，大概即由于临死时，肠内细菌入血所致，观察事实，亦与理论相符。

尸体臭气极易认识，臭气之由来，源于腐败细菌之发酵，腐败开始时，臭气极重，待破坏进行，已有成绩，则臭气反见减轻。

乙、组织学上之变化

人死后，各实质及组织之细胞原质，立即经过化学与形态变化之阶段，变化之结果，遂生腐败。从组织学方面观察，以上各种变化，皆因各器官内之细胞缺乏营养要素，以至于死之现象，是名细胞坏死（Necrose）。有酶（Enzymes）或脂酶（Ferment）自①生活或已死之组织，自行溶解（Autolyse）而出，实行细胞消化。除酶与脂酶外，细菌毒素，亦为细胞消化之一原因。消化完成，组织液化，犹之病理上所见之器官坏死与坏疽，其现象相同，均系组织坏死，但病理者仅限于局部，死后细胞坏死，蔓延全体。

腐败于组织学上之现象，有极多之变态。随腐败之形态，腐败出现时，组织之构造，及其位置而各别。中枢神经、网膜，其构造精密，故随尸体变化亦最早，膵脏②及胃肠黏膜受许多脂酶之作用，故比别种组织，易于腐败。为明瞭起见，最好将各器官，分别研究，但此种叙述，必甚烦琐，且不完善，因尚有多种问题，现为吾人现时所不能解决者。

此后择要言之，略举数例，兹分数期研究之。

第一期，死后 24 小时，实行剖验所见之组织变质，组织因其自身构造

---

① 自：原文为"目"。
② 膵脏：胰腺。

坚实，故变质必经一定之阶段，许多学者均认此类变质为病理现象，近年来已证明此说之谬误，所谓肝脏或肾脏内细胞有颗粒变性或混浊肿胀，均非病理现象，而属尸体变质。

近年来因用死因或动物试验之结果，得知凡有个性之组织如肝肾等，均表现尸体变化特早，有死后俄顷，即起始变化者。宝里家（Policard）及家尔里埃（Garnier）用鼠试验，死后 4 小时，竟有死后才 15 分钟，肾脏即起尸体变质。死后 10—14 小时马氏小体（Corpuscule de Malpighi）即有损坏之现象，被膜及血管之内皮均起颗粒变性。

曲小管之上皮变质尤显明。

肾脏各小管之上皮变质亦甚著明。

原浆成为多数之小粒，染盐基性色素，自死后 30 分钟起，核即染酸性色素。

肾曲小管之刷状缘早即消失，此为加斯载摄（Castaigne）及瓦德里（Rathery）之意见，宝里家（Policard）及加尔里埃（Garnier）则与之意见相反，二氏谓于死后 4 小时，肾脏之毛边仍如常，此为切片所证明。

小管中空之处，为脱落之原浆所占据，死后 15 分钟，即有此现象。

亨利氏襻及其中间段变质较迟。

正常肝脏经解剖后，在显微镜下呈网膜状，因其组织中之小带间，本有空隙，构成其径路之细胞，于切片上，原浆现同质性及颗粒性，各部分受同一之色素渲染，名为暗色细胞。

将化验室供化验用之兽类之肝，于死时摘出，即依必要条件固定，其所呈之形状，与上述不同。有清晰之大细胞，平铺于玻片上，倘不过分扩大，则缺乏明显之小带可检见，因小带间之空隙狭仄故也，暗色细胞很少，仅有数个。倘于行手术时，将肝脏取出一极小块，切片检查，其现象与兽类者无异。故吾人所见尸体内之肝脏细胞，呈暗色及颗粒者，原于尸体之初步变化，新鲜肝脏内，呈明晰状态者系正常细胞中含肝淀粉。

如何变化，鲁尔（Launoy）于家兔尸体上，做一详细阶级之试验，鲁氏谓系肝脏细胞自行溶解之结果。鲁氏又证明早期变质，只施行于细胞浆（Cytoplasme），此变质者，即组织原浆之拟蛋白质之周围液体（Substanceal burninoite）之移行，肝淀粉化为葡萄糖而四散分布，所以细胞之网状结构，更形明显，于此期内，细胞核完全无恙，肝因尸体变质而起之各种经过，下述第二期中，当详细论之。

其他损伤，解剖尸体时所常见者，为被覆各器官之上皮脱屑及消化，各器官指胃、肠、肺、肾、阴囊等而言，气管、支气管等之运动颤毛及细毛上皮均消失，肾上腺中心部之细胞已消灭。

大概死后 24 小时，显微镜检查，即可证明各组织已有尸体变质现象，即有高等精密组织之细胞，已失去或减少其特质，被盖细胞亦脱屑，凡此皆受消化液或脂酶之影响所致。

第二期，尸体解剖，未施行于法定期间内，例如死后四十八小时始实行解剖，或虽未甚迟，但值盛热或死者于生前曾患有腐败现象之疾患，如坏疽、化脓性腹膜炎，其细胞之尸体变质，较常明显。

在弱度扩大之视野下，可见尸体组织，不易染色，细胞之要素，核、原浆均失去其任意选择色素之结合能，故形态模糊而欠明晰。众人均知正常时，核只固定盐基质色素，海马带伊（Hemateine）① 染核成青紫色，原浆则固定酸性色素，故伊红（Eosine）染原浆成红色。

取膵脏一片，以作尸体损伤之例，其膵脏已起变质，因尸体解剖，实行于死后 24—48 小时内，细胞核能失去，即使存在，虽仍染海马带伊作青紫色，但不易与原浆区别，因原浆质亦有染青色之倾向，此为尸体上组织之原浆改染盐基色素之现象，因此器官内各元素似染同一色素，缺乏区别。在强度扩大之视野下，核及原浆之变质，均甚明确。

核之核染质常破裂，成数粒状小体，此粒状小体有时逸出核外，侵入原浆，原浆业已溶解消散。亦有核在消失之前收缩，变小，仍染寻常染核之色，但核色甚浓。另有一种状态，核形仍保存，但已失去固定染核色素之能力，其周围已不分明，不久，核即溶化而消失。

原浆亦呈变质之征，最初之时，尚可寻获以前所述之第一期之现象，不过比较严重耳，所谓第一期现象即细胞浆（Cytoplasme）已失去其特征。肝、膵、肾脏之细胞，均呈颗粒状，原于原浆内之拟蛋白质起化学变化所致，细胞已无正常之形式，作球形。

再进一步，原浆内亦起变质，空泡之形成日多，即元素液化，故现球粒状，组成原浆之全部，均有瓜分之象，细胞全部互相分离。

最后之变化，原浆溶解。

任何变化中，需气菌与厌气菌用其所分泌之毒素，以激起或完成其破

---

① 海马带伊（Hemateine）：苏木精。

坏细胞元素之工作。某种厌气菌，例如腐败杆菌（B. perfringens）有吸收氧气之效力，促组织之从速消化，兼有气体（Gaz）之形成，以分离细胞之元素，此类尸体现象，与器官以特别状态，多孔状、海绵状，常见于脑及肝组织中。费里尔马里教授（Prof Pierre Marie）引用蚁醛液保藏中枢神经法前，常于夏日尸体解剖时，遇有脑中穿孔甚多，孔之形态不一，大小各别，切开之后，器官后呈干酪状，此系尸体变质，并非病理现象。

浮肝（Foie nageur）亦有类似之现象，于显微镜下，证明其有下列损伤，有许多空隙，大小不等，任意排列于实质中，空隙自身无壁，组成其疆域者为曾经强度变质之肝细胞，肝脏内之微细部分消失既早而速，故有空隙之形成。

第三期，更进一步，为组织液化，器官做不规则块状，很难分别其原来形状，及认明其详细组织，间或在此处或在彼处可检获数段①小结缔纤维组织，或数细胞之断片，尚可辨认。

丙、死体毒素（Ptomaine）之形成

腐败细菌之发酵，遂生极毒物质，其化学之性质，与植物碱颇相似，此类物质，即名尸体毒素。

1856 年，巴览（Panum）从腐败物质中，提取一种物质，巴氏并不识其化学构造，只知此物质甚毒，数公分②，即足以致狗于死。

巴氏之工作，惹起众人之兴趣，研究之结果，金③认巴氏试验之准确，但尚未能引此问题入科学之途。

因赛日米（Selmi）及果底埃（De A. Gautier）工作之结果，吾人对于此物质，始有第一次准确之认识。果底埃证明白蛋白（Albumine）腐败，即新生一物质，赋有类碱的特质。

赛日米于喜宝纳大将（General）之尸体脏器内提出毒物，证明其非碱质。赛氏设想此不认识之物，能形成于有机物质之腐败进行中，创设一种有规则的研究，末后始有结论，谓腐败物质，正常含有类碱的物质，名为死体毒素。

果底埃及埃达尔（Etard）曾工作于大批动物腐败物质内，竟将各产出物，个别分离，俾作充分之研究。

---

① 段：原文为"叚"。
② 公分：克。
③ 金：皆，全，都。

须知特别物质，即类碱质形成之要素，系在细菌腐败之进行中。

②全体形态之研究。腐败开始之征，即皮肤变色，绿色斑点初出现于有限制之部位，常现于腹部，由腹部而蔓延至全体表面。

未几，腐败之气体进展，膨胀尸体，使面部变形，扩大腹部及阴囊。

四肢上有红色、红褐色网出现，血管网，自行暴露于皮下。皮肤渐作褐色，或淡黑色，表皮隆起成泡或水泡，内含茶褐色液体，其他表皮渐趋软化，有脱离倾向，如毛发指甲及角质产出物。

体内之血，从新液化，渗透血管，浸染皮下细胞组织、黏膜、内脏及分布于浆液腔内（Cavites sereuse），各器官均起始染不正常之颜色，倾向软化。

于此初期，尸体各部均完整，尚可辨认，继此期而续出者，即分裂期，表面分裂与内部分裂，进行甚速，其程度随组织而异，内脏只存不规则之零块，完全不能辨认，其他器官如骨则经时甚长，方使破坏。

奥尔费拉对于此期之破坏，有极详细之记载。

头面、眼睛凹下，眼孔似空，眼皮转薄，渐趋沉没，鼻之两旁均沉没，头发脱落，其次眼皮鼻之软部及唇渐薄，均起始破坏，头骨全行露出，耳及颧保藏甚久，但终归消灭，头面各软部仅余残膜数块，头与脊骨连络之处，终至分拆。

胸廓，其形式长期完整，终亦凹陷，胸骨渐与脊柱相近，肋骨之软骨开始剥落，皮变薄，不可辨认，有数处似有淡灰色膜掩覆肋间空隙（Espaces intercostaux），肋骨终至拆散，胸骨碎为数块，胸腔露开，已破坏。从胸腔破坏处，可窥见胸骨肋骨互相枕卧，干燥而有孔，胸腔内有不能辨认之内脏零屑，内脏开始破坏时，正值胸廓破坏完成。

腹部，其完整之期日，亦复甚长，渐次凹陷，皮肤变化为褐色，质地柔软，胶贴于脊柱，所以腹部凹陷，表面破坏，只余锈色、橄榄色或淡黑色残块，固着于最下之肋骨、趾骨及肠骨①结节上，内脏亦经过同等之破坏，在末期，即不能检见内脏或内脏边缘之痕迹，只剩一堆润湿物质，形如擦车轮用之油质，固着于脊柱之两旁，四肢受腐败之渐次侵袭，皮与肌肉均破坏无存，只余骨在，骨最后于棺或土内亦失其连络性，完全分离，彼此独立。

---

① 肠骨：髂骨。

发、齿、骨为尸体各部破坏后，仅存在之物质，经时甚久。

③形态分析研究。各组织及各器官内之腐败。

皮肤现象：腐败之最初现象，在皮肤有绿色斑点出现，其出现之部位，限于下述各处，右髂凹、季肋部、鼠蹊部，绿色斑点于寻常光景中，出现于其他部位者甚少，绿色斑点之发现，系因硫化氢遇血内之血红素而起作用之结果，因腐败细菌之发酵，遂有硫化氢之形成，肠为腐败细菌发酵之普通发源地，故肠系硫化氢之第一发散病灶，所以绿色斑点发现于肠之被盖部分上者，系属应有之现象。硫化氢系于腐败之际，自含有硫黄之蛋白质，产生挥发性硫化物，最后成为硫化氢。此种气体，作用于血液中之含铁分解物，而形成硫化血色素及硫化异性血色素，遂使血液着色，呈暗色或暗绿色，此种着色往往在死后第二日起，达于外皮尤以腹壁之皮肤为显著，此外渐及于内脏。

绿色蔓延之深部，超越皮肤，侵入皮下脂肪组织，及肌肉组织，永不褪色。

通例绿色之发现，在尸体强硬退化之时，但此色发现附属于数原因（气候，死之类别等）。

绿色斑点，生长甚快，作不规则之蔓延。蔓延满腹，为块状，由腹而胸而背而颈而肢体，各块联结，几致盖满全身，腐败前进，则由绿色而变红色、褐色、黑色等。

有两现象，随绿色斑点以俱出：第一现象为上皮水泡之形成；第二现象为一种暗色线网发现于皮下。水泡系上皮受血管渗出之血浆而隆起，血浆流入于真皮及上皮之间，泡之大小不一定，其所含之液体系红色。其红色或深或淡，或作绿褐色，水泡裂开，液体流出，上皮即形成断片。

手掌及足面之上皮，均起皱纹，亦显剥落之象。

其未剥落之上皮，经过一特别之变化，即成一黏性脂肪性层，与邻近各部分，互相胶着（比如肢体之内面及胸廓），或成为一种干燥涂料，有类干酪之上层痂皮。

褐色线网或赤褐色线网发见于皮上者，其所常发生之部位，为胸之上部，肩膊及下腿，显出浅在静脉，因在静脉中血，受腹内气体压力而回行，有色之血浆渗出血管，将管壁及其附近组织浸染，所以形成线网。

指甲软化，失去透明，易于拔出，听其自然，则干燥脱落。

毛发对于腐败，富有抵抗力，发虽落而完整，生发之软部已完全腐败，发尚能继续存在，尸体发掘之后，经数年之久，发犹无恙，其色亦保持甚久，但因时间关系，其色可变成赤褐色。

通俗均信胡须与指甲在人死后，尚能继续生长，丝绣丁（Schauenstein）以谓此不过仅就外表观察耳，按之实际，系指甲根之软部消失，及围绕毛根之软部，均已涣散。

真皮之变化，与上皮不同，于尸体倾侧部分，受浓重之浸渍者，真皮显腐败溶解，水以重量关系，放弃尸体上部，故该处真皮干燥变薄，作鲜黄色或褐色，试叩击之，如有音响。皮肤经如此变化之后，渐生抵抗能力，其形态宛如一完整之鞘，掩覆在其下正进行消灭之软部。

最后皮肤销蚀，或因变薄之进行不已，遂归于消灭。

细胞组织：对于腐败有甚大之抵抗力，保存甚久，倾侧部分之细胞组织，为渗出之血浆所浸润，最受血浆浸润之部位，为头后部、枕骨下部、背部，及腰部。

切开后此处细胞组织如浸渍于深或浅紫色之胶质体内，在尸体前部之细胞组织，比较干燥。

虽在普通腐败之中，皮下脂膜（Pannicule adipeux）常受石碱化，其碱化之程度，浅深无定。

经过相当时期之后，细胞组织全行破坏。

肌肉：易受腐败侵袭，但经长久时期，尚可辨认，在低下部分为渗出之血浆所浸润，变成如肉经久煮后之胶质，于胶质中，可检见肌肉纤维，肌肉之破坏，原于血浆之浸渍。

肌肉软化褪色，在腹部有染淡绿色者，其他部分之肌肉，有染浅红色者，最后则干燥，肌肉变扁平，纤维破坏。只有零剩之膜，扁平而干燥，不易识别，作肌肉之痕迹而已。

奥费那（Orfila）对膈有长久之观察，其中心腱膜部分及其纤维，犹易识别，最后膈变薄，有孔形成，继即干燥，变成褐色薄膜，无形式亦无组织。

软骨：其状态及组织，能经久不变，只稍染玫瑰色耳，经时过久，由玫瑰色改作黄色，变薄软化，最后似一种淡褐色涂料，又似胶水，肋软骨经过相当时间后，作黑褐色。易破碎，终归消灭。

腱、腱膜、韧带：腱及腱膜，富有抵抗力，经长期后，方失其光泽及坚实，再历期间，则色转深暗，益之以干燥，腱及腱膜终分作小叶或小块，类似干燥之胶水或麻屑，此为软部之最后消灭；韧带保持其与骨之关系亦甚长久，但终必破坏，骨遂不相联络。

十字形韧带，比寻常韧带持久。

骨：围绕骨之物质，均已分解，骨尚无恙，附带之物破坏已尽，犹可寻获零落继横之骨于地下或棺中；入土之骨，有经六七百年而无恙者，在圣德尼（Sanit Denis）曾发现达高贝勒王（Roi Dagobert）之骨，距其死期已 1200 年，其尸体置于石砌墓内之木匣中。

化学组织之变化亦甚少，经过六七百年之骨，其动物胶之成分，尚系 27%，与正常者相差无几。

但此种保存，系相对的而非绝对的，骨暴露于空气或光线中，其抵抗力弱，失去有机物质，即变脆弱，粉碎脱落，有似尘沙。

奥费那曾在圣侠日维埃物古教堂内（Ancienne eglise sante Genevieve）捡获一骨，仅简单变质，手指稍稍压迫，骨即破裂，骨作绯色，上有发光之磷酸钙结晶。

血液：血液腐败甚快，有一阶级式之过程，为吾人所当知者。

A. 气泡之形成。

B. 死后之凝血块重行液化。

C. 血红素放弃血球。

因血球已破坏，故血浆染血红素色而渗出血管壁，此类渗出在低下部分，比较显明，渗出之结果为血管空虚，血管壁心内膜各种黏膜，均染色彩，皮下细胞组织受浸润而染红色，肌肉与实质均受浸润，肩与膊等均有血管网出现。前已述及，在浆液性腔内，有淡红色浆液形成，其流出量或多或少不定，以下将详述之。

D. 血球累进的破坏，血球更变，出现甚早，为破坏中之第一过程，生前溢血处所，亦起腐败，溢血处渐弥漫，不可辨认，终于消灭，

心包：初时常含有血浆性渗出物，其量多寡无定，通常均不多，浆液膜因受浸润，呈红色，心外膜囊内常有大量气体发展，将体壁板涨高。

心：心比其他肌肉抵抗力较强，其他器官已受腐败之作用甚久，心脏犹可识别。

心脏腐败之最初现象，即心内膜受浸润，呈深红色，此色保持甚久，腐败进行久远，心内膜上时有似盐样白色小颗粒。

心中空无蓄积，因气体压力及渗出之故，但心脏空虚，并非定例，奥

费拉（Orfila）有时见有血液或凝血块在已埋入土内两三月后之尸体内。

气体发展于心之表面及心包下，遂产生孤立或集合气泡，腐败气体亦在心内发展，扩大心壁。

心肌有极大之变化，先软化，染深或浅紫色，经久则愈暗，最后心肌层染淡黑色。

腐化前进，心渐扁平，体积缩小，最后成一种黑褐色小舌状，轻软松薄，有数处已破裂，形如具有弹力性之胶皮囊，仍可展开心壁，辨认其腔，但其构造，业已模糊。

心消灭殆尽，只余一黑色薄层，水洗之后，即自剥离。

腐败所加于心之变化，易使人以为属病理的，受浸润而发红色之心内膜，昔时皆以为系发炎现象，视腐败软化为心肌炎之一症状，血管之损伤及心肌变硬处所，虽经长期，犹可在尸体上辨认。

血管：初步变质，即内膜受渗出血管之有色浆液所浸润，早期浸润，易于检见，古人误以为血管发炎。

腐败尸体上之血管，常中空无血，但非绝对如此，奥费拉曾见有血（黑色）在已经掩埋两三月尸体之血管内（静脉或动脉）。

血管尤其是大血管，对腐败有著明之抵抗力，奥费那见一主动脉尚完全，易于辨认，此尸体已掩埋有 14 月之久。

呼吸器官：喉及气管。喉及气管黏膜受甚快之浸润，显淡红色，此处宜注意，不可与气道发炎相混，其色愈过愈深，有暗红色及赤褐色之倾向，倘腐败继续进行。喉及气管之上皮分为小块而脱离，倘用手压迫喉及气管，则见小块腾起。时有淡灰色颗粒甚坚硬，有两针头大，覆于黏膜上。黏膜软化，与时俱进，喉及气管之软骨，渐失去其弹力，连接软骨之黏膜已消失，环状软骨、甲状软骨及气管软骨为喉部之唯一剩余，但已有甚重之变动，作蚕食状，半透明易于破碎，又似海绵状，终归于尽。

肺：肺因富于结缔组织及弹力纤维，虽组织内多血及空气，而抵抗腐败之力，并不薄弱。

倘肺曾因病理变质，则抵抗力即大形低减。

水肿之肺，腐败甚快，肝变处及酪蛋白胨①变质处（Degenerescence caseeues）腐败尤快，肺之损伤，虽久易认，即变化深时，犹可寻获异物及发

---

① 胨：读作 shì，有机化合物，溶于水，遇热不凝固，是蛋白质和蛋白胨的中间产物的总称。

炎之过程，高克氏肺痨杆菌。

尸体渗透，充满肺小泡，故有腐败肿，应与生前所产生之肿相辨别。

肺之血液坠积，不能认为发炎现象。

腐败前进，能使肺洼下变色，肺成绿色或带青色，腐败进行，已至相当程度，肺仅余两扁平膜，膜甚小，与脊柱之两侧相连，只以部位关系，能知为肺，最后成叶状淡黑色块，紧贴于胸腔内之后部，此块终归消灭。

胸膜：胸膜常为血浆渗出之地，其量甚多，能与肺以充分压力，以驱除其气体，不能认此损伤为生前患胸膜炎所致，诊断甚易，因渗出物系淡红色或作淡黑色，胸膜毫无炎症反应。

胸膜受渗出物浸润之处，易于软化而破坏，其他部分，抵抗力较强，变成纤细薄片，丝绣丁（Schauenstein）谓其形状如干叶受青虫咬嚼者然。奥费拉（Orfila）曾见一例，一死后 8 月之尸体，其胸膜完全无恙，另一例入土已有 14 月之尸体，其胸膜仍可辨识。

神经质①

A. 脑：幼年人与成年人之脑，变化不同，大有区别。

新生儿与满一岁幼儿之脑，变化极快，变成一种淡红色或灰绿色糊，脑锯开后，即自流出。

青年人之脑，若仍存在，脑盖内亦无病理变质以作腐败之原因，其保存比较长久。

脑疾病之简单变化，如脑出血，自发或外伤，死经时日，犹可看见。脑质腐败，脑色即变，其体积亦减，脑带绿色，实行软化，最后脑成浆糊样，灰白质与白质，均不能识别。

脑之剩余物形成灰绿色，或淡黄色小块，甚坚硬，粘于脑盖内，仅占脑盖腔内之一部分，在此情形之下，故死后甚久，可检获脑之剩余。奥费那（Orfila）曾于一尸体上见脑尚存在，其他内脏器官已完全消灭。奥夫莽（Hofmann）氏曾引多例，脑之保藏比其他器官长。

B. 小脑：其腐败比大脑快。

C. 脊髓：腐败甚早，脊髓神经组织经过液化甚快，稍历时日，病理组织之检查，即不可能，且至一定时间，即无脊髓组织之痕迹，只有一薄边之管，为富有抵抗力之脊髓膜所组成，管内为淡红色浆糊样之物质。

---

① 神经质：即神经系统。

D. 表面神经：比中枢神经有抵抗力。

女性生殖器

子宫：加斯拜（Casper）谓子宫对腐败有长期抵抗力，加氏谓子宫内脏器官之最富于抵抗力者，直至某时期，各种器官，已不可见，子宫尚完好如新，红而坚固。

加氏有一负盛名之检验，即于一死经 9 个月尚未掩埋之幼女尸体上，加氏尚可辨认其子宫，及肯定其为处女。一男子被疑为与该幼女有奸，致怀孕①，因堕胎②而身死，已提起诉讼，经加氏之声明，案情始大白。

许多学者，均公认加氏之说。

勃鲁阿尔载勒（Brouardel）曾解剖一女尸，已掩埋有 16 月之久，勃氏犹能量其子宫之长短，无论任何方向，均为 16 公分，此为妊娠末期子宫各径之数目。

但亦有例外，奥费那（Orfila）谓子宫软化变平，变形甚速，如此数月之后，只能因部位而识其为子宫，达马喜耳（Tamassia）曾见一子宫破坏甚快，其破坏且较肝速。

子宫长期保存之说，亦遭数学者攻击，即如前所举例。

在两种不同之论调中，其结论如下：

长期保存者固多，但破坏甚快者亦不乏例，加氏所引之例甚确，大概子宫有病变者，总比子宫完好者，易于破坏，此说尚未完全成立。

输卵管及卵巢，比较破坏得快。

男性生殖器官：腐败甚快，阴囊及阴茎初为气体扩大，海绵状体日趋洼陷，阴茎渐成管状，其壁相接，成一中空之圆管，此管终亦归于乌有，阴茎干燥，破坏，睾丸变成淡褐色的软块，不可辨认，终亦归于消灭。

摄护腺③富有抵抗力，奥夫莽氏（Hofmann）曾用此腺作一极有兴趣之诊断。腐败至某时期依尸之外表，使吾人不能判断性别，男性及女性生殖器官之外部，均已消灭，加斯拜（Casper）谓用阴毛部位可以鉴别男女。男子阴毛直至脐部，连接不断，女子阴毛于耻骨上部，即著明中断，加氏所指定分别之征，有人加以反对，谓阴毛部位之不同，只有相当价值，生殖器外部之阴毛，男子亦有中断于耻骨上者，女子亦有直连至脐部者，奥夫

---

① 怀孕：原文为"怀妊"。
② 堕胎：原文为"随胎"，应为印刷错误。
③ 摄护腺：前列腺。

莽用摄护腺零块，诊断性别在一溺死已6月之尸体上。

尿道器官：腐败侵及，肾受浸润，显淡红色或淡灰红色，被膜易于剥离。倘腐败继续进行，则有气泡出现于组织内，软化接踵而至。最末期，肾脏成淡黑色之浆糊样，宛如车轴之污脂，终归消灭。

肾盂及肾盏比肾之抵抗力强。

膀胱内腐败之征，为黏膜变红，黏膜下层气肿，甚著明。膀胱亦比肾之抵抗力强，虽经月日，依其构造，犹可识别。其结果仍系收缩，软化消灭。

奥喜也（Ogier）及韦拜日（Vibert）证明死后无几时，尸体膀胱内之尿，即成蛋白尿，故不能根据尿含蛋白，即以为系生前曾患肾脏炎之征。

肾上腺：腐败甚早，其髓质先受侵略，形成软化，以致腐败之肾上腺遂变化如囊肿，继而腐败蔓延至其他部分，消灭腺之全部。

脾：脾组织松软而富血液，故腐败进行甚快，渐成褐色，软化之后，变成淡黑色浆糊样，如车轴之污脂，或如黑泥，脾至最后宛如一分解之血块，只能依其所占之部位，而推认耳。

膵脏：加斯拜（Casper）谓膵脏在内脏器官内，腐败比较缓慢，高克开日（Kockel）则谓腐败之进行，随死者之消化作用而异，倘死时正值消化进行之时，膵脏之腐败甚快，膵脏软化，染红色，因细胞组织间，受严重之浸润故也，膵脏继续破坏成浆糊样，其色愈转愈深。倘死时不在消化期间，则腐败之进行，略较迟缓。

肝脏：肝脏腐败之最初期，肝脏变色，体积减小，密度渐减，遂生气肿。

腐败之色为绿色，绿色之发生，由浅而深，直至一时期，肝脏全部呈绿褐色或黑绿色，器官之体积减小，格立松氏被膜变厚，起皱裂，与肝分离，至末期则分为数小块。

肝脏之密度渐渐减少。

最引人注意之现象，为肝脏气肿，肝内满布小空隙，空隙内充满腐败气体，比重失去，取一块肝，放水内，不沉而浮，名为浮肝。

奥费拉（Orfila）谓在肝之表面上有类似砂石样之白色颗粒，此颗粒系由磷酸钙所形成。

肝脏缩成扁块，干燥作叶状，有时变成淡黑色物，其质柔软，类似车轴上之污脂。

胆囊含有浓厚之胆液，色作橄榄绿，因其构造关系，故比肝易于腐败。

口、腭弓、咽：初时三处之粘膜，均呈淡绿色而软化，绿色愈过愈深，口、腭弓、咽均干燥，只须数月，舌即成干薄之膜样垂。

食管：对腐败有相当抵抗力，其第一变态，即因胃内容物之逆流，及胃液之作用，食管上皮细胞脱落，而降于下部，缺乏上皮之部分，及完好部分，有齿样线，以为之界，食管之上部，显或深或浅之绿色，下部分为胆色或淡红色，食管全部之颜色，愈过愈深，初则软化，终归消灭。

食管在死后自然穿孔，比胃脏自然穿孔者较少，穿孔总在食管下部，穿孔系缘于胃液逆流之作用。

胃：胃之腐败，可分数步研究之

A. 变色：死后于低下部分之黏膜下，有静脉网出现，血液充积，静脉管壁受浸润，血浆从血管内逸出，渗透静脉周围之细胞组织，故血管之经行线，均自露出。黏膜呈各种颜色，红色、褐色、紫色、青石板色、淡绿色等，为最常出现之色，其各颜色所占之部位，有区域之别，有作块状者，有作线状者，有散在性者，甚至出现于胃之表面。

在黏膜上，有一层锖色或如溶解泥色液体，作线状或块状。

尸体内胃之各种色彩，不应视为病理之现象，纵有时胃显深红色时或可认为系病理之现象，惟淡绿色及青石板色，并非生活时所呈之色彩。

B. 软化：克吕韦里埃（Cruveilhier）谓无论死因为何，任何尸体内之胃，均呈腐败软化经过。

嘉尔斯韦日（Carswell）、重申恩德（Hunter）、阿达姆氏（Adams）、阿良（Allan）等之旧说，即以死后胃脏软化，系由于胃液之作用，嘉氏之说，曾经不少攻击，但目今已经公认，无异议矣。软化之后，黏膜变成灰色或灰褐色质，倘胃中空，则有皱襞。因胃自消化而起之软化，最初侵袭皱襞之隆起处，皱襞软化，遂成淡灰色网，中如络以粗线者然，倘胃饱满，则软化仅限于与食物接触之处，软化部分，在大弯之黏膜上，如嘉氏所标明者，黏膜在食物之上层者，其所处之地位较高于食物者，则少受软化之侵袭。

胃壁受胃液之作用，能形成穿孔，穿孔常现于幼年人之尸体胃壁，壮年人比幼年人少有此现象，其受穿孔之部位，常为大弯孔之边缘，易碎，富溶解性，此可与生前穿孔分别。因生前穿孔，系有限制，边缘分明，孔甚小。

C. 气肿：黏膜因而隆起成泡，泡之大小，及数目均无定规。

D. 最后之分解：使胃如圆柱之一节，尚有腔可见，复有干燥如叶状之块，另有黑色物质，宛如车轴之污脂。

斯绣丁（Schauenstein）曾注意于胃内容物，谓胃内容物大约完整，于胃腐败进行已达相当程度，虽胃内容物为极易分解之物，亦几保全完整，斯氏于腐败进行已深之时，犹能于胃或肠内检出植物性细微小体，依然易于辨认，或淀粉颗粒，其性质易于识别。

肠：肠之腐化情形，宛如胃，亦有变色，黏膜下气肿，及最后之分解。初时肠受浸润，呈各种色，红色、淡褐色、淡灰色等，蔓延全肠，内外可见。但有许多尸体，经发掘后，腐败已深，肠粘膜呈苍白色，于此应知肠壁尚有胆汁浸润现象，其浸润之处为与胆囊相接近之处所，原胆汁因渗透而逸出胆囊壁外，侵及肠壁，故发生此现象。

肠内充满气体，腐败深入，遂产生粘膜下气肿，气泡之大小与多少，均不一定。

肠破裂并非稀有之事。

腐败继续前进，肠壁干燥，互相贴附，肠全体均减小，附于脊柱。依奥费那（Orfila）之描写仅有洼陷之膜层，为消化器官之代表，此洼陷之膜层，将其展开，尚可见壁，但只能作局部之展开，因膜层已干燥变薄，处处穿孔，作淡绿褐色，不能依消化器官之长度，而回复其生前位置，以识别其各部。其有因病理变质，尤难辨别。倘再历时日，消化器官，仅余干燥叶状块，缩成珊瑚状之小纤维，于此零落剩余之中，犹可寻出圆柱之痕迹。其最后残余，是少数黑色物质，似车轴上之污脂。

依吾人之推想，胃与肠含有发酵之物质，应腐败甚快，加之在尸体内，作尸体分解之主动力者为腐败细菌，其产生之地为肠胃。加斯拜（Casper）谓于诸器官中，胃肠最先腐败，其说似未能完全与观察事实之结果相符，胃肠有时腐败，进行甚快，但不常如此[1]。奥费那（Orfila）谓腹内器官之保存，大半系于腹壁之能保持完整与否。

腹内器官之保存，其情形足使无经验之人，见而诧异。吾人可断言凡腹壁完整者，壁下器官均完整其形式与其关系亦不变，但遇有壁已洼陷，与脊柱相连，内脏器官之体积，均已大减，切开腹部，不易检查见其内容

---

① 如此：原文为"此如"。

各器官之完整。

奥费那所著之发掘尸体大全（Traite' d' eahumation）内载许多实地观察，常有入土已有数月之尸体，其肠完全无恙，肠之各部，均可检见。

斯绣丁（Schauenstein）曾述及胃肠腐败寻常总快，但斯氏承认肠亦能长久保持完整，虽非全部的，至少局部的。

沙埃谐（Zaaijer）曾见一尸体，其发掘系一年半后，其胃肠均完整。

不应以肠之变色，视为肠炎，奥费那谓腐败，并不造成集淋巴小节及闭销滤泡之肥大，于数光景中，吾人可分明检见伤寒损伤之特征，其尸体已掩埋数月，方始发掘者。

大网膜及肠间膜：奥费那标明此类器官保持甚久，并无显著变质，肠间淋巴节腐败甚快，尤其是在肥胖尸体内，不久即有气泡散布于其上。

④腐败之普通次序。加斯拜（Casper）将各器官腐败之先后顺序列为一表：

— 气管与喉。

— 新生儿之脑。

— 胃脏。

— 肠。

— 脾。

— 大网膜及肠间膜。

— 肝。

— 青年人之脑。

— 心。

— 肺。

— 肾。

— 膀胱。

— 食管。

— 膵。

— 膈。

— 大血管。

— 子宫。

此表不过是一简单略图，至腐败之进行，并无明显之普通期，亦无每个器官腐败之次序，其变化不测，若预先加以估计，是不能免于错误的。

吾人不能确定共需几何时日，尸体由普通腐败，而至破坏，此尸之例，不能适用于彼尸，彼墓之土壤，与此墓不同，此地之情形有异于彼地，故不能相提并论。

对普通腐败之变例，现需略加研究。

2. 尸体处于同等情形之下，其腐败之程度各别

有几多尸体，同时掩埋，其腐败之程度则各异，有一部分尸体已仅余骨骼，其他尸体，才有腐败分解。

另举一例，以证明死之原因，葬土之时期，与所在之土壤，均无分别，而腐败之结果，则各异：

1871 年，清除骰党（Sedan）① 战场，发掘掩埋已经 6 个月之尸体，各尸体之现象不一，有的已腐败至极度，肢体业已分离，有的尸体仅有变质，各部分均可识别，宛似新入土者然。

腐败进行之差异，在最初之时，即其显著，能令人见而惊讶。一男子及其所欢，均为所欢之女用枪射在头部致死，两尸体停留在同一房间同一床铺内，后又同送至莫尔格（Morgue）② 解剖。死之第三日，在同一时间，举行尸体解剖，女尸完好如新死者，男尸则已现绿色而膨胀，其腐败已深。

各种变例之理由，尤其属微菌生物学的，吾人不能尽知，吾人所知者：

A. 个人之影响。

B. 环境之影响。

A. 个人之影响。

个人之影响，分两种：一系体质的；一系病理的。总之死之类别，颇影于腐败，致生变例。

a. 体质的影响：尤须注意于身体之组织及年龄。

胖人之尸体，总比瘦人之尸体易腐败。

在幼儿尸体上，腐败③进行比壮年人尸体快，新生儿尸体腐败之进行缓慢，原新生儿肠内缺乏腐物寄生菌，此菌只发现于曾经生活有相当时间者之肠内，死胎未曾吸气入肺，故其腐败迟缓，其现象较新生儿明显。

但胎儿在子宫内腐败，暨新生儿尸体内肺脏之腐败，数见不鲜，均详

---

① 骰党（Sedan）：色当，法国东北部一城市，1870 年普法战争战场，法军大败于此。
② 莫尔格（Morgue）：太平间，停尸房。
③ 腐败：原文为"败腐"。

于堕胎及杀儿各论中。

b. 病理的影响：死之缘由，对于腐败有著明之影响，有时能催促腐败，有时能展缓腐败，至少对其最初之出现期，有相当影响。

强度与早期并行不悖。

腐败既早而重，倘死由于下列之原因：重伤与广大的挫伤、传染病、某种中毒、窒息、日射病、电击能致长期濒死苦闷之病、水肿等。

重伤除去皮肤之保障，自开其门户，与细菌以机会，并授以恰好之培养基。

重大挫伤灶，亦系体内腐物寄生菌之易于发展地。

腐败性或脓毒性之病，对于腐败之进行，甚有关系，因其于临死时，犹给体内以大批细菌。败血病即是腐败现象进行于活人体内之征，腹膜炎死者，产褥传染病死者之尸体，均易腐败，其理甚明，天花亦有同样情形。另有许多学者，谓伤寒系腐败速发之一原因，但有多数伤寒死者，其腐败进行缓慢。都尔奴（Thoinot）[①] 在其尸体解剖室内，从未见有伤寒死者，其尸体腐败进行速快。至霍乱死者，马日宝谓各尸体对于腐败之抵抗力大小不等，因弧形杆菌之肠内集团，有时系单独的，故不易腐败，有时系与腐物寄生菌相混合，故易于腐败。

传染病是有利于腐败之进行，但不乏例外，韦拜日（Vibert）见一患肺炎死者，时值二月，天气温和，8日之后，其尸体保存甚佳，宛似死后24—36小时者之尸体。

马日宝曾见急性酒精中毒死者，其腐败之进行甚顺利云。

兽类经劳力后而被杀者，其肉分解甚快，人类当用大力或力竭后而死，其尸体腐败亦甚速。

凡疾病能使病人有长期之濒死苦闷者，均有利于腐败，因腐败已起于死前，因肠内腐物寄生菌在濒死苦闷时，均已过渡至循环器官。

死于窒息者、日射病者、电击者、水肿者，亦均易于腐败，且上述各致死原因能速腐败之进行。窒息死者，血液丰富，具有流动性，故尸体易于腐败。电击或日射病死者，其致死为外因即能速尸体腐败。

倘死之原因为大出血或某种中毒则腐败缓慢，至少于腐败开始或最初出现时。

---

① 都尔奴（Thoinot）：Leon Henri Thoinot（1858—1915），法国法医学家，曾任法国法医学会副主席，著有 *Legal Medicine and Forensic Autopsy*。

大出血之影响于腐败，其理甚明，亦易于解释，因血液已减除，血液为腐物寄生菌之上好培养基，培养基既减少，则腐物寄生菌之发展受障碍，故尸体腐败之进行缓慢。

氧化碳能展缓腐败，多数作家，均作是说，勃鲁阿尔载日（Brouardel）亦赞成此说。中煤毒而死者，死后 2 个月，其尸犹完好，马日宝（Malvoz）实地检查，认为氧化碳有展缓尸体内腐物寄生菌侵袭之能力。例外，亦有中煤毒腐败甚快者。故在实际上，二说并行。

氢氰酸中毒（Acide Prussique）能展缓腐败，1897 年，雷门克（Vleminckx）于法医学会议中，呈其所著，系观察一氢氰酸中毒死者，死后 1 个月，其尸犹完整，其说后经过马日宝氏（Malvoz）加以实地试验，亦证明其说与事实符合云。

有一基础知识，在法医学之运用上甚重要，即肢体离开尸体后，肢体之腐败比躯干慢。曾有一例，一人被害已 8 日，其躯干已完全分解，但其被支解之肢体，尚完好如新鲜者然，其解释甚简单，即被支解之肢体已离开中心灶（Foyer Central），可避免中心灶内微生物之发散，腐败之来由，即在于此。

B. 环境之影响。

普通腐败，常遇于流动空气中，地下、水内，亦举行于某种特别境地内，如肥料内、粪坑中。

加斯拜对腐败进行比较，曾拟一公式如下：即在同等温度，于空气中腐败一星期者，等于水内腐败二星期者，等于地下腐败八星期者。加氏之公式曾受大众訾议，但诸著作家，尤其丝绣丁（Schauenstein）谓处于同等条件之下，空气内比地下容易腐败。

奥费那（Orfila）在加氏前，即比较研究各种腐败，土内之腐败，水内之腐败，坑所及肥料内之腐败，及空气内之腐败。其研究结果，谓在潮湿气中，腐败甚快，肥料内之分解，比水内土内粪坑内者快。依腐败先后之次序说起，则第一为潮湿气中，第二为肥料内，第三为水内，第四为粪坑内，最后为土内，土在各情形中，最能延迟腐败。

a. 土内腐败

尸体掩埋愈深，其破坏愈慢。

裸尸比有衣者，或用棺，或用混和药水，或用石灰保尸者，易于分解。衣服对于腐败，极有影响，奥费那对于此点，均甚注意。用帅当（Sedan）战场掩埋之尸作证明，掩埋 6 个月之后，大批德国军官之尸体均有衣着，故尸体完全保存，胶皮外套对于抵抗尸体腐败，亦似甚有效验云。

棺木之质地，对腐败亦有影响，棺木愈薄，则尸体之分解愈快，棺木厚及封口完整，均不利于尸体分解。

棺木所受之变化，若能知之，亦甚有趣味，奥费那（Orfila）曾有详细之描写。棺底内面因受尸液浸润，作灰黑色，上有霉一层，有一种淡褐色具臭气之浆糊样物，棺木发胀，渐隆起，终至于炸裂穿孔。棺盖之抵抗力较大，其结果亦自退让，因棺下之土侵入棺内，其压力能使棺与盖脱离也。棺木渐渐破坏，最后则仅余零落不完之碎块。奥费那（Orfila）曾见薄松板之棺，至 13 个月或 14 个月即行破坏，有拇指厚之松制棺木，于已达两年期间，犹完整无恙，橡树木料所制之棺，抵抗之时间稍长。棺木之抵抗力愈强，则尸体之保藏愈好。

金属物品所制之棺，仅能延迟（尸体）分解而已。

棺内掺入粉剂，能抵抗腐败。

锯屑与防腐剂混合，能展缓腐败。

买司尼日（Mesnil）及奥喜埃（Ogier）在依夫里（Ivry）之墓地，曾实地试验，证明石碳酸（Acide Phenique）、水杨酸（Acide salicylique）、氯化甲烷（Chlorure de Methyle）及木屑之合剂，能将尸体保存完好。至第二月加木屑于石碳酸内，硝基苯内（Essence de mirbane）或硫化铁内，抑制尸体各种分解，水杨酸亦有同样之效力。

反之其他物质，极有利于分解工作，依丝绣丁（Schauenstein）意，木炭已由筛滤过之细末，置于尸体附近，尸体之软部消失甚快，仅剩骨骼而已。

b. 水内腐败

淡绿色出现，此为最初腐败之征，淡绿色之发生，不于腹部而于胸部面部，继侵颈部、腹部、肩及上肢，最后蔓延至下肢。

此种出现之步骤，应解释如下：

腐物寄生菌，不复以腹、肠为中心发源地，而以胸、肺为发源地，因腐物寄生菌随水由外侵入故也。

水内腐败现象之过程，继显于尸体之上部，都尔德氏有言曰，若于某时间，将淹死者之尸体，分为两节，其上节为面部胸部，其下节为腹部及下肢，则人不信该两节属于同一尸体云。

继绿色而出现者，为褐色，至少必出现于某部分，面部最明显，面部肿胀，为淡黑色，唇红而肿，宛如黑人之头，尸体其他各部，呈各种奇异之色，黄色块、黄绿色块、紫黑色块，在尸体各部继续发现。

气体发展，于水内腐败特别著明，在夏季只需数日，气体之盛，能使沉底之尸，浮于水面，有时虽尸体上缚有重量之物质，亦能浮起。

于夏日溺死者之尸，提出水外，置于空气中，则普通腐败之进行特别加快，载外而喜（Devergie）曾有极充分之详细描写，今摘要述其一例于下："一尸体从水内提出时，值夏日，尸体之体积如常，面部略带淡红色，有数指宽之绿色块在胸部中心，在空气中暴露四五小时后，头即胀至双倍大，其他部分亦然，面部如黑人，眼皮肿胀突出，头部不分明，腹大而突出，阴囊肿大等。"

c. 粪坑内之腐败

此为水内腐败之一种变态。此类腐败，以新生儿为多，有种种之过程，区别甚多，因粪坑内具有各种不同之情形也。

奥费那（Orfila）及雷许由（Lesueur）沉一新生儿之尸于粪桶内，气体在儿尸内发展甚速，继复有腐败分解。戴外而喜（Devergie）谓很少之境地，能利于石碱化如粪坑者，石碱化之快，能令吾人错认死期。

勃鲁阿尔载日（Brouardel）谓一方面于粪坑内易于或难于得到空气，他方面粪坑内容物之性质均与腐败之进行，有莫大关系。在某一粪坑，空气欠流通，其内容为尿及粪，腐败之进行不速，埋胎儿于粪坑内，五月或六月后，将胎儿取出检视，胎儿体上裹以一层甚厚之粪质，但尸体尚完好。

反之若粪坑处于空气流通之地，内容为水及石碱水，则腐败之进行，宛如在寻常水内者然。

d. 肥料内之腐败

肥料能速腐败分解，有数理由，可以解释，肥料本身即为发酵细菌之处所，故其侵袭尸体甚易，加之肥料之温度，比左近之温度高，此亦一有利于腐败之条件，又富于气体及潮湿。

e. 空气中之腐败

在空气中腐败分解，比其他处所快，因空气中有昆虫，其破坏力甚大，有时尸体分解，以昆虫为主要原因云。

第四节　尸体变化及保存之过程

1. 尸蜡或尸体碱化（作肥皂状）及尸体变化成脂肪。

2. 枯干（木乃伊）。

3. 浸软，此种过程，仅发生于胎儿之死于母体内者。

浸软与堕胎同时研究，当于堕胎章内详论之，此处所研究者为碱化尸体及枯干。

1. 尸蜡或尸体碱化

尸蜡形成，每系一部的或孤立的，无论任何尸体，均有此种现象，虽经过特性腐败分解，亦不免此现象。

所以无甚重要，尸蜡真形成，即尸蜡布于尸体之大部分或尸体全部。

甲、形成之要件

尸蜡非过程之初步，其发生常在腐败分解之后，分解程度之深浅，并无关系，其所侵袭之部分，若未腐败分解可免腐败分解，此部分即有短期或长期之保存，尸蜡只发生于两区域内，即水内与土内是也。在水中，比较发生得快亦较易见。

据各著作家之意见，在止水内或流滞之水内最易形成。只有戴外而喜（Devergie）标明尸蜡之形成，流水较利于止水。粪坑内之尸体，亦能有尸蜡之形成。

潮湿之陶土地及不易浸透之黏土地内，均宜于尸蜡的形成。

勃鲁阿尔载日（Brouardel）及买司尼日（Mernil）于圣拿彩尔（Saint Nayaire）墓地内研究之结果，证明葬埋于完全不浸透之黏土内，如上述墓地者，尸体变尸蜡，虽埋葬已经过五年之后，尸体仍保存甚好。但在利于腐败分解土质之墓地内，仍可寻出有尸蜡形成之尸体，大概在多数尸体堆积之共同墓穴内其中之某某数尸体，有此现象。18 世纪末叶，易诺上（Innocents）墓地之大发掘时，发现多数之碱化尸体，以该墓地系共同墓穴，每穴约深 30 尺、宽 20 尺，穴内棺排列成行，互相密接。因易诺上共同墓穴内之尸体，傅尔库鲁尔（Fourcroy）及都黑赖（Thouret）始作第一次尸蜡形成之记载。

倘尸体互相堆积，则尸蜡形成特别多见于下层之尸体云。

1794 年，喜勃（Gibbr）创出一法，能制造尸蜡，此法应用于工业上，即沉马于水，即可有尸蜡之形成云。

1801 年，毕嘉（Bichat）亦能于水中用人工以制造尸蜡，克拉德

（Kratter）^① 亦有同等之成功，但克氏得到一极有利于其试验成功之经验：即水之更换，愈少愈好。

奥尔费拉（Orfila）及雷许由（Lesueur）将尸体之一小部分，用布包裹，埋在肥沃土及利于植物之土内，遂获尸蜡。

近于真确之试验，为奥喜埃（Ogier）及买司尼日（Mernil）于伊扶里（Ivrig）墓地内所作之试验。此二人将一死尸置于一寻常棺木内，葬于一经人工制成之黏土下。满 17 个月，尸休即有尸蜡形成。

圣那彩尔（Saint Nayaire）墓地甚利于尸蜡之形成，但排水通气之后，即能使该土质宜于腐败分解。

有二条件，似有利于尸蜡之形成，一为潮湿，一为空气不流通。

个人特别情形，对于尸蜡之形成，亦大有关系。胖人及小儿之尸，均有易于尸蜡形成之倾向，小儿之尸形成尸蜡，常有之事，经过甚快。奥夫莽（Hofmann）谓此系小儿脂肪组织与壮年人不同。嗜酒者之尸体亦为利于尸蜡形成之策源地。在此类尸体内，可以富于脂肪解释一切。奥夫莽曾注意及饮酒人之脂肪，谓其脂肪之色泽等，与健全之脂肪有异，饮酒人之脂肪含有固形脂酸。故尤宜于尸蜡之形成。

乙、叙述

尸蜡之块具有特质，易于认识，倘形成于水，则作白色，于土内形成，则微作黄色。

新尸蜡系油质，具有黏性，随手变形，切开之后，宛似乳酪，倘尸蜡陈旧则变硬，捏之则碎。

尸蜡新时，性质不纯，内含有异物组织、肌肉、腱、韧带。从尸蜡外面看，犹可辨识^②，陈旧而后，则一律同化。

都黑赖（Thouret）对于易诺上（Innocents）墓地尸蜡形成之描写，甚详细，可为土内尸蜡形成之描写典型。尸体平卧在棺底板上，尸体扁平，如受压者然，尸体之表面与棺盖尚有甚大之距离。有布缠绕于尸体周身，尸体犹保存其原有形态，但将殓衣揭起后，则见尸体上有一种柔软物质，具伸缩性，作灰白色，围绕于骨质上，稍加压力，即行破碎，一似寻常之干酪，其表面印有布类上经纬线痕，气息尚不过臭，各骨虽互相排叠并无真实连接。

---

① 克拉德（Kratter）：Julius Kratter（1848—1926），克拉特，德国法医学家。
② 辨识：原文为"辨识"，应为印刷错误。

腹腔已失去，脂肪竟集于脊柱上，胸也变平，肋骨挫节凹陷，枕于脊柱上，头如经脂肪包埋，颜面模糊不可识别，下颌骨已失连络，关节破坏，眼眶内只有数淡白色块而已。头皮已变为脂肪质，发尚保存，指甲完好。

尸蜡形成于水内，呈数特征，因盐类溶解于水，脂肪质遂受石灰质之浸润。

奥夫莽（Hofmann）曾详细记录一存留水中已经数月之尸体，此记录极有兴趣。

骨骼周围，均为石灰质，脂肪块通常为灰白色，表面上有粗颗粒，新鲜时发散淀粉质气味，干燥时则生酸败味。此类尸体，即系石化尸或石灰化尸，因其形态之保存，每极完整，尸质坚硬，脂肪块呈石灰样，数年之后，犹可辨识，存于尸体上之衣带印或勒死之印痕犹可检出。

石碱化之尸体，很少完全无恙者，于格拉斯（Graz）墓地内尸体之头颈、前膊及小腿常付缺如。

奥夫莽谓往古医家，信皮肤亦脂肪化，系一错误，因实际上皮肤已因腐败而分解，吾人所见之外膜，系脂肪层，石碱化碱脂肪层上有颗粒，故视之如皮肤上所生的印痕。

于脂肪组织块中，最初时常见有腱、肌膜、肌肉零块，依其组织，其红色或深或浅，犹可识别。

有谓时间经过再久，则肌肉、腱、肌膜均石碱化者，亦有谓以上各组织因普通腐败之结果，已行消灭者。

尸蜡布置于骨之周围，形态无定式，甘慈（Guntz）及奥尔费拉（Orfila）曾谓尸蜡于肢体上，围绕骨质，一如鞘，骨立于鞘中与鞘无联络。

至于内脏，有时可检见零块，为普通腐败后之残余，有时为脂肪块，肝与脾常现此等状态，或谓此为肝与脾已真碱化，或谓此系生活脂肪退化之组织改变为尸蜡，奥夫莽（Hofmann）即主第二说者，心脏亦间或形成尸蜡块。

丙、进化

形成尸蜡之尸体，其保存之命运如何？此种尸体能保藏甚久，华盛顿（Washington）之尸即可作例，尸蜡形成于华氏尸体上，40 年后发掘，其颜面之轮廓，犹可识别。

此类尸体能长期保存，对于法医上有极重大利益，尸蜡质地坚硬，能保存尸体表面上之印痕，及死后甚久，犹可据以辨认各种痕迹，克拉德

（Kratter）曾举一例，有一被勒死者之尸，死后一年，其颈上勒痕，犹依然清晰。

但尸蜡终归破坏，都黑赖（Thouret）谓在土内，尸体脂肪受雨水侵及则破坏，其在水内者，水流亦足以使之分解破坏，其已经剥离之蜡块，由大块而分裂破碎，终归消灭。

尸蜡之形成，与普通腐败一样，其变化无一定之准则，戴外而喜（Devergie）谓应需 6 个星期至 2 个月。在粪坑内之新生儿尸体，方能完全形成尸蜡。壮年人之尸体，于水内需 1 年，在土内需 3 年，方能完全形成尸蜡，此不过为近似之标示而已。

丁、尸蜡之性质

傅尔克鲁尔（Fourcroy）谓尸体脂肪为钲与蜡之结合，侠夫楼日（Chevreul）则视如油酸铵（Oleate d' ammoniaque）总之为一种真肥皂，载外而喜（Devergie）标明油酸钙（Oleate de chaux）亦系常见之物质。尸体脂肪似为固定脂肪酸（Acide gras fixe）及肥皂（Savon）之混合物，固定脂肪酸中，所最常见者为软脂酸 acide palmitipue 及硬酸（acide Stearique）（油酸 acide Oleique 甚少），石碱系上述酸类及下述盐基类之结合，如石灰或钙（chaux）、镁（Magnesie）及铵（Ammoniaque）。

尸体脂肪之来由，已成为一争论问题。

分两种理论，此类争执，自发现尸蜡日起，即分为两派，直至今日，仍分两派。

第一派谓尸体脂肪不独来自寻常脂肪组织，且来自全身之各种组织。

第二派谓尸体脂肪只为全身寻常脂肪组织之变化，其余组织均避免尸蜡之形成，除某种情形外，尸蜡之形成，鲜有扩大至其他组织者。

创造第一派之学说者为都黑赖（Thouret）、奥尔费那（Orfila）及其他学者均附从是说。

第二派学说之创造者，为傅尔克鲁尔（Fourcroy），现今多数学者均为此学说之左祖者。

其争论焦点，大多数在肌肉之蜡化，因尸蜡所占之地位，常为人体的肌肉之位置，比嘉（Bichat）、喜勃（Gibbs）、敢（Quain）及近今学者如韦尔绣（Virchow）[1]、秀恩思坦（Schauenstein）、克拉德（Kratter）等，均以

---

[1] 韦尔绣（Virchow）：鲁道夫·魏尔肖（Rudolf L. K. Virchow，1821—1902），德国病理学家、政治家和社会改革家。1858 年，出版了《细胞病理学》，被誉为"病理学之父"。

尸蜡所占之部位，似为肌肉蜡化之结果。反对此学说者则谓尸蜡之来由，只从有机脂肪，如好勃帅莱（Hoppe_ Seyler）、奥夫莽（Hofmann）、吕德维格（Ludwig）、喜日乃（Zillner）等，其答辞如下，真肌肉既因腐败而消失，其空隙为中性流动之脂肪所占。

截至目前，犹在争论之中。

无论如何，尸蜡形成或尸体肥皂化，应视为细胞酶之自溶作用，此处全系脂酶作用，脂酶分解中性脂肪为甘油及不溶解之脂肪酸，此酸以后再与碱性盐及碱土金属之盐类相结合，遂形成碱性肥皂，故为各组织之确实模型。

自溶作用，产生尸体脂肪，只能于两种条件联合之下充分发展。

①尸体在两种情形中，不受昆虫或细菌破坏，尸体位于水内（可避免昆虫），尸体在潮湿而乏空气之土中（不利于普通腐败）。

②脂肪甚多，尸蜡易形成于肥胖尸体上。

于上述条件外，则尸蜡之形成，亦仅局部而已。

2. 枯干

枯干者，即尸体已经干燥，犹能长期保存其外表之形态。

尸体于某种情形之下，受某种关系，自然现形完全如木乃伊，吾人所常见于埃及坟墓内者，人工所制之枯干即木乃伊，埃及人久知此法。

埃及人将尸体用带裹紧，该带系预先涂以香料，大约系制腐剂，此种木乃伊保存甚久。

枯干与肥皂化尸有相同点。即亦有局部的，孤立的，断片的枯干，保存尸体一部分于普通腐败分解之中，对此局部之枯干，不能即名为木乃伊化，所谓木乃伊化尸体，虽非必待全部尸体已入枯干状态下，方能援用，唯至少亦须枯干之程度，能抑勒普通腐败之进行，且能保存尸体外表之特别形状。

（1）形成之要件

天然之木乃伊，常见于各种情形之下。

（甲）尸体葬于沙漠之热砂内，嘉尔胆（Chardin）言尸体之保存及枯干，常见于高拉桑（Korassan）（波斯）之砂土内，于彼处能发现 2000 年前之尸体，依然保存。

（乙）在地下之墓内。

（丙）于寻常墓地内亦有此现象。

总之，枯干可见于地下，及在空气中未曾掩埋之尸体。但水内从未有枯之发现，枯干的必要条件为何，现在尚未成立。大概缘于尸体干燥甚快，将有机液体尽行除去，此液体为维持腐败细菌所必需，且此液体一经干燥，不易回复，细菌既死，故普通腐败，立即停止，其干燥之部分，即能抵抗细菌之腐败分解，有时竟能抵抗食尸之昆虫。

露尸于有热气及空气流通之处，最宜于干燥之引起，亦即历史上记载许多天然木乃伊构成之要素，沙漠热砂内之易于引起枯干，别无其他缘由。

枯干之原因甚复杂，有时于墓地内发现枯干，而其傍之他尸，则已完全腐败。此类情形，曾见于易诺上（Innocents）墓地内及圣爱鲁尔（Saint_Eloi）墓地内。

枯干尸体之个人条件或病理原因，在各类中均不足以解释枯干之来由。土泥之特质，使尸体内之液体向外界过分挥发，秀恩思坦（Schauenstein）假设此为一原因。

或谓女人之尸体较男子之尸体易于枯干，但鲜充分之确证，又谓儿尸干燥比女子尸尤易，故时能发现新生儿尸体枯干于箱匣内，又如于空气并不完全干燥之地点，及于某情形下，寻常大人之尸体必生腐败之处，儿尸偏能有枯干出现。

病理情形之有无影响，久在讨论之中，尤其是砒中毒，中砒毒之尸体，能保存长久之言，常有人提起，但实际上此说亦有例外。

（2）描写

枯干之重要特点如下。

（甲）失去很大之重量。

（乙）外表形态之保存，面部犹可识别，外面作淡黑色，又皱缩宛似陈旧之皱革。

（丙）尸体内部之保存及其形状，并无定态，有能保持原状者，有已变为一种火绒状者，有已完全消灭者，天然木乃伊长期保存，其期限实可惊人。但其破坏，亦复严重，木乃伊多少总有些柔脆，或以人工破坏，如搬动等。或受昆虫之作用而破坏。

二、死之诊断

死之诊断分为下列三节：

第一节　真死及假死之诊断

265

第二节　死期之确定

第三节　快死或慢死之诊断

第一节　真死及假死之诊断

1. 假死之定义

数种病态，略具死征，有时几完全如死，系一时现象，于此时期内，各生活作用均似中止，即真死之二重要征象。呼吸与血行停止，假死亦具有上述二征象。

莽德（Mende）① 谓假死系一种状态，在此状态中，生命虽尚继续存在，但在外表并无生活征象可检见，心脏已不复跳动，无呼吸，脑不作用。

巴和（Parrot）则谓在确实之假死中，心脏已不复有明显之跳动，此种状态，自巴氏视之，即为生命征象消失，真晕厥始如此。布许（Bouchut）反对此等议论，布氏谓心之不跳动，因检查者不知证明其跳动之方法，如心音真实停止，则生命即不复存在，于假死中，心脏跳动，但其跳动，只有用耳听诊者，可以知之，生命外似停止，但其心脏确仍继续生活，因生理学家之研究结果，及现今之许多实例，有多例哥罗仿性晕厥，因心脏按摩法疗治痊愈②。在此种晕厥中，循环暂时停止，确实及整个停止，并未致死，故可说有一暂时之真死，伴有再生之可能，但循环不能停止长久而不引起心脏重行跳动之不可能，或不发生不能继续生存之大脑障碍。假死之事实，可分为两类：短期之假死（晕厥等），在此类中，循环之确实停止，系属可能；长期之假死，在本类中，循环中止，不是完全及真实的，但仅类似耳。

依其征状及其现象，假死之定义，极易描写，即不动，血行与呼吸类似停止；假死有一定标准，如上所述，其他如酒醉、癫痫性及希司忒利阿性昏睡，均不能列入假死，以其心脏仍继续跳动。

2. 假死之类别

晕厥缘于大出血者，内出血，外出血，心外膜内充满液体，感动等。

电击、冻伤、脑震荡。

各种窒息，原于机械或中毒。

---

① 莽德（Mende）：Ludwig Julius Casper Mende（1779—1832），德国法医学家，1823 年任哥廷根大学法医学与产科学教授，1819 年出版《详明法医学手册》的第一卷《法医学简史》。

② 痊愈：原文为"痊癒"。

人工麻醉如哥罗仿（Chlorforme）麻醉等。

以上各种现象，均不易与真死辨别，不但常人易有错误，即医师亦不免错误。

下举一例，为医师之错误。

飞利浦否（Philippe Feu）为著名之产科专家，被召去实行开腹取儿术（Operation cesarienne）于一女子身上，此女子死于怀胎足月之时。飞氏用寻常方法，证明此女了确已死去，心脏部绝无声音可检见，遂操器械近此女子，该女子忽身颤，齿轧，两唇摇动，并未死去。在许多假死类中，医师所不认识者，特举精确之例如下：

（甲）克拉克爱里（Clark Ellis）及萧（Schaw）之实例，一人被悬吊于早晨10时，无抵抗亦无搐搦，悬吊7分钟后，犹闻心音，每分钟约跳百次，2分钟后，脉波仍为每分钟98次，再待3分钟，脉波仍有每分钟60次，但甚弱。

10点25分，心音已完全消灭，遂停止悬吊，10时40分将绳松开，11时30分后，锁骨下静脉开始跳动，将耳靠近，即可证实此音实来自心，继续将该牺牲者悬吊，必置于死地而后已。欲完成此被悬吊者之死，继之以剖腹，将心脏周围之器官，尽行摘出，裸露心脏，脉波仍不停止，右心房仍然有规则之收缩及扩张，14点45分，各种运动始完全停止。

（乙）西高尔 Sikor 所引证之事实如下。

有受缢死刑之犯人名达加克氏 Takac3 早晨8时行刑，行刑后8分钟，西氏受命诊视该囚徒是否真死，胸部腹部均毫无动作，心部亦无起伏听诊自无结果，角膜已混浊，瞳孔散大，光线反应，业已消失，遂断为真死，3分钟后，重行诊察，结果与前同。

尸体放下，抬至医院，预备解剖，置于手术台上，实行电流试验，于此时又见心脏运动，10分钟后，桡骨动脉搏动继起，达高克氏继续生活22小时，但其神志始终未见确实回复。

3. 真死与假死之区别

实际上有时须区别真死与假死，此为一严重问题，因一有疏忽，则易发生早期掩埋，由此可知死之确征之重要，医师应于各种光景内，寻获死之确征，俾启诱立法者，防止早期掩埋云。

假死与真死之诊断，基于下列征象：（1）应有征象；（2）所谓特殊征象之试验。

（子）应有之征象，前已述过，即尸体强直、发冷、眼之特征等，若再充之以腐败，则为死之确证，毫无疑义。

（丑）所谓特殊象征之试验（Epreuves dites pathogno moniques），似嫌太慢，许多学者寻获一种主征之试验，生命消灭之后，随即可有肯定或否认的答辞，以下特述理想之试验，及其所受之批评。此种试验，有行于循环系、呼吸系、知觉、动觉、皮肤及眼，最后特略述数种特别试验，如拉伯德（Laborde）之试验，及勃里斯毛赖（Brissemoret）及昂巴尔（Ambard）之特征。

（1）循环系：最严重之试验，为布许氏（Bouchut）之试验，心脏停止跳动，倘系确实证明，自布氏视之，则为生命停止之征。但心脏之停止工作，眼与手绝不能作精确之证明，只有依科学方法，用听诊来证明，今摘录布氏之说如下：

无论任何疾病之状态，在高等动物，如人或其他兽类，倘未抵于死，决无停止心脏工作之能力，其中断为决对不可能之事，倘停止期间，已过10分或20分钟，则应视为长期停止之征，于听诊时若长期不能发现心脏跳动，即为死之确征，布氏至谓在哺乳类及人类中，倘心脏过5分钟不跳动，即应视为死之确征。

科学研究委员会，认布氏之说有甚高之价值，但惜微有缺点，即心脏长期不跳动，"长期"二字似涉空泛，应言凡于寻常听诊时应听见或偶然得听见心音之部位，用听诊证明经过5分钟以上之时间未发现心音，则为确死无疑。

对布氏之征，作同意之批评者如下：

甲、方法之要素

听诊下之心脏停止，等于真死，布氏谓凡晕厥假死等，其心脏未尝真停止工作，外视如停止耳。雷矣埃（Rayer）亦同意布氏之说，谓癫痫、癫痫性或希司忒利阿性昏迷，麻醉剂，易分散的毒物、醇、醚、哥罗仿、氢氰酸中毒等，冻伤，窒息，晕厥上述各症，均有假死现象，其与真死之区别，即心音存在故也。

布氏方法之根本原则，亦自有缺点，因现确认在几种假死中，循环能真实中断，但为期甚暂耳。

乙、由于科学立场异议之外，仍有实际上之异议，戴外而喜（Devergie）有言，凡欲得心不跳动之确证，必须有一熟练而敏锐之听觉，倘系专任之人，其人于此类检查，具有专门研究，则年事必高，其听觉必已稍差，故易于发生错误。

勃鲁阿尔戴日（Brouardel）谓凡兽类临死时，其心音均不可听见，开腹之后，犹见心跳。

听诊虽未发现心音，并非心脏确然停止之后。

对于循环之他种试验，为梅戴日道尔夫之用尖器探究法（Akidopeirastic[①] de Mlddeldorf），切开血管，马格女氏（Magnus）之特征，道乃（Donne）之特征，日瓦搜尔（Levasseur）之特征，最后为伊嘉尔（Icard）之试验，甚巧妙。

①尖器探究法，系于心脏不跳动时，实行一种自动登记，此种试验法，将铜针或白金针在第五肋间穿刺胸壁，而达于心脏，露于胸壁外针之其他端，并不动摇，此为心脏不动之征。布许氏（Bouchut）曾制一种供试验用之器具，其形式与梅戴日道尔夫所制者，约略相似，1857 年，梅氏始引此器于人身上。勃鲁维埃（Plouviez）始于 1861 年，宣传此法于法国，此法因氏之工作，而效果益显。

②动脉切开术，切开之后，无血流出，表示心脏停止运动，此为无益而又有害之法。

③马格女氏（Magnus）的特征，基于肢体之染色，凡将一肢缠牢。其在缠牢下之部分，若在活人身上，则显红色，其色或淡或浓，因绳能为血回转之障碍，所以有淡或浓之红蓝色，倘于尸体上做同样之试验则无此现象，最利于此试验之部分为手指。

④道乃（Donne）之特征，基于死后血管内存有血之液体部分不能凝结，为证明是否真死，只须切开静脉，将血收集，在表面状玻璃内，观察其是否有凝结。布许（Bouchut）反对是说，布氏谓在尸体上（才死几分钟后）虽切开肢体内最大静脉，有时不能寻见血液，其最有力之辩驳，为血自才死尸体上之血管内取出，确实能凝结。

⑤一简单之征，为拔火罐法，即拔火罐后，复在该处皮肤上加以刀切之谓，实行于胃之凹处，于活人体上应有血出，在尸体上则无血出，其结果相反。

伊嘉尔（Icaid）之试验甚工巧，此试验完全无害，将有荧光结晶物之

---

① Akidopeirastic：探测性针刺的，原文为"Acidopeirastie"。

碱性液体，注射于所谓死人之尸体静脉内，或肌肉内。倘系真死，则血行停止，有色物质，未尝吸收，依然存在局部。倘系假死，血行停止期间甚短，则含荧光结晶物被吸收而流行，被注射之人，皮表现黄色甚浓，巩膜染绿色，眼眶中如嵌有华丽之碧玉，倘系静脉注射，则色彩消失甚易，如注射入肌肉内则消失较缓。伊嘉尔之试验，曾经其他医师检查有效。

（2）呼吸系：昔时已有人提议，蜡烛、绵芽、镜等试验，威英士罗（Winslow）对此已有很严重之批评。威氏自身亦创意一种试验，其价值甚弱，威氏之试验如下：将一玻璃小碟内盛满液体，置于剑状突起下之胃凹处，倘水不自碟逸出，即系已死之征。

伊嘉尔（Icard）之特征，甚精巧真实，基于以①下之原则，在尸体腐败，绿色斑点出现之前，有硫化氢从呼吸孔出，可以用化学反应来证明。生人呼吸孔内，从无硫化氢呼出。伊氏主张，倘使决定一人是否真死，即用白纸一小块，置于其人鼻孔前。在白纸上预先涂以中性醋酸铅溶液（十公分②的醋酸铅二十公撮③的蒸馏水），此涂迹本系无色，若与硫化氢混合，则成硫化铅而作黑色，伊嘉尔氏谓此为尸体自己描记其死。

（3）感觉器：对于普通感觉之试验甚多，有人主张用铁烧红或用蜡腐蚀，用开水烫，行针术，发泡术，笞击。

特拉赛氏（Rhases）为亚拉伯之名医，使人用力鞭笞数人之足心，此数人特氏均预拟为假死，终于证明特氏之理想，下述试验，均系有关特别感觉之试验：搔抓鼻黏膜，呼吸钲气，引进鹅毛管等在咽喉内，以上各种试验之主要异议，以其中数试验近于粗暴，且有假死，其主要征候为感觉神经失去作用。

（4）肌肉：死后肌肉对于电流不生反应，但其刺激性尚存在于死后之一定期间内，倘人能证明刺激已完全消失，即可为真死之结论，

（5）眼：布许（Bouchut）曾指示对于视觉器官之阶级试验，此试验，对于死之真实，颇有价值。

网膜内之中央动脉，于临时即中空，弗可检见，网膜静脉血仅余一半，渐渐凹陷，血柱（colonne sanguine）破碎，在各断块间，有从血内进出之气泡，视神经乳头（papille optiuqe）不复浮于血管之隆起下，血管已空，隆

---

① 以：原文为"已"。

② 公分：克。

③ 公撮：毫升。

起渐失，脉络膜（Choride）已失其红色顿成淡白色，镙钿色或灰色，眼之变化，用检眼镜易于检见，但应有检眼镜及检眼专家方行。

（6）皮肤：有人主张在皮肤上做诊断试验，羊皮纸状之激成；烫伤。

人工激成羊皮纸样之试验，基于尸体上之主要现象，前已述过用不平滑之物体摩擦尸体之皮肤，至少 6 小时，至多 12 小时，即可得羊皮纸样块。

烫伤在原理及实用上，发生一种现象，于人体及尸体之皮肤上，大不相同，此类区别现象，只限于第一级表面之烫伤，尤其在第二级烫伤内著明。

烫伤于生人[①]体上发生浆液性泡，泡之周围有发炎现象，在尸体上则反是，直接接触之烫伤，表皮隆起，皱缩，变黄，真皮露出，遂羊皮纸样化。倘能致烫伤之热体与皮肤间有小距离，则其现象又与上述有异，比如用蜡之火焰，置于去尸体半公分之距离处，即可见表皮缩皱[②]，变黄，作气泡状而隆起，破裂作声，于终突陷。人体与尸体之烫伤，一见即可区别，其区别甚清晰。

但对于普通规则，亦有限制，许多学者谓烫伤尸体后，能产生水泡，此水泡似得自渗透组成，但从未见真实之炎晕，如人体者然，此类发现，于实际甚有用。马德诺（Martnot）谓将蜡焰置于距离指尖半公分处，真皮受灼隆起，遂至爆裂，有时能熄蜡焰。

（7）拉伯尔德（Laborde）之试验，基于钢针插入组织内，缺乏养化之原则，拉氏谓至少需半小时，无论如何深入，钢针拔出后，甚清晰，无养化层在钢针之表面上，即钢针未失其固有之金属物光泽，此为真死之征。布许（Bouchut）反对此说。

（8）勃里斯毛赖（Brissemoret）及昂巴尔（Ambard）之特征。生人之内脏器官，呈碱性反应，在石蕊试纸上，甚著明。人死之后，即发生细胞自溶作用，因此影响，即呈酸性反应，死后一小时，此酸性反应即著明。内脏器官呈酸性反应，为真死之征。

凡有死之疑似者，可用针穿于其肝或脾内，用力抽取其髓质，将髓质置于蓝色石蕊试纸上。

只于真死可发一红色点于试纸上。

总之，特殊征候要简单而捷速，又合于理想者，可说没有，伊嘉尔（lcard）、勃里斯毛赖（Brissemoret）及昂巴尔（Ambard）等之特征，似甚

---

① 生人：活人。

② 缩皱：原文为"缩雏"，应为印刷错误。

精巧，宜改善而使切于实用。

理想之特征，现付缺如，但将各有大价值之征候集合在一起，虽在腐败降临之前，可作无疑义之诊断，可别为早期征象及迟期征象。此类征象，均甚重要，可用以助诊断。

早期征象：

皮肤神经烫伤后，既无炎晕，又乏泡，括约筋[①]同时弛缓，瞳孔散大，蛋白质网形成于角膜上，动力描记器所载之结果，听诊时未闻心音，有伊嘉尔氏之两特征及勃里斯毛赖及昂巴氏之特征。

迟期征象：

体冷，尸斑，尸体强直，在各种电流下，肌肉不收缩，眼部凹陷。

有知识及细心之医师，如在早期征象内有疑惑，必待至迟期征象发现，再行核对。

此等科学供给吾人以完全之确定，可以预防早期掩埋，立法者须制定法条，内载明人死后，24 小时方可掩埋。如此立法，自可避免掩埋活人。

第二节　死期[②]之确定

分两种时期：

腐败尚未开始；

腐败正在进行期中。

1. 腐败尚未开始

于此种情形之下，尚系新死，欲确定其死期，似非难事。用下述数种检查以确定之。

尸体现象；胃内容之检查；血液凝点测定法。

（1）尸体现象

此种现象继续出现，渐进地发展，某种现象之发现，或缺乏某种现象，该现象程度之深浅，依理论均可用以确定死期，但尸体现象之出现期及其进行，有甚大之变化。所以尸体现象，对确定死期，只能视为有相当凭据，未便定为确实证据，即此相当凭据，引用之时，应极慎重，因其无大价值。

以下标示之点，系借重于尸体现象之一例。

甲，尸体尚有温度，既无尸斑，又鲜强硬，此为最近新死之征。

---

① 括约筋：括约肌。
② 死期：死亡时间。

乙，尸体温度消失，强硬开始，此为死已数小时，尚未达一日之征。

丙，尸体已冷及强硬，死有二、三、四日之征。

丁，尸体已冷，强硬消失，腐败业经开始，此为至少死已三日至四日之征。

（2）胃内容之检查

就尸体胃内食物消化之状态，可确定本人死于餐后几小时，唯一要件，须确知其最后举餐之时间。

上述就胃内容而确定死期，最易引起错误，当注意下列数点。

甲，各人之消化机能不同，及各食物之消化时间有长短，即此可证明此类诊断之不易合事实。

乙，按之事实，死后消化仍继续进行，斯巴朗沙尼氏（Spallanzani）久已注意及此，试验多次，复经佛黑赖氏（C. Ferreé）证明，佛氏谓牺牲一狗于其消化开始之时，其消化仍继续进行，倘胃内容系蛋白质，其消化之平均时间，约能至死后 7—8 小时。

尸体所在处之温度愈高，其消化之时间愈长，其力愈强。

总之，尸体胃内充满食物，尚可辨认未受胃液作用，足证死与最后一餐，中间相距离之时期甚短，如胃中空，则可知死与最后之餐，距离有相当时间，但究有几时，不易确定。

（3）血液凝点测定法

在尸体上血之凝点减低，具有各种理由，其死愈久，其凝点愈低，在死期与凝点之间，有一某种比例，此为合理的设想。雷王斯岛尔夫（Revenstorf）用此法计算死期，其结果甚准确，其所采方式，系几近数学的，其正常血之凝点为零下 0.57 摄氏度，倘检查尸体头静脉内之血时，其凝点为零下 0.73 摄氏度，倘 24 小时以后，取血于上述静脉内，则其凝点为零下 0.77 摄氏度，由此可推知死期为：

$$\frac{[(-0.73)-(-0.57)]}{[(-0.77)-(-0.73)]} \times 24 = \frac{-0.16}{-0.04} \times 24 = 96 \text{ 小时}$$

高蓝氏（Corin）系引用是说者，不幸当高氏做试验，欲证明此种学说时，高氏即寻知此数学方法之不切实用，高氏按上述方法计算一尸体之死期，其结论谓该尸体死已数日，而实际上则死仅数小时云。从上述各点研究，可知尸体现象对于死期之确定，不无相当价值，但非绝对准确，只能求得其近似耳。目今科学未完全发达，尚无妥善方法，以求得准确之死期。

（4）存活问题

根据上述各点，鉴定医师对于存活问题，不能做圆满之解决。

2. 腐败正在进行期中

腐败进行期中，尤难确定死期。

奥尔费那（Orfila）谓此等工作，系超乎人力之上的。奥氏之言，直至今日犹不可废。但尸体存放于流通空气中，受昆虫侵袭，则昆虫之研究，可供给吾人以准确之标示。

第三节　快死或慢死之诊断

肝脏之特殊检查：

克鲁德拜日拿（Claude Bernard）证明在健康者之肝脏内，含有大量糖。被斩首者之肝脏，内容大量糖。至疾病死者，其肝脏内不含糖云。

肝脏特殊检查之原理，系由克氏之学说而出。

1892年，高日瓦氏（Colrat）及傅喜爱氏（Fochier）发表其对新生儿肝脏内糖之发现之价值，其大意如下：

在幼儿犹之在成年人之肝脏内，如有糖存在，是为急死之标示，其死于慢性或急性疾患者，肝内无糖。克氏之公式甚准确，譬如行碎头术于一胎儿体上，其肝内可检见大量糖，至死于营养不足或腹泻之小儿其肝内无糖可检见云。

倘援用①克氏之公式于死产儿（儿死内，或速或慢，其结果，于母体肝内有时有葡萄糖，有时无葡萄糖）则不甚合事实。

早产儿产后无几时而即死者，其肝内常有糖可检见。

拉加沙聂教授（Prof Lacassagne）曾举一用溺毙杀儿之例，于其肝脏内，犹检见糖，其肝已腐败及发生气肿，于类似之情形中，糖之检见，常属可能，因糖可于肝内保存至相当时间。此种检查，对于法医师不无有益，因肝内有葡萄糖检见，是急死之标示，如未检见葡萄糖，是非杀儿之征。寻常所用之杀儿方法，使其速死，如闷死、勒死、溺死等，至少可用上述试验，以诊断死之原因非闷死、勒死、溺死之结果。

尚有应知之点，即于某种景况之下，未检见糖，只检见肝淀粉物质，亦具有同等之意义。

1893年，在拉加沙勒教授（Prof Lacassagne）指导之下，哥伦布（Co-

---

① 倘援用：原文为"用倘援"。

lomb）研究肝淀粉作用，对于法医鉴定之关系，哥氏即以此为论文题目，其大意谓肝淀粉作用，变化甚多。倘肝内含糖之平均量为 2—4 公分①，（葡萄糖与淀粉合并）则其死必甚速，或濒死苦闷之期甚短，由此可推知其人临死时，体格佳良。倘肝内有甚多之糖及淀粉，可设想其人死于正在消化进行期内，此对于死期之确定，甚有重要之价值。倘肝内乏糖可检见，标明其人系慢死或患有严重病变组织的疾患，并发热影响于其全身，恶病质与痨瘵②，亦具有同等现象。

哥氏谓凡肝内有葡萄糖可检见者，只能标示其死甚快，至肝内无糖，可放弃自杀或他杀之观念，至少可谓其未尝用寻常强暴手段以致急死。

拉加沙聂（Lacassagne）及埃抵爱纳马尔丹（Etienne Martin）曾于 1897 年，报告其数年来寻获之结果于莫斯古（Moscou）③及勃吕克赛日（Bruxelle）④之大会，哥伦布（Colomb）受其影响，始有上述论文之出现。同年（1897 年）拉氏及爱氏发表其对于肝脏特殊检查之基本工作于《刑事人类学》杂志，及应用于法医学上，肝脏特殊检查之名，专为肝内有无肝淀粉及糖之试验而设。

拉埃⑤二氏曾编纂一律如下：

一因病而死者，或中毒后引起濒死苦闷者，其肝内无糖质之痕迹。于急死或暴死之后，可于其肝内检见大量糖质。

拉埃二氏肝脏特殊检查之方法如下：

取供试验用之肝脏 100 公分⑥，细细磨碎后，再加蒸馏水 200 公撮⑦，加热使沸，然后使液体酸化。用兽炭⑧脱色，通常液体透明，足供葡萄糖及肝淀粉之试验，无须用兽炭脱色，如此可避免兽炭吸收糖质，遇有腐败过深，始适用上述脱色法。滤过之液体，有两种状态，或作白色似乳液状，或透明。作白色乳液状之液体，因其中含有肝淀粉，寻常所用之试药，足供吾人鉴别该液体含肝淀粉与否，加两公撮 90% 之醇于该液体内，即发生

---

① 公分：克。

② 痨瘵：读作 láo zhài，肺结核病，俗称肺痨。

③ 莫斯古（Moscou）：Moscou［法文］，现译为"莫斯科"。

④ 勃吕克赛日（Bruxelle）：Bruxelle［法文］，现译为"布鲁塞尔"。

⑤ 埃：原文为"爱"。

⑥ 公分：克。

⑦ 公撮：毫升。

⑧ 兽炭：做成兽形的炭。亦泛指炭或炭火。

肝淀粉沉淀。作小白棉花球状，竟集于试管底，碘酒染容有肝淀粉之液体作浅褐色，有上述现象。吾人即可谓肝脏特殊检查之结果为阳性（此阳性特殊检查与速死吻合），如供试验用之液体，系透明，则用费林氏液（Liqueur de Felhing）检查，尚未检见葡萄糖，是特殊检查之结果为阴性（慢死兼有濒死苦闷）。

最后尚有一疑问，即滤液透明，含有葡萄糖，于此种情形之下，极难解释下述现象之步骤，即起始时有濒死苦闷但并未延长至终局，继忽发生机械性致死原因，而中断濒死苦闷（所谓机械性致死原因，即窒息，延髓性障碍）。

拉埃二氏谓腐败能使肝淀粉及葡萄糖消失，尤其是在夏日，及于空气流通之所，其消失更快，如在冬日，或尸体停潴水中，则肝淀粉及葡萄糖之消失甚迟，人死后，肝淀粉之量，依规则渐渐减少，直至完全消失，但葡萄糖与肝淀粉成反比例，渐渐增多，但其结果，仍系次第消失。

对于拉埃二氏之定律，已分两派，一派极端赞成拉埃二氏之说，一派则谓拉埃二氏学说之应用，须有限制。1898 年勃龙（Brown）及祥生（Johnson）曾用肝脏特殊检查法，研究 100 例自然的死亡及强暴的死亡，只有 12 例，其试验结果与其所期待之目的不符，勃龙及祥生，遂同意拉埃二氏之说。

考尔贝（Corbey）曾用稍为特别之方法检查，遂大致同意于拉埃二氏之说，但考氏曾得数阴性结果，考氏谓腐败之权威，能使糖质消灭，死后 4—6 星期，肝已腐败，无糖可检见，考氏并宣布谓倘遇有阳性结果，此类结果，须去最后之餐甚远，方为有效。考氏曾遇有两例，与拉埃二氏之定律相龃龉，下述一例，比较显著。有一闺女在违法堕胎之时，子宫穿孔破裂，12 小时以内，此女子即因腹内出血而死，在其肝内，考氏并未检见糖质，其最后一餐，已远在死前 14 小时，上述现象，与瓦高日氏（Wacholz）[①]之说相近，瓦氏谓出血后，肝内即无糖可检见云。

1901 年，魏勒瓦克（Verwaeck）起始用拉埃二氏之法，实验肝脏特殊检查于 40 例内，只有 1 例与拉埃二氏之说相违背，其例为一患痨瘵而死者，其濒死苦闷，约有 3 日之久，在其肝内，魏氏曾检见糖与肝淀粉。复于 22 例病死者之尸体上，做一新试验，此次所用之方法，为毛帝贾氏法（Modi-

---

① 瓦高日氏（Wacholz）：Leon Wachholz（1867—1942），波兰著名法医学家，克拉科夫大学法医学系主任，曾任国际法医学与社会医学协会副主席。

ca），有 12 例检见肝淀粉及大量糖，另有 7 例只有糖可检见，终于魏氏谓肝脏特殊检查，无绝对之价值。

同年（1901 年），雷喜（Rossi）及奈比（Nepi）曾在死因各别不同之各种兽类及 20 例人类尸体上，雷奈二氏谓肝内有糖及肝淀粉，完全系于死之急速云。拉埃二氏之法，曾受德人攻击，如瓦高日氏（Wacholz）、斯脱兀（Strohe）、喜更（Seegen）。

瓦高日氏曾行 52 次检查，其结果均不利于拉埃二氏之定律，瓦氏特别声明，凡因出血而急死者，肝内之糖及肝淀粉均锐减。

斯脱兀氏只行试验于儿童尸体，且未过 11 例，在 5 例中，拉埃二氏之定律，未确实与试验之结果相符。

喜更曾见 16 岁之男尸，其死因为一氧化碳中毒，其肝内只含有极少量之糖及 1%的肝淀粉，喜更谓一氧化碳中毒，能影响于肝内糖及肝淀粉之含量云。喜更之理想，业由其观察之结果肯定。喜更曾引人注意于长期窒息，如自 5—6 小时之窒息，能减低兽体内之肝淀粉或仅留有肝淀粉之痕迹。一强有力之人，颈上曾受一刀，喉上部发生血肿，五个半小时后，遂发生窒息而死，其肝内糖及肝淀粉，仅有极少量云。

埃帝爱纳马尔丹（Etienne Martin）对肝脏特殊检查，拟有答辩，尤注意于反驳瓦高日氏在因出血而速死，致肝内糖质之减少及消灭之议论。

马尔丹[①]及其弟子霞克博士（Dr Jaques）所做之试验如下，放一兽类之血，直至血尽为止，此兽类之肝淀粉并不消失。马尔丹谓因出血而死者，其肝内无糖质可检见，系属例外之事实，遇有肝内无糖，可以慢性酒精中毒解释之，并非缘于血液之丧失。

继拉埃二氏化学证明肝淀粉及糖之存在于肝脏之浸出液，勃鲁（Brault）在法，梅克司乃（Meixner）在奥，用组织及化学方法在肝脏（业用适宜之试药制过）切片上，寻求肝淀粉。

1911 年，勃鲁在医事博学院发表其所寻求之结果。

勃氏之倾向于证明肝淀粉在慢性病之进行时，并不一定破坏，及于急性病濒死苦闷时，并不必一定消失。勃鲁曾引证四例肝硬变死者，其肝硬变之现象，有明显者，有潜藏者，均同时并发肺结核、濒死苦闷高热、蛋白尿、长期黄疸、顽固性腹泻、渐进的呼吸困难等，其肝内之淀粉作用，

---

① 马尔丹：埃帝爱纳马尔丹（Etienne Martin），法国里昂大学法医学教授。

并未消灭；勃氏尚引证其他例，如死于传染病（流行性感冒）及心脏疾患者，其肝淀粉均一律存在。

勃氏并完全承认，谓人死愈速，其细胞内之肝淀粉之量愈富。勃氏谓肝淀粉之消失，系属于死后肝内细菌性发酵，并谓在死于肝硬变者，有肝淀粉可检见。此可用肝硬变以解释之，硬变进行，引起肝内血管之梗阻，因梗阻关系，组织受保护，故细菌不能侵入。

无论勃氏解释之价值如何，其所引证之事实，足资吾人考证。

梅克司乃用倍斯脱氏（Best）法，研究肝淀粉（先用苏木精作预备染色，用卡红溶解于锂铵混合液内或在碳酸钾内，作最后之染色）。

梅克司乃指定两点甚重要，即切片内肝淀粉之量，及肝淀粉细胞内及细胞外之位置。

仅肝淀粉大量存在或完全缺乏，有重大价值，他如微量或中等量肝淀粉，无大意义，若肝内有大量糖及肝淀粉可检见，则其死必甚快，否则结果必异。

此原则之引用，对于杀儿问题，极有关系。在初死新生儿之肝内无肝淀粉可检见，或仅有痕迹，即近于此新生儿在子宫外生活时间仅属短期之假定，或此儿于降生时，即死于徐缓窒息，或在母体内，已曾呼吸。

肝淀粉在肝细胞内之位置，可用于法医学上，以为解决某种案件之关键，失此标准，则不易解决。

譬如一人在铁轮下被碾死，其人系生时受车碾或先被人杀死，然后弃尸于轨道以供车碾，肝淀粉之化学搜求，不能与吾人以确定之答复，只有组织学之搜求，能供给一明白指示。倘检见大量肝淀粉，又肝淀粉均系在细胞内，可肯定其为生时受碾，因仅有循环突然中止致死，能生如此结果。

梅克司乃谓拉加埃二氏之法不应受众人之过分同意，亦不应过受无理之攻击，此法在某种情形下确有价值，但系局限[1]的，且难施用于各鉴定人，因组织化学联合搜求法实施不易，及化学搜求法系侥幸的而非确定的。

在巳埃日（Kie I）、谢埃姆克（Ziemke）之化验室内，引用梅克司乃法，斯小瓦日（Sjova II）获得之结论，比梅氏者含义特狭，并同意之处甚少云。

斯小瓦日谓肝淀粉量之多寡，不能供给一种确定对于死之类别，至于

---

① 局限：原文为"限局"。

细胞外肝淀粉之存在，毫无价值，因其为死后之单纯现象。

最近瓦斯费（Vasfi）博士重取此问题而研究之，同时用化学定量方法及组织方法，搜求肝淀粉。依瓦斯费氏意，上述方法，并无确实卓越之处，并谓仅肝淀粉之缺如，在法医学上有价值，因有此现象，即可除去速死。至肝淀粉之存在，常见于徐缓死者，故有肝淀粉之存在，不能即谓为徐缓死。

此问题经过之大概，已如上述，尚未解决，但拉埃二氏之功绩，在开辟一新而丰富之路，由二氏之学说，遂流出各种评议。

三、实行剖验

行术之前，应注意之各点：

（一）应用之器械与病院内实施剖验同，肋骨剪需大而有力，一如兽医所使用者然，锯宜用板锯，有大而且直之锋。

（二）术者之衣着，不可随意，仅着手术衣，不敷应用，手术衣上需加围裙，围裙宜大且长，宜戴手套。手套应用厚胶皮制成者，每次使用手套前或使用完毕，应用碱擦净后消毒。每摘出或检查一器官后，须用水冲洗手套，如此可避免污垢之手套与新器官接触。

（三）鉴定人须厉行清洁，行术之时，小心谨慎，勿损伤各器官，勿使血液及其他有机液体流出器官外，内脏器官之内容物，亦不能听其流出，各器官如能保持完整，则检查时不致发生困难，其结果自必准确。

检查尸体：

分外部检查、内部检查。

1. 外部检查

又可分为：个人鉴别；尸体现象；皮表损伤。

个人鉴别

倘系无名尸体，鉴定人对于下列各点，应做详细之记录，全身之营养状态，年龄之估计，就尸体之外表，加以估计，只求近似，不必过求确当，因无法以知之，身材之长短，毛发牙齿之状态，有无花纹畸形及结痂等，均应记载。

倘非无名尸体，对于全身状态斑纹畸形及身材等，约略说明即可，无论任何尸体，均应采取其十指指纹。

尸体现象

鉴定人应记录以下各点：

甲、尸体强直

有无强直，强直之程度及其部位。

乙、尸斑

确定其部位，及说明其颜色，如有位置不规则之尸斑（前部，下肢部，）应特别注意，而加以详细之记录，并需描写在两或数尸斑之中间，皮肤发白色者之形态，此点可确示吾人以衣服所占之部位。

有时对于尸斑有疑义，或有血斑之疑似时，可将皮及皮下细胞组织切开，俾作诊断。

丙、眼之状态

眼珠充盈或凹陷，角膜不平，有无蛋白质网等，均须详细记载。

丁、尸体腐败

有无腐败，倘已腐败，腐败至如何程度。腐败之色彩，系绿色抑系黑色，其所占之地位，及其面积之大小，皮下静脉网，是否显明，皮下有无气肿及膨胀，尤应注意于颈部、面部、腹部及阴囊肿胀，有无液体物质流出口鼻外，表皮作如何状态（浸湿、剥落、或隆起成泡，泡内容物系淡黑或红黄色液体），均当详细记载。

皮表损伤

应详细检查，从尸体之前面起到后面。

尸体上为血所染之痕迹，脓斑、烂泥点、粪汁等，一一记录完毕，然后将尸体擦干。

如有遭遇凶暴之痕迹，创伤之长短宽窄，均需量准，其所占之部位与其状态，应有准确之记录。

如疑惑某处有损伤，例如头部，应将发剃去，此为唯一良法，可避免将重要损伤放过。

悬垂之乳房，勿忘以手提起，详细检查，恐有伤痕为垂下之乳房所掩覆。

遇有血斑，应依其长度而切开。

对于创伤之孔，不能用消息子①试探，剖验之手术依次进行，由浅入深，自可明白创伤之方向及其深浅大小。

肛门及生殖器检查，属于专门检查。于男性则压其阴茎，将由尿道口

---

① 消息子：用绒毛做的扫耳垢的器具。

流出之液体集合保留，以备检查之用。于女性则用玻璃杆，杆之一端附有棉花球，以有棉花之一端插入阴道，吸收液体，倘或无效，可刮阴道之下壁黏膜，于刮落物内，宜搜求有无精虫之存在。

皮表之检查除上述外，尚需检查肢体及头部有无骨折现象，两手执持肢体之一节，试求其有无异常之摇动，用同样方法，以试验骨盘[1]。

最后须寻求头骨之坚硬度，如头皮未破，而头骨已折，则试验之时，必叮得手触胡桃囊之一种特别感觉。

2. 内部检查

无论任何情形，均需检查颈部、胸部、腹部及脑盖，以下详述各种手术，其次序由颈部而胸部而腹部而脑盖而脊柱，倘遇一种情形，疑其死因在脑内者，可先将脑盖锯开，以检查死因之所在。

皮表切迹

置一木枕于尸体肩下。

在正中线作一长切迹，从下唇之皮部，依颏之中线，经过颈之中线，直切至胸骨之上缘。从该处起，切迹须斜向外左侧，至腹之侧壁，于男子尸体上，达乳头外部，若系女尸，须达乳房外部，铅直切下，至肠骨[2]上前棘附近，改变方向由外向里，弯至耻骨联合上（约在耻骨联合五至六公分上），再由里向外，弯至右肠骨上前棘附近，再向上铅直切开，与左侧之切迹取等形，达右侧锁骨，复向正中与最初之切迹，联合为一。倘切迹应经过之部位中，若有创伤，须稍倾侧以避免之（都瓦奴氏 Thoinot[3] 法）。

在颏部切开时，刀可直切至骨，于颈部则切痕宜浅，只能切开皮肤与皮下细胞组织，其深层组织，不应使受些微损伤，于胸部可用刀切下直至骨骼为止，于腹部仍宜轻切，只能切开皮肤及皮下脂肪组织。骤然切开腹膜腔，为一大错误，将有伤肠及使腹内物质流出之危险。

解剖及检查颈部内器官

切开皮及细胞组织，从下唇起，直至胸骨上端，铅直切下，侧面由下唇起，切至下颌角隅，将内器官全行暴露。

在下颌骨正中锯开，用解剖刀将口下唇组织与下颌骨下缘分开，直至

---

[1] 骨盘：骨盆。

[2] 肠骨：髂骨。

[3] 都瓦奴氏 Thoinot：又译为都尔奴氏，Leon Henri Thoinot（1858—1915），法国法医学家，曾任法国法医学会副主席，著有 *Legal Medicine and Forensic Autopsy*。

下颌角，将下颌骨受锯处，轻轻拨开，用钳夹住舌尖，将其牵引向前，如是可详细检查口腔内，并喉之入口亦可检见。记录口咽内之各种变质及有无异物等，依次检验颈内各器官，如肌肉侧面之血管、神经、甲状腺及喉等。遇有颈部受压迫致机械窒息死者（缢死、勒死），其颈部检查，需特别当意，应逐层仔细检查，虽皮肤之内层，亦应检到。凡肌肉经检查后，宜移置于侧面，甲状腺如已分解清晰①，可将其摘出，依法切开，搜求其有无深在血斑。颈部之血管神经束应整理分清，就其原位而检查其组织要素有无伤损，或血斑。喉与气管软骨，切须详验，最后将喉与气管及咽与食管左右移动，俾便检查颈部脊柱之前方及咽后之组织，有无血斑。

无论任何情形，此时不宜切开或摘出喉及气管及咽及食管。

剖开腹腔

应依下述方法，剖开腹腔。

在腹部皮肤切迹上，择一较低之点，左右均可，将刀逐层切下，不需多长，直至腹腔为止。用钳夹住腹膜，向上牵引，将腹膜切开一小孔，用左手中指与食指伸入孔内，提起腹膜，再顺预画之切迹，而切开腹部，可不致伤及肠蹄系。

腹部之下方及其近肋处，如已割竣，应将其提起，俾可审查腹部之内层，及可行腹内脏器之表面检查，其目的在使鉴定人对各脏器之状态，能略知梗概，如有脓血浆液等，应详细记录。

腹膜腔固需搜求，即大小骨盘亦须检验，用手向左右两侧轻移各肠，或稍稍举起，即足供此简单搜求。倘有大量液体，可用勺将其取出，倾入量杯，量其总数而记录之；倘于小骨盘内，有少数因血液沉降而渗透之浆液，可以无需较量。

腹腔之详细检查，及腹腔内各器官之摘取法，暂且悬搁，留待下章述之，现在先述胸腔剖开之技术。

剖开胸腔

于手术台上，尸体两侧之下方，各置一磁皿，磁皿之部位，须当最后数肋间，专为收集肋膜腔内于剖开时流出之液体。

欲分解锁骨与胸骨之联接，须用刀尖于胸锁关节处，将锁骨肋骨面之周围分离，但须注意，勿将刀深入，或切开关节囊之下缘及后缘，恐伤及

---

① 清晰：清楚，明白。原文误为"清析"。

锁骨下之重要血管。倘血管破裂，则血将四溢，为检查之障碍。用肋骨剪剪断左右两侧之肋骨，从下向上，依胸部之皮表切迹，由第十二肋骨至第一肋骨，并须剪断胸锁连接之关系。每一肋骨经剪断后，应将剪抽出，再就需剪之肋骨下，重行安置，须注意肋骨下之肺脏，不可使稍有损伤，除有肋膜与胸膜愈着之现外，稍稍注意，便可不致损伤肺脏。倘至第一肋骨时，须将剪刀锋口咬住第一肋骨及胸锁关节，此关节之周围，业经用刀分离，故一奏剪刀，第一肋骨与胸锁关节即同时被剪断。倘初下剪时胸膜遽破液体流出，俟液体流尽再继续剪下，流出之液体，宜收集纳于预置之磁皿中，由此磁皿而倾入量杯内，俾可确计其量，次研求其性质。

胸膜内液体，倘未早期流出，可俟胸腔剖开后，再行收集。现应述胸腹联合叶之摘除法，此时胸部腹部之皮与肉及肋骨均已切断，胸腹叶与尸体间之牵连关系，仅横隔膜及前纵隔障而已。实行摘除时，需立尸体之右方，用左手提起胸腹叶之下缘，向上牵引，使其紧张，右手取解剖刀沿肋骨后下缘而切断横隔膜与胸腹叶之连接处所，刀尖不可深入，能割断各连接处即足。横隔膜割断后，须继续牵引胸腹叶向上，解除胸骨后面与前纵隔障之连接，自剑状突起至把柄止。行手术时，切不可伤及心囊。

胸腹叶已经摘下，即需检查胸骨肋骨之状态，有无骨折及肋间有无异状，然后安置胸腹叶于手术台上，内脏面向上，于胸腹叶上，由肋骨缘至胸腹叶下缘，作两长切迹，互相平行。两切迹之距离，约有二指宽，切迹须深入肌层，专为搜查血斑及因器械所致之偶然出血。

摘除及检查胸腹内器官

内脏检查，应就其原占位置，做表面检查，次摘除，最后详细检查业已摘除之器官。

内脏器官之摘除，若能依下述次序，并不难于着手。

心、肺、肝、脾、胃、肠、肾、肾上腺、小骨盘内之器官、胸腹部、大动脉、空静脉①、各器官摘除之后，立即可施检查，或俟各器官全行摘出之后，再行检查，总之无论用何方法，应注意下列各点。

（甲）一器官经摘除后，即须分别安置，最不良之习惯，即堆置各器官于一手术台上，或一盘内浸有血液、有机液体、或洗涤之水。最好将各器官分别放在软木板上，即就板上检查，及切开各器官，须俟检查终结，剖

---

① 空静脉：腔静脉。

验手术完毕，预备将各器官重放入尸体内，各器官始可脱离软木板。

（乙）法医学上之内脏检查，包含重量及长、短、宽、窄、厚、薄，各径计数之结果，均须详载于鉴定书内。

a①. 就胸内器官之原占地位而检查

摘除心肺之前，先须检查心囊之外板、前纵隔障、肺脏之表面及胸膜腔。

就肺脏之原占地位检查，应记载其前面之状态，然后举起肺脏，俾可检查其后面及侧面及胸膜腔，并应记录肺脏之后面及侧面有无愈合，及其愈合程度。倘愈合粗松或半粗松，即可为之解除，胸腔内之液体，应排除采取液体时，最好用勺，勺上树一柄，该液体应倾入量杯内，确计其量，及研究液体之性质（浆液、血液，或凝固血块、脓、尸体渗出液）。

b②. 心之摘除

用钳钳住心囊，轻轻举起钳住之部分，用剪刀开一小口，遂从切口处引进剪刀入心囊腔内，依铅直线由心尖至心之基底，直达主动脉根部。次观察心之外表，将心尖举起，俾可搜求心囊腔，如心囊内有液体，可用勺采取，属何性质，应先肯定，将液体全倾入量杯内，俾可量知其总数，继即解除心脏。

自韦尔绣（Virchow）后，就心脏之原占地位而剖开，此法风行于德国。此法虽有相当好处，但有不大便处，即血液流入心囊腔内并泛滥于心外，为尸体内不洁之一原因。

吾人均采用在剖开前摘除法，谨慎将事，勿使心脏内血泛滥于尸体内，固不就心脏之原占地位而剖开，亦不割下其一部分。只有一例外，即猝死者有肺栓塞之可疑时（静脉炎股白肿③），方可实行就位剖开及割除一段法。此为法医学上稀有之例外，其目的在不使心脏移动，俾可察出血栓塞在肺动脉内之位置，恐凝血块因心脏移动而受影响，故应就心脏之原占地位，切开右心室之外缘，穿入心室腔，沿室筋中隔、室膜样中隔、肺动脉、肺动脉之分歧部而剪开。

除上述例外，均应先行摘除，后施剖验。今述其法于下，倘心脏似柔软而中空，一见即可揣知此为尸体腐败中应有之现象，可立即摘除，不需

---

① a：原文误为"Q"。

② b：原文误为"P"。

③ 静脉炎股白肿：下肢血栓性静脉炎可使患肢疼痛、肿胀、变粗发白，故称"股白肿"。

其他戒慎，由心尖部握住心脏，将其向上及向前牵引，先于心囊腔内切断空静脉，继平心囊内上方切断心脏基底部之血管，愈近心囊愈好。

反之心脏内如含有血液，应先将靠近心脏之各大血管缚住，再行摘除，如此心脏内之血液，可无损失，亦可不致令血液流入心囊，摘除后检查，较就原位检查便易，且能保持就原位检查之益处。

心脏诸血管之缚线应分数束，主动脉肺动脉为一束；上腔静脉、左侧肺血管为一束；下腔静脉、右侧肺血管为一束。每束应有两缚线，两缚线需隔离安置，在两缚线中间切断。

鉴定人应记录心脏之重量，尤须特别注意于主动脉瓣、主动脉发生处、冠状动脉及心肌层之状态，因以上各部变质，常可作解释猝死之根据，亦应记录心脏各部血液之状态（流动或凝固、多或少等），因其于窒息有关，故甚重要。

c. 肺脏

摘除心脏之后，即应摘除肺脏，解除肺脏与胸腔之连接，仅剩肺门处之连接，用中指及食指夹住肺门部，用力牵引肺脏向上。倘有胸膜联合，其经时过久，或抵抗性强者，即肺脏已与壁愈合，其简单方法，即分开肋膜与胸壁，将肺脏与胸膜共通摘除。

只有在溺死者之尸体内，摘除肺脏之前，应就咽及气管之原占地位而切开，俾于各种手术之前，查出支气管①内有无泡沫，此切开线应从前面正中由下向上作一切迹。

于其他尸体上，喉及气管于摘除前，均应保持完整。

d. 肝脏及脾脏

肺脏已摘除，轮至肝脏，解除及切断肝脏之一切连带关系，加二缚线于肝门部。此两缚线须分别安置，在两缚线中间割断，厘定其重量，安置于软木板上。

摘除脾脏，毫不困难。

e. 胃脏

依下述方法摘除胃脏。

解除幽门至贲门之网膜加二缚线于贲门部，亦加二缚线于幽门部，各缚线均互相隔开，在贲门部及幽门部之各两缚线中间割断，俾胃内容物不致流

---

① 支气管：原文为"枝气管"。

入尸体内。摘除胃脏之后，即设法使胃内容物排出，实行排除胃内容物法，即置胃脏于一大量杯上，执胃脏之一端，俾胃脏之下端铅直垂入量杯内，解除胃脏下端之缚线，则胃内容物即全倾入杯内，厘定其量，研究其性质。

f. 肠

分别摘除大肠小肠，先由大肠入手，加二缚线于直肠上，又加二缚线于回肠上。回肠上之两缚线，其一须平盲肠，于直肠及回肠之各缚线中间，分别切断，或从上到下，或由下达上，将大肠取出均可。须特别注意于蚓突①之状态，勿忘将其剖验，欲检查大肠内容物及其黏膜，其手术与检查小肠内容物同，今先述小肠之摘除法，然后述其内容物之检查法。

解除小肠与肠间膜之关系，从下向上，由回肠终止部着手（预先缚好），应用之刀，其锋需瘦而长，平肠切断肠间膜，手术甚简单，只需细心解除小肠，勿使有损伤勿留有肠间膜之组织。已达空肠之上部分，即须格外注意，解除十二指肠时，须小心将事，分解膵脏②与十二指肠弯曲，小肠已完全自由，然后检查肠间膜（淋巴结），就膵脏原占地位而检查之，摘出后依方法切开。

排除小肠内容物于一大量杯内，将肠下端稍稍引进杯内，切断下端之缚线，在肠外面，用累进的压力，由上往下，使肠内容物全入量杯内。如此处置完毕后，布肠于台上，用喷水筒或自来水龙头轻轻冲洗肠内面，直至流出之水清净后，停止冲洗，末后依肠间膜与小肠交界处，用肠刀切开，重行铺展，细细留心集淋巴结小结③（Plaques de Peyer）及闭锁滤泡（Follicules clos）。

g. 肾脏及肾上腺

摘除肠后，即应摘除肾脏及肾上腺，若先摘除肾脏及肾上腺，后方摘除肠，此不合理。

最简单之摘除方法，厥惟由肾脏及肾上腺后面行共通之剥离，使其向上及向内跳动，同时可分解输尿管直至其骨盘入口处，即于此处割断。如是连带摘除肾脏及肾上腺。将肾脏从其占有区域内摘除，循序检查（其重量、外面、外缘、正中铅直切开），继即摘除肾上腺而检查之。

---

① 蚓突：阑尾。
② 膵脏：胰腺。
③ 淋巴结小结：原文为"淋巴节小节"。

h. 颈与胸之深在器官

肾脏及肾上腺摘除后，即应摘除颈部器官及胸腹内、在脊柱前之器官，即咽与食管、喉与气管、当中大血管。

在摘除前，应将尸体内部稍事整理，即将流入胸腹内之各种液体，全行擦净，割除心囊及横膈膜之零块。

欲摘除上述之器官，用钳夹住舌尖，将其向前牵引，割断咽头口盖弓、咽之后壁，继续牵引舌向前，解除咽与食管及脊柱之关系，用刀平脊柱轻轻分离上述各器官。行此手术之时，应注意于颈部之血管神经丛，勿将其损伤，只能于其进入胸部之处，一刀割断，其割断处两侧须等高。

颈部各器官业经分解之后，仍应继续轻轻用刀分解上述器官之在胸椎腰椎前者，直至腰椎下部，分别加两缚线于外肠骨动静脉上，在两缚线中间切断，分解之部分，可共同摘出，置于手术台上，后面向上。最初分解舌部，依舌之长度连续作垂线切迹（深处有无伤痕），继即切开咽及食道，直至贲门之缚线，切迹须长而正中，且在后面，用重力牵引喉之两半边，俾展开后，可检查其内面。从一侧外肠骨动脉后面切起，至腹主动脉而胸部主动脉，并由此之分支一并切开（无名动脉、锁骨下动脉、总颈动脉）。最后在脊柱之两侧，就颈动脉之原占地位，而剪开颈动脉。须细心行使手术，剪刀须钝，切勿损伤血管；因血管若因手术受有损伤，不易与生前受伤辨别（缢死用绳勒死）。

i. 骨盘内之器官

于女性，尤其妊娠时代，或堕产后，须特别注意，实行手术时，须保存各器官之各种相互关系，俾可检查完全，其法甚简单，今述于后。

已检知各器官表面之形态（子宫、腹膜凹陷处、子宫附属器、膀胱），记载其结果，然后排除骨盘内病理液体，或尸体积水，细心解剖耻骨联合后面与膀胱前面。切开耻骨联合前面之皮，向下翻转，可用刀在耻骨联合处直切，不可深入，用力展开尸体之两腿，俾耻骨分离至极度，然后用长而且狭之锋之刀，从因分开耻骨联合而作之切迹之一端起，左端较宜。此切迹依小骨盘之下缘进行，俾切迹成稍长之卵圆形，切迹内须包含外生殖器及肛门，其终点（右端）于耻骨部须与起点相接，切迹须自外至内，分开软部各层，直至骨骼为止。将刀挪至骨盘内，紧依骨盘而割断各软部，内面之切迹须与外面之切迹相符，骨盘内器官与外生殖器及肛门与骨盘之关系，已经免除时，只须将外生殖器与骨盘内器官共同由耻骨联合切开处，用力展开两耻骨处之大孔，摘出内外生殖器官，仍保持其自然占有之地位与关系，可供充分与完全之检查。于此检查中，应先认清外生殖器之状态，切开膀胱，测量其腔，次从阴道上壁于正中线由阴道口用剪刀剪开，直至颈部可辨认阴道黏膜之状态，及因外伤之偶然变质。倘属需要，可提取阴道内之排泄物，从外方量子宫之长径，由子宫颈至子宫底，及其最长之横径，引进剪刀之一支于子宫颈腔内，依颈之前壁而剪断，勿遽抽出剪刀，依两发散线之方向，剪开子宫前壁。其一发散线之方向，须达右输卵管与子宫交界处，另一发散线之方向，须达左输卵管与子宫交界处，如此剪开之子宫前壁成三角式，举起三角式之子宫前壁，检查子宫腔内部及其黏膜，有无胎盘发生之痕迹等。然后量子宫腔内之长度，从颈到底，及其最高度之横径，子宫壁之厚径，亦须量到。如已知有穿孔，或经表面检查，有穿孔之虞者，一切动作，即须注意，俾不致妨碍穿孔处之检查。子宫之切面，须互相平行，俾放下三角式之前壁及各平行之切面，得重复原形，如此可检出外伤之径路及壁上之各种损伤（静脉炎等）。子宫检查完毕，即应检查其附属器，卵巢表面之检查，有无瘢痕，依卵巢之长轴，切成两半，须细细寻找黄体，若有，应详为描写。最后检查直肠。

男性小骨盘内之器官，不如女性者之重要，用同法摘除，利益甚多。俾可研究其精囊与前列腺等，但于此等手术之前，应先行分解睾丸及输精管。倘使其仍据有原地位，则共同摘除时，必发生困难，欲分解此等器官，应先循输精管游行于耻骨弓之径路，解剖清晰，俾输精管完全呈露，紧持输精管，从下往上，牵引睾丸出阴囊。通常均就膀胱原占之地位而剖开，并检查由输精管牵引出阴囊之睾丸。其牵引法已如上述，兹不赘。

如膀胱内有尿存在，应行收集，并计其量。

脑盖腔之剖开

切开头皮，从一耳后起至其他一耳后止，头皮因而分为两叶，将上叶沿骨解剖，翻向前，下叶向后翻转，露出头盖，即从眉弓起至外枕粗隆下部为止。记录头皮内之损伤（伤痕血斑等），检查头骨膜外面有无出血及血斑等现象，擦净头骨膜之外面，俾可看清头骨膜下层有无损伤，遇有出血或血斑，可就此处切开，俾识其究竟，倘头顶处骨折，可立即记。切开脑盖、用锯锯后即行，且甚易。脑虽受锯，分为二份，如锯长而锋狭，则锯开之后，犹之将脑摘出后，始行切开相等，既便易，且无碍于检查，故吾人赏用之。其法如下：

取一木枕置尸体颈下，术者立于尸头之左侧，执紧翻转向前之上叶头皮，俾稳住尸头，用锋狭而坚固之锯，在前额正中部两眉线上先作一平行沟，顺此沟再向下锯。此处着手之困难，在不易使尸头不摇动，但此困难，仅限于初着手时，如锯已深入，则迎刃而解。如感觉困难，可使一助手将头稳住，锯完之后，将锯下之头顶翻转向下及向后，倘有硬脑膜未曾割断者，可用刀割断。安置锯下之脑盖于手术杌上，用两手之食指及中指，依大脑镰徐徐插进，将大脑与脑盖裹面分离。如是即可将大脑与脑盖分离而摘出，安置脑半球于软木板上，其上方须向上，检查硬脑膜之内面。切开上矢状窦，解除硬脑膜，检查其外面，剔出头骨膜，俾可直接检查头顶之外面。勿忘记录脑盖骨之厚薄，可在锯断面量之。

摘出其余之下半部大脑、小脑、脊髓、桥脑及延髓，依最著名之方法，从下望上，由前向后，举起大脑半球，截断神经及血管，最后于延髓之下部截断。

大脑摘出之后，安置于软木板上，俾便检查，但于此种动作之前，应先检查脑盖之基底，用钳摘出硬脑膜，检查裸露之骨质（脑盖之基底部有无骨折），然后依次检查小脑、桥脑、延髓。用寻常方法，即于脑之直而稍偏之切面上，以研究脑之内容（毕特勒氏 Pitres 切片），脑之基底，形成六角之血管，及中大脑动脉，大脑外侧裂之动脉尤宜特别注意。

附属及补充之手术：在切开脊柱腔前，宜注意记下列各点之状：

a. 状态，应一一细检，俾可检出骨折及肋间之状态。遇有溢血或出血各种状态，应将肋间之全长切开。

b. 脊柱之状态。

c. 骨盘之状态。

d. 肢体之状态倘于骨之连接中或关节内，发生损伤，应广为切开骨折之灶、关节伤损之处。

最后于上下肢之前面、外前面、内前面、连续作长而深互相平行之切迹，俾便研求出血及其他肌肉损伤。

翻转尸体，切开脊柱腔。

脊柱腔　脊柱腔之切开

于法医学上，并不如病理学上之重要，因脊髓之慢性损伤，对于法医学上之急死，关系甚少，或竟可说毫无关系。加之尸体剖验，行于死后数日者居大多数，盖稍历时日，脊髓即腐败，液化甚快，故检查结果，几等于零。凡法医学上所寻求之目的，为各种外伤，脊柱内出血，最后为急性脊髓膜炎（脑脊髓膜炎），凡此种种，均可造成猝死之机会。

在医院内所行之尸体解剖，其目的注重病理，其最初手术，为剖开脊柱腔，实际上剖开脊柱腔于完全之尸体上，较之于已摘除各脏器之残尸上便易。但在法医学上，则此手术，不如剖开其他各腔之重要。

发掘后之尸体解剖：

鉴定医师须当场检查棺材之性质（松、橡、金属制棺），及收集外面之各种物证后，令人开棺，应将棺之状态，做准确之记录（完整或裂开、其裂开之程度、金属制棺之隆起等），尸体腐败之程度，其各种形态（普通腐败、石碱化尸、枯干等），详细描写，记录尸体之是否尚可辨认。

尸体如有相当之保存，则解剖较易，反之经时过久，尸体破坏之程度愈高，则解剖愈难期有结果。

（第三章完，全文未完）

【述评】

《死之研究》一文篇幅较长，是孙逵方关于死亡法医学的系列研究成果，遗憾的是，只有第一、第二、第三章。由于抗日战争爆发，《法医学季刊》停刊，全文未完（第四章猝死部分未能出版）。关于"死之现象"，孙逵方介绍："普通之所谓死，究在何时，依实际及理论推之，呼吸及血行消灭时，即生命停止之时。"但实际上，孙逵方认为，"人于死后，心脏往往能继续运动"，人死后"用机械电流等刺激之可见该受刺激之肌肉有明显之收缩""肠继续蠕动""精虫活动""毳毛尚能颤动"等。关于"尸体现象"，孙逵方介绍："身体厥冷（现在称尸冷）指人死后体温即开始降低，但亦有特种情形，温度不但不降低，反而增高，如霍乱、急性高热传染病（天花、猩红热、伤寒等）、日射病等""血液凝固指人死后血液即凝固于血管中或血管外""水分消失指人死后水分消失，全身体重减轻，局部皮肤现羊皮纸状、黏膜干燥、角膜不明、巩膜斑点、眼球软化""尸斑及内脏呈坠积性充血指死后血行机能停止作用，血液因自身重力，遂行坠积，尸斑之出现于死后三至四小时""尸体强硬（现在称为尸僵），强硬之原因，不在关节而在肌肉""尸体痉挛有两种：全身痉挛和局部痉挛，人死后常有笑容或带愁容，此系一种尸体痉挛""普通尸体腐败原于细菌之作用，另有他种现象，即枯干（现在称为干尸）与尸体蜡形成（现在称为尸蜡），所谓某种情形者，即空气潮湿及热是也""尸体变化及保存之过程包括尸蜡或尸体碱化（作肥皂状）及尸体变化成脂肪、枯干、浸软（此种过程，仅发生于胎儿之死于母体内者）"。关于"死之诊断"，孙逵方介绍："谓假死系一种状态，在此状态中，生命虽尚继续存在，心脏跳动，但其跳动，只有用耳听诊者，可以知之，假死之类别如晕厥缘于大出血者、内出血、外出血、心外膜内充满液体、电击、冻伤等"；关于"死期之确定，引用之时，应极慎重，尸体尚有温度，既无尸斑，又鲜强硬，此为最近新死之征。尸体温度消失、强硬开始，此为死已数小时、尚未达一日之征。尸体已冷及强硬、死有二、三、四日之征，尸体已冷、强硬消失、腐败业经开始、此为至少死已三日至四日之征"。关于"实行剖验"，孙逵方介绍，外部检查分为个人鉴别、尸体现象、皮表损伤，内部检查无论任何情形均需检查颈部、胸部、腹部、脑盖（有的需脊柱）以检查死因之所在。关于"发掘后之尸体解剖"，孙逵方介绍："鉴定医师须当场检查棺材之性质（松、橡、金属制棺），及收集外面之各种物证后，令人开棺，应将棺之状态，做准确之记录（完整或裂开、其裂开之程度、金属制棺之隆起等），尸体腐败之程度，其各种形态（普通腐败、石碱化尸、枯干等），详细描写，记录尸体之是否尚可辨认。"

十七、字迹鉴定实例①

【原文】

字迹之检查，有左旋右旋之别，起落笔之特殊点，笔划倾斜度之统计，孤线字体构造之个性，比较异同，对照检查等方法。字迹为一种有习惯性动作所遗留之痕迹，事实如此，无须解释。惟此种痕迹除人工有意行为之外，得因时代之不同，书写时精神之差异，笔锋之软硬以及墨汁之浓淡等，而有明显之歧异。早岁留法，曾从博尔达沙氏②游，博师天资敏捷又喜研究，成绩卓著，故能以法医学专家驰名世界，每谓余曰：现今关于字迹鉴定之各种方法近于理想，难获实情，以后对于笔迹鉴定应慎重从事。贤达之言耳熟能详，故对于字迹检查之案件，往往发回，并说明不能鉴定之理由，即遇有案件字迹比对检查已有相当结果，如稍涉疑似，便行作罢，而不敢作肯定之解释。惟对字迹中机械的不同或相同之痕迹及有无已成习惯之特殊构造时，经检查说明之后，能使智者见之谓之智，仁者见之谓之仁，人我之见无分畛域③，始敢受理。本所技术同人④本实事求是之目的，以我见人见为宗旨，决不敢揣度想象，玄之又玄，贻同道讥。兹特附实例二则如下：

司法行政部法医研究所检查说明书

为说明事，案准××××法院第××××号公函内开："本院受理×××等掳人勒赎更审一案，兹对于案内掳赎信函亟有鉴定之必要，相应检同信函笔迹等件送请查照，即希就该信函与笔迹是否由于一人所书写详予鉴定见复，再当实施鉴定时并请就信函与笔迹是否偶然相似抑或完全相符之点特别注意，并于鉴定书内说明。鉴定完毕仍希将信函等件连同鉴定书一并送还，计送掳赎信函二件、笔迹三纸"等由；准此，当于该证物邮送到所日，验

---

① 原文刊载于《法医学季刊》1936 年第 1 卷第 2 期第 69—93 页。

② 博尔达沙氏：Victor Balthazard（1872—1950），法国巴黎大学法医学教授，孙逵方留法时的导师。

③ 畛域：指界限，范围。

④ 同人：同仁。

明封藏不误，交由本所专门人员，详予检查，兹据检验结果，编就说明书于后：

检验

送检证物，共计五纸，兹为便利检查起见，分编为五号：

第一号证物：忠义侠北霸天信件一纸。

第二号证物：活阎王北霸天信件一纸。

第三号证物：于景荣当庭承认此件为伊在县所具之笔迹。

第四号证物：于景荣当庭所书笔迹，未注明年月日。

第五号证物：廿五年七月八日于景荣当庭所书笔迹。

就上编各号，施以比较检查：

第一号及第二号证物上，虽具名者均系北霸天，究属一人或二人所书，尚不可知，故仍施以比较检查，以鉴定之：

（甲）第一号证物与第二号证物之比较检查：

"宀"之比较：

第一号证物上，票主见字"字"字之宝盖头左侧一点特长"宀"；第二号证物上，票主见字"字"字之宝盖头左侧一点特长。"宀"第一号证物上，定于本月十六日，及定将你儿之"定"字，其宝盖头，左侧一点均甚长。

第二号证物上，定要将你合家人等"定"字，宝盖头，左侧一点亦长。

第一号证物上，要你全家性命"家"字之宝盖头，其形式与"字"字"定"字，构造相同。

第二号证物上，送到你家，将你合家人等，"家"字宝盖头之形式，与第一号证物上之家字宝盖头相同。

第一号及第二号证物上之宝盖头，均作宀形，且各广之构造均相同，似出一人手笔。

"亅"之比较

第一号证物上，在台前等候"寸"字之"亅"，略偏于右方；不准私通警士保卫，如要私通警士保卫，下次在买可也，不可对外人言说等字，其"亅"笔划，均偏向右侧。

第二号证物上，为何至期不来，冒充①我们前去骗财，财字之"亅"亦

---

① 冒充：原文为"冒冲"。

偏向右侧，其例甚多，不能悉数举出。

在第一号及第二号证物上，凡属有丿笔划之字，其丿均偏向右侧。

"大"字之比较：

第一号证物上，代"大"洋一百元，"大"烟十两，大字之一撇均长，其右侧一捺，均改为点，通常亦有如此写者，但在该号证物上，大字之构造甚奇特。

第二号证物上之"大"字，与上述第一号证物上之"大"字，构造相同。

（乙）第三号第四号及第五号证物之比较检查：

上述证物第三号，为于景荣当庭承认为伊在县所书，第四号及第五号，均系于荣景当庭所书，是上述三号证物，系一人所书，毫无疑义，可毋庸再在该第三号第四号①及第五号证物上施行比较②检查。

（丙）第一号第二号证物与第三号证物之比较检查：

第三号证物上有两"大"字，其大字之形态，及书写法，与第一号及第二号证物上之大字之构造相同，故第一号、第二号及第三号证物，有出自一人手笔之可能。

（丁）第一号证物与第三号、第四号证物之比较：

金字偏旁之比较：

第一号证物上之"钟"字及"错"字，金字偏旁之一撇特长。

第三号证物上之"钟"字及第四号证物上之"钟"字，其金字偏旁之构造，与第一号证物上所有者相同。

（戊）第一号、第二号证物与第四号及第五号证物之相互比较检查：

第四号证物及第五号证物上，所载之字相同者较多，故相提并论，第四号证物上，两"字"字及两"定"字，第五号证物上"字"字及"定"字，其宝头之构造，均与第一号证物及第二号证物上之宝盖头构造相同。

第四号证物上，（在上各庄庙台前等候）及（刘永福"轉"（转）交于你）其"等"字及"轉"字内之寸字，其丿均偏向右侧，第五号证号上"轉"字内之寸字，其丿亦复偏向右侧，其在字中之地位，与第一号及第二号上有寸字之字，均排置在同等地位，即其构造亦相同。

综上比较检查之结果，第一号、第二号、第三号、第四证及第五号证

---

① 号：原文为"检"。
② 比较：原文为"此较"。

物，有出自一人书写之可能。

说明

查字体之构造，其各部特殊组织，得因书写时之习惯而成不易变更之定形，虽于书写素有研究之人，临摹某种字体，能够近似，然当普通随意书写之时，每不易避免其已成习惯之构造，虽或摹仿他人之字体，亦往往流露其本来笔迹于不知不觉中。本次送检文证，其笔迹之形态纸张，及墨汁浓淡不同，兼书写时精神之差异，其轮廓亦自有差别，惟详查其字体之构造，实有雷同之点，其详细比较，已详记于检查栏内，兹不再赘，至证物内之别字如代与带，结与接等，未悉于景荣当庭所书笔迹，系抄写原信，抑系口授，而命其书写此种别字，虽在文证检查上可为重要之佐证①，但本所未悉真实经过情形，未敢引以为傍证。又如"鍾（钟）"字虽得与"鐘（钟）"字通用，而社会习惯对于鐘（钟）点之"鐘（钟）"字，仅用鐘（钟）字，查第四号证物上，于景荣当庭所书之鐘（钟）字，与通俗所用者相符，至第三号证物于景荣当庭承认为伊县所书之笔迹上，其鐘（钟）字，不作"鐘（钟）"而作"鍾（钟）"。忽有别字，忽不别字，是或故意行为？抑系矜持？或系精神关系？而北霸天信件之钟字均作"鍾（钟）"字，与第三号证物上之"鍾（钟）"字相符。

就送检文证，比对检查，其结果第一号证物、第二号证物、第三号证物、第四号证物及第五号证物上之字体构造，实有多数相同之点，应有为一人书写之可能。至文证内可引为傍证之别字，应请再口授于景荣书写此类之字句，细查其是否尚发生错误，并比较检查栏内所指明字体之特殊构造，而查其是否仍与检查栏内所指明者相同，若其构造及错误，均与第一号证物及第二号证物内之错误及特殊之构造相同，则第一号证物及第二号证物，实有为于景荣所书之可能。第一号证物及第二号证物上之字体构造及特殊点，与第三号、第四号、第五号证物上之字体构造及特殊点相同者甚多，并非偶然相似，综以上所述，兹仅结论如下②：

结论

（一）第一号、第二号证物，（掳赎信函二件）与第三号、第四号、第五号证物（笔迹三纸）字体中之特殊构造，多处相同，应有为一人书写之可能。

---

① 佐证：原文为"左证"。
② 如下：原文为"如左"。

（二）各证物上，相同之点甚多，并非偶然相似。

上①说明及结论，系根据来件内容，作公正平允之解释，真实不虚须至结论者。

第一号证物

第二号证物

---

① 上：原文为"右"，下同。

第三号证物

刘永福先生查收四五十本本月十六
刘永福先生查收四五十本本月廿六
四点钟六点钟大洋壹百元郑小才
四点钟六点钟大洋壹百元郑小才
查收

第四号证物

票主见字知悉定於本月十六日白天
下午四点至六点钟在上各庄庙台
前等候身被麻布代书条拾一红
票主见字知悉定於本月十三日前
去一信高屯刘永福转交于你叫你
托人来上苦庄皆头是你为何不来头
于景荣当庭所书笔跡

第五号证物

票主见字知悉定於本月
十三日前去一信高屯刘永
福转交与你叫你托人
来上尚各庄结头是你为
何至期不来结头莫不
是别人冒中找
财你想他
具
于景荣去

第二号证物上之字字

第一号及第四号证物上金字
偏旁之比较

第一号证物上之鐘字

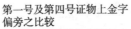

第四号证物上之定字

第四号证物上之鐘字

第一号、第二号、第四号、第五
号证物上定字字字各户之比较

第五号证物上之字字

第一号证物上之定字

！ 之比较

第一号证物上之等字

第一号证物上之转字

第四号证物上之等字

第四号证物上之转字

司法行政部法医研究所检查说明书

为说明事：案准××地方法院××字第××××号公函内开："本院受理某甲教唆杀人一案关于文证：(一) 某乙之函与某甲之函笔迹是否相同；(二) 某乙所用钢笔墨水与某甲钢笔所书辩护意旨一纸墨色笔迹是否相同；(三) 某丙及某丁两函与某戊各函笔迹是否相同，均有审究之必要。送①经本院指定专家分别鉴定在案。兹为详审起见，以为尚有应须鉴定者。查贵所为部立专门鉴定机关，依鉴定检验实施暂行规则第三条规定得鉴定文证，而费用分类表关于物证鉴定事项第八目又有印鉴涂改笔迹等异同鉴定各等语，相应检送某甲函五件附大字辩护意旨各一纸，某乙函九件，某丙及某丁函各一件，某戊函三件附小楷一纸，一并送请贵所分别依照前开各点分别鉴定，迅予赐复"等由。计送某甲函五件，大字一纸，辩护意旨书一纸，某乙函九件，某丙函一件，某丁函一件，某戊函五件，小楷一纸。准此，当于该证件到所日，验明封识不误，交由本所检查室，详予检查。惟该证件中某戊函仅三件与原公函内所载件数虽相符，但与函尾所书附件数目（某戊函五件）不符，想系误笔。兹据检查结果编就说明书于后：

检验

甲、一般肉眼检查：

送检证件，系白布包裹，外面严封不误，启封内为文证函件，计某甲函五件，大字一纸，辩护意旨书一纸，某乙函九件，某丙函一件，某丁函一件，某戊函三件，小楷一纸。兹为便利审查检验起见，暂将证件分为五组如下：

（第一组证物文件）系署名某甲函五件，大字一纸，辩护意旨书一纸，分编为以下七号，以便详检：

第一号：系某甲于十二月十六日给某戊钢笔正楷函一件，其笔迹色泽均呈黄色，表面有光泽，各字笔划，均尚清晰。

第二号：系某甲于二十三年四月二日给某戊钢笔行书函一件，其各字迹均甚潦草，色泽作深蓝色。

第三号：系某甲于二十三年三月二十一日给某戊钢笔行书函一件，其字迹色泽呈深蓝色，笔划清晰。

第四号：系某甲所书辩护意旨书一纸，字迹为深蓝色，钢笔正楷，但

---

① 送：原文为"迭"。

较为潦草，并于笔划中有荫迹。

第五号：系某甲于二十三年四月八日给某己毛笔所书正楷函一件，字迹清晰

第六号：系某甲于二十四年十月十八日给某律师函一件，其笔迹系用毛笔行书，但各笔划均清晰并无涂改。

第七号：系某甲毛笔所书大字一纸。

（第二组证物文件）系署名某乙给某戊函共九件，兹将其分编为九号，以便详检：

第一号：系某乙于二十四年七月二十八日给某戊钢笔函一件，其各字迹色泽均作深蓝色，有荫痕。

第二号：系某乙于六月二十四日给某戊钢笔函一件，其各字迹色泽均作深蓝色，有涂改痕迹。

第三号：系某乙于六月四日给某戊钢笔函一件，其字迹色泽均作深蓝色，信纸为报纸，故各笔划多显荫痕，并有涂改。

第四号：系某乙于五月四日给某戊钢笔函一件，其各字迹作深蓝色，笔划潦草，并有荫痕。

第五号：系某乙于四月三日给某戊钢笔函一件，信纸为报纸，故各笔划多荫痕，色为深蓝色。

第六号：系某乙于六月四日给某戊钢笔函一件，其各字迹均呈深蓝色，各笔划甚清晰。

第七号：系某乙于八月四日给某戊钢笔函一件，各字迹均呈深蓝色，笔划清晰。

第八号：系某乙于八月九日给某戊毛笔函一件，其各字迹笔划均甚清晰。

第九号：系某乙于二十四年九月十日给某戊毛笔函一件。

（第三组证物文件）系署名某戊给某庚函两件及给甲哥函一件，墨书小楷一纸，兹暂编为四号，以便审查：

第一号：系某戊于一九三四年四月五日晚书给某甲钢笔函一件，信纸为细报纸制，墨色呈暗蓝色。

第二号：系某戊于一九三五年六月二十一日给某庚毛笔函一件，信纸计七页，为普通红格宽边八行书纸，尚未邮寄。

第三号：系某戊于一九三五年五月二十七日给某庚毛笔函一件，信纸

计两张，为慎昌号之红格纸，信封大小形式与前同。

第四号：系某戊用慎昌号红格纸所书墨笔小楷一纸。

（第四组证物文件）系署名某丙于二十四年五月二十七日给某甲之毛笔函一件，在信封尚书有"张寄"，查该张字系经涂改，其内容隐有字迹，须实施立体显微镜详细检查。

（第五组证物文件）系署名某丁于一九三五年九月五日给某甲钢笔函一件，在信封上所书各字体，均多弯转，是属有意，其信纸上各字迹均较清晰。

乙、比对审查：

将前分就各组各号内之函件，依照来文所询各点，分别为钢笔字迹，墨笔字迹及所用钢笔墨水色泽，比较审检于下①：

一、钢笔字迹：

在第一组内之证件，用钢笔所书字迹，在肉眼上仅有行书及正楷之别，无特殊征象。后置于显微镜及立体显微镜下观察，其钢笔所写字迹笔划，在信封及信纸之各笔锋位于笔划中央，纸质多被刮损呈细陷沟，次经详细检查，在各字笔划中，均属相同，惟在报纸质之信纸上，则各字笔划因纸质关系蓝墨水易被吸收，故作荫痕，但在强光检查，其较为清晰之笔划，仍与前同，是为中锋笔道（附照像五纸）。其第二组内各文证之钢笔字迹，经一一详细审查，并于显微镜及立体显微镜下观察，其钢笔所书之各字迹笔划中，在两边缘有浓线，中间部甚浅，与双勾描写字迹相同，是为中空双沟形（附照像三纸）。至于第五组证件署名某丁之钢笔字迹，其笔划多弯转，如信封上之"请"字"明"字等，均属有意行为，且仅在第三组证件中有某戊钢笔函一封，即第一号某戊给某甲之钢笔函，在比对检查上，难望准确，故不予检查。

二、毛笔字迹：

查华文笔迹之异同鉴定，往往因一人笔迹可由于有意行为，年龄多寡及所习体等关系，以及当时精神状态，则所书之字态，显有差别。故近代科学上，尚无确实方法，可资鉴别。但本次送检毛笔笔迹，虽无妥善方法，足资引用，惟在第三组文证之第二第三两号，即某戊给某庚函，其信封及信纸所书各字迹，与第四组文证署名某丙所写之函墨笔字迹，其各字笔划

---

① 下：原文为"左"，下同。

姿态，大致均甚相近，且在某丙函之信封左侧下方所书"张寄"之张字内，隐有字迹，经立体显微镜及透视检查，系由刘字改写，按此种情形，得为书信人之下意识而生此种未曾掩饰之错误，即自家对于真实意志如姓名省籍不易随意更换，易生此类错误。又查所用之信封信纸之纸质，大小颜色及格式互相比较，均属相同。

三、钢笔字迹之蓝墨水检查：

在第一组文证之钢笔字迹，与第二组文证之钢笔所书蓝墨水色泽，均呈墨蓝色，后置于紫外线光下映视，并无异状。按蓝墨水出品甚多，但大别可为两种：一为含有铁盐，在书写后经空气氧化，即变为黑蓝色，经久不褪，是与本次之书写用蓝墨水同；一为不含有铁盐即为蓝色，渐次变褪，至于蓝墨水之成分，则互有不同，但仅据字迹上之蓝墨水痕迹，殊难分析化验，辨别异同。

说明

据前检验及审查结果，得证明第一组证件，即署名某甲写给某戊之钢笔信件，其上之字迹各笔划均为中锋形。详言之，即书写时笔尖不作平面分叉，仅作一沟，或仅一侧着纸，故笔划中之纸质，每被括损，其墨水色亦较浓，且每信字迹均始终呈此形相。在第二组证件，即署名某乙写给某戊之信件，虽亦为钢笔所书，但笔锋均为中空双沟形。详言之，其书写时使用笔尖之姿态及腕力，与前者迥异，因书写时惯将笔尖用力下压，遂致分叉而形成双沟状，其墨色两侧较浓，中间较淡，每信亦始终如一，故此两种书法，显然不同，以立体显微镜及显微照像检之，更为著明。按钢笔字迹，因笔尖之硬度与能否分叉及腕力之大小，用笔之姿势运转等关系，其字迹形态姑勿论，即其笔划亦有差异，上述中锋形及中空双沟形为较剧之异点，此种异点，每因个人书写时习惯关系，非特别注意时（有意行为）不易改变。当检查时除审视其如上述之异点外，并参以多数字迹之比较结果，窥其字形及墨色有无异同，并证今溯往，反复比较，则可鉴定是否一人所写之字迹。查本次所检之钢笔字迹，为数甚多，且就其各时期行详细之检验及比较后，已得上述之两异点，虽然钢笔字迹与所用之笔头有关，即由于笔头之硬度及其能否分叉而生不同之点，如玻璃笔头则不能分叉，本次检验之际，亦曾注意及此，盖恐于不同时间用两种笔头，致生差别，前述署名某乙之函，字迹笔锋为中空双沟形，其笔头为能分叉者，自不待言。然如某甲之函，其字迹笔锋系中锋形，而其所用之笔尖亦为能分叉者，此可由第一组证件中之第四号证明之，此种笔头均能分叉，而字迹笔锋各有差异者，纯关乎各自书写时之习惯及腕力运转不同，殊不难明了。况此种异点，非出偶然，乃各信中均一贯如是，已如前述，故借此得以证明此署名某甲之信件及辩护意旨书，与署名某乙之信件笔迹不同，确非一人所写。又查第五组证件，即署名某丁之钢笔函，其字迹形态，有类故意行为。未便检查。

又据毛笔字迹之审查结果，在第二组证件之第二号及第三号，即署名某戊写给某庚之毛笔函，与第四组证件某丙之毛笔函，其笔迹姿态均甚相近，纸质亦相同，且某丙函之信封外面所书"张寄"之张字，内隐有刘字。按毛笔[①]字迹之姿态及神情，有时只能会意而不能言传，在字迹检查上，虽有测量角度之方法，但不足为绝对的证据，盖因所习字体之不同，年龄之关系及精神状态，有意行为等而各异趣，故对于毛笔字迹之鉴定，在科学上尚无妥善方法，足资引用，惟上述第三组证件中之第二号及第三号及第四组证件某丙函之笔迹姿态既甚相近，且其所用之纸质亦同，并在某丙信封上之"张"字内遗有刘字痕迹，此种错误，得因下意识作用而发生，盖个人下意识所保存之真实意念（如姓名籍贯），非特别注意，不易猝然改变。然此项说明，仅能为事实之参证，因乏科学根据，未便遽予认定。

上说明系根据事实学理，兹据来文所询各点答复如下：

结论

一、据前审验及说明，得证明送检文证署名某乙之函与某甲之函笔迹不同，应非一人所写。

二、某乙所用钢笔墨水与某甲钢笔所书辩护意旨一纸，字迹墨色虽无法鉴别，但字迹不同。

三、署名某丁之钢笔函与某戊之钢笔函，无法鉴别笔迹。

四、据前说明，毛笔字迹之鉴定，科学上尚无妥善方法可供引用，前项说明仅能作事实上之参证，详情尚希另行侦查，以佐定谳。

上结论系公正平允，真实不虚，须至说明者。

---

① 毛笔：原文为"笔毛"。

第一组第一号信封上之字迹
用扩大镜摄照

中锋形

第一组第四号第二行第一字之摄照

中锋形

第一组第二号信封上字迹摄照

中锋形

中锋形

第一组第四号第六行第一字之摄照

中锋形纸质上有刮损沟

第一组第四号第九行第四字之摄照

中锋形

因用力较重故笔头分叉作双沟形但仅限于局部籍资证明其所用笔头之尖部能分裂

第二组第二号信封上字迹之摄照

双沟形

第二组第一号信封上字迹之摄照

双沟形

第二组第一号信纸第二张首行第一字之摄照

双沟形

【述评】

笔迹是通过书写活动形成的具有个人特点的文字符号和识别系统。它的本质取决于人们相对稳定的书写习惯。笔迹分为正常笔迹、伪装笔迹、模仿笔迹和条件变化笔迹等。笔迹鉴定是文件检验的重要组成部分，它是通过笔迹之间的比较鉴别，确定是否为同一人笔迹的一项专门技术。笔迹鉴定原理：一是书写动力定型决定书写习惯，而书写习惯的生理机制是建立在条件反射基础上的书写动力定型；二是书写习惯受人的生理结构、教育程度、书写练习情况、气质个性等综合影响，每个人的书写习惯均不相同；三是笔迹的反映性是笔迹检验的物质基础，书写习惯必然要在书写材料中反映出来，就是有故意伪装也不会彻底改变；四是笔迹的相对稳定性是笔迹检验的基本条件。从上面具体的案例，可以看到司法行政部法医研究所在当时笔迹鉴定已达到相当高水平。

十八、强奸①

【原文】

强奸之后有妊娠之可能，其所生子女能影响及家庭社会，猥亵行为则无上述结果，故强奸之处罚较猥亵行为为重，立法者之意，重在结果而不在行为，原著者博氏固早已先吾言之矣。处女膜破裂为处女受强奸之证，但处女膜之变态甚多：有作半月形者，有呈环形者，有分瓣者。遇有分瓣之处女膜，欲知其是否破裂，若无相当经验则不易断言。加之处女膜之破裂有不缘于性交者，亦有富于弹力性之处女膜虽经性交而不破裂者，对于妇人受强奸后，则又恃现场痕迹检查及生殖器以外之损伤等，故鉴定人对于强奸之证明，须慎重将事。博氏原文中言之甚详，其用意至为周密，今由张颐昌君节译原文以饷吾道。博氏之书简而扼要，不愧名著，惟对于处女膜之检查方法迄未提及，不无遗憾。余前著有《处女膜之检查及伤痕所在之指示法》曾刊入《法医月刊》第二十一期中，兹②特转载于后，不无小补确可自信，拾遗补缺则不敢云。

逮方　附识③

（一）定义

强奸者，系与一女子性交，而未得其同意之谓。

强奸罪之处罚，较猥亵行为重，立法者之意，注重于其结果而不在其行为，能因强奸而妊娠，故结果严重能影响社会及家庭之安宁。

处女膜破裂，是普通强奸之证，但用手指或棍杖等代替男性生殖器，根据立法者之意，则不能谓为强奸。

倘一人与一幼童实行肛门交接，虽用强暴，亦不能谓之为强奸，鸡奸系猥亵行为之一，故虽行至于妇人或幼女，亦不得视同强奸，以其无妊娠

---

① 原文刊载于《法医学季刊》1936 年第 1 卷第 2 期第 109—127 页，法国博尔达沙（Balthazard）原著，真州张颐昌节译，孙逮方附识。

② 兹：原文为"兹"。

③ 附识：音为 fù zhì，指附记，是附在文章、书刊上的有关记述。

之结果。

反之，女子强迫男子与之行奸，为不经见之事，曾见一例，一妇人强迫一少年男子与之性交，至强迫壮年男子与之行奸，则其少见。

处此情形，当然有妊娠之可能，但系妇人自身情愿蹈此危险，与上述情形不同。

强奸系侵犯女性生人[①]，故与尸体行性交者[②]，非强奸罪，而系奸尸，应属于亵渎尸体罪。

遇有杀人情事，强奸为加重罪刑之理由。为研究强奸实际之情形，仅在被害人之阴户内，检见精虫，是不能证明其性交系实行于被害人生前或死后，故应就其阴户及处女膜之损伤性质，而鉴定之。配偶之间，无所谓强奸，即强行性交，亦不可以强奸论，不正当之结合，为强奸要件之一。

（二）处女及处女膜破裂

强奸之完成，须阴茎完全插入阴户内，故在处女膜业经破裂之妇人，强奸之证明，几全系于生殖器外所受强暴痕迹之检见，反之在处女，则以处女膜有否新破裂之痕迹为先决之要件。故研究处女与处女膜破裂，为法医学中重要章目之一。

处女膜：

对女性生殖器外部，不加描写，如欲知其详，可阅解剖学大全，此处所欲述者，为处女膜之各种态变[③]。处女膜能形成圆形平面，无穿孔，至春机发动期，月经滞积，引起危险，必需行外科手术，割破处女膜，方能出险。

除[④]上述例外，处女膜之边缘与阴道之下端相连，其中央有穿孔，孔之状态甚多，约可分为二种，一为环形，一为半月形，视膜之能否环绕阴道周围而生，或仅占阴道周围之一部分而生，取名各异。另有一种，其形态介乎二者之间，名过渡形。

环形者膜之各处均等，有孔在中央，其边缘整齐而平滑（图3-51），孔之边缘，亦有不整齐呈锯齿形者，但并无破裂结痂之痕迹。（图3-52）

---

① 生人：有生命的人。
② 性交者：原文误为"性者交"。
③ 态变：形态变化。
④ 除：原文误为"徐"。

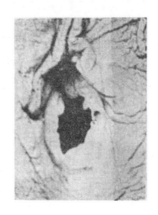

图 3-51　环形处女膜　　　　图 3-52　环形处女膜（其边缘呈锯齿形）

　　倘处女膜在阴道之周围并不等高，虽系环形，但甚似半月形，此种形处女膜可视为过渡形。（图 3-53、图 3-54、图 3-55）

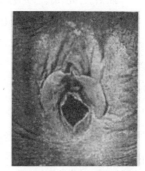

图 3-53　半月形处女膜　　　图 3-54　半月形处女膜　　　图 3-55　半月形处女膜
　　　（过渡形）　　　　　　　　（过渡形）　　　　　　　　（过渡形）

　　半月形处女膜，系由呈似新月状之膜所组成，此新月状膜之凸出面，与阴道周围之一部分相连，其两角及其凹陷面及不与处女膜相连之阴道联合形成阴道入口（图 3-56），膜之两角常在尿道稍后部分相连。

　　即在处女，其膜呈环形者，并不难检见有或深或浅之襞，襞之边缘，整齐而平滑，能直延至阴道。（图 3-57）

图 3-56　半月形处女膜　　　　图 3-57　有先天性裂之处女膜

成年之处女，其膜孔有甚大者，能通过粗大之物体如张开器，而膜不破裂。其膜常作瓣状，若展开该处女之大腿至极度，此种瓣状膜，并不张紧，惟可用手指将各瓣向后推进。（图 3-58）

所谓唇形处女膜，即其膜共分两瓣，在直形缝之两侧，缝居两瓣之中，起自尿道终于阴唇系带（图 3-59），若用手推此两唇易使向后。

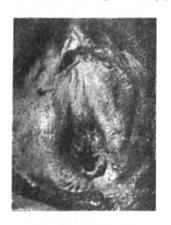 

图 3-58　瓣状处女膜　　　　图 3-59　唇形处女膜

处女膜有时显极特别之状态，得有两孔，中介以膜样桥，膜样桥之薄厚无定，此为桥形处女膜（图 3-60）。处女膜之呈此种形态者，乃系生殖器于胎生时代分裂之痕迹。又有甚少数例处女膜之结构正常，但膜于其与阴道结合处，另呈一附孔，较正孔小。（图 3-61）

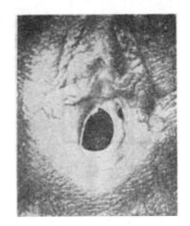

图 3-60　桥形处女膜　　　　图 3-61　环形处女膜伴有两不等大之孔

总之处女膜形态可分为两大类：

（一）半月形处女膜之特征：中央孔之边缘直接向内。

（二）环形处女膜之特征：中央孔之边缘直接向前或向前及向内，致膜形成圆锥，圆锥之前方即外接触阴户，至其后方或内面，互相抱合，形成多数皱摺。

处女征标：处女膜完整系处女之证。依上述规定，有数例外，须注意研究，前已述过瓣形处女膜，二瓣、三瓣、四瓣不等，中有深截痕，以划分之，此种处女膜，易被推向后，故能引进粗大物体，倘具有瓣形处女膜之少女，长至 16—18 岁时，能经过性交，而不遗留痕迹，故遇有瓣形处女膜者，对其是否处女之诊断①，须慎重考虑。

处女膜即无截痕，亦应当意，因第一次性交，及有时虽屡次性交，不致引起处女膜破裂，不破裂之原因，或由于处女膜之抵抗力强，或由于性交不完全，或处女膜富有弹性，能充分扩张，令阴茎通过而不破裂。

有少数妇人在妊娠时，或生产时，医师检见其处女膜尚完整。虽经多次性交，因处女膜具有大抵抗力，有时处女膜组织致密，竟似软骨。处女膜如帽覆于阴茎上，阴茎并未越过阴门前庭，倘在处女膜穿孔处射精，则有受孕之可能，亦有处女膜被推至子宫颈附近而不破裂者。

因处女膜之富有弹性，所以能在其中央穿孔处，引进一指或数指，曾有数公娼，每日经完全性交数次，其处女膜尚完好，加之处女膜具有充分

<hr />

① 之诊断：原文为"诊之断"，应为印刷错误。

之弹性者，虽经生产而不变动。

综上所述，少女具有不破裂之处女膜者，不应即确定谓其从未经性交。于检查时试引进一指于阴道孔内，检见此孔能伸张于此种情形时，勿遽肯定谓该少女确系处女①。于解释时，应谓该女子具有处女之各种征标，（如其他征尚相符合）及不能证明其与男子曾作完全之性交。

另一方面，如一女子坚谓其受强奸，业经数次，现已妊娠，而处女膜完整，其组织甚坚固，手指不能使之扩张，可确定其性交系不完全的。按实际而论，此种女子，已不是处女，但尚系半处女，尚须检查处女膜能否在性交外破裂。外伤性处女膜破裂，系确有之事，破裂之发生，是由其他钝器而非阴茎，一少女跌落于一椿柱上，作骑马状，其大阴唇呈有多处损伤，处女膜亦破裂。

一指或数指引入阴道时，能使处女膜破裂，一慕男狂者，每日引进数指于其年十二岁女之阴道内，处女膜遂破裂而结痂。亦有实行猥亵行为者，其处女膜破裂，引于或进大小体积②之物件于阴道内，法医须知处女膜能因该女子自身犯手淫而破裂，又如在阴道后穹窿检见膏剂罐之实例。

上数实例，可以证明处女膜破裂，并非全由于强奸。粗暴之猥亵行为，亦可发生同样损伤。

除上述例外不论，因处女膜虽能经多次性交，而不失其完整，但在通例，吾人应承认处女膜完整，系处女征标中之一要征。其他征象，如大阴唇互相接触，闭锁外阴部，仅露出小阴唇之前端，阴道黏膜之皱褶尚在存在，乳房部之乳头发育不强，上述征象，并非恒有之征，即其消失，亦决非一次性交之结果，而为屡次性交之结果。

处女膜破裂之征：

第一次性交完全阴茎穿破处女膜，倘于性交后，即检查女性之生殖器，在处女膜上有破裂存在，形如襞作不规则之排列，其边缘溃烂。无论处女之形态如何，不易规定破裂所常在之处，唇形处女膜，常有两破裂，延长中间之裂缝，旁且亦有二破裂，在各唇之中间，环形处女膜上常可检见有四五个破裂，如光之放射者然，至半月形之处女膜，其碎片之数目无定。

处女膜破裂后之普通现象，即因破裂后而形之碎片，尚保持原来之平面，除新生之襞外，仍保有其在破裂前之形态。倘细心倾转此等片，可见

---

① 处女：原文误为"女处"。
② 体积：原文为"体纤积"，应为印刷错误。

破裂处，表面红色，起溃疡，有竟至化脓者，此种状态，能保存至少三日或四日而无变动，于此期中，进行结瘢，溃疡之两瓣，不能再愈合。惟其已破裂处另生黏膜，甚难与其邻近之黏膜区别。在绝少之例外，处女膜之碎片能发生愈合，此处女膜仍呈童贞处女膜状态，其愈合处，仅于薄红色之黏膜上，显有线形白色瘢痕。

通常处女膜破裂片之边缘，其瘢痕能形成于 5 日至 15 日内，边缘化脓，淋性阴门炎最能延缓瘢痕之形成，处女膜破促裂之时，出血不多，通常仅有数公分，血友病患者常出血过多，但在其他女子则出血甚微，几致不能察出，倘经过充分之性交多次，碎片互相分离，被阴茎压迫，而贴近阴道壁，遂发生进行性萎缩。

生产之时，处女膜之碎片复行破裂成许多小碎片，直至此时，处女膜所保存至最初形态，完全破坏，仅余黏膜突起，为其痕迹。

处女具有桥状处女膜者，破裂之后其膜如两带浮于阴道孔之前。

如上所述，处女膜破裂之描写，对于业经生育之妇人，不易发生错误，但在尚未生产者能起疑问，因某种童贞处女膜之先天性截痕，颇似处女膜破裂。处女膜上有白色瘢痕，延长截痕之方向，为破裂之证但瘢痕之存在，系属例外，至先天性截痕之特征，为碎片甚少而有规则，其边缘圆整齐，不幸上述现象，常付缺如。有时处女膜未完全破裂，而其边缘愈合，在此种情形时，其状态往往与童贞处女膜之具有先天性襞者相似，易于混淆。

倘检见有已结有瘢痕之处女膜时，需慎重从事，勿遽孟浪①肯定，如检见有红色创伤，尚有血流出，为新遭破裂之证，可以断定。

处女膜破裂之其他附征，仅于妇人之曾受多次性交者，比较清晰，大阴唇延长而柔软，轻度张开，小阴唇呈露，阴道黏膜比较平滑，皱襞渐弱，乳房不如前之坚实，乳头比前突出，上述各现象，并非特征。

强奸幼女：

据法院统计，受强奸者，多系 10—13 岁幼女。

10 岁以下之幼女，被强奸者，系属例外，因年龄过稚，其生殖器之构造，令阴茎引入发生困难，必需使用不顾一切之粗暴，方可奏效，故只有几例年 9 岁、8 岁亦有年仅 6 岁而受强奸者。女子愈幼稚，阴茎完全引入之机会愈少，10—13 岁之女子被强奸后，在处女膜上仅能检见有不完全之破

---

① 孟浪：鲁莽，轻率，大而无当，不着边际。出自《庄子·齐物论》："夫子以为孟浪之言，而我以为妙道之行也。"

裂，惟其阴户则受损伤甚重，有时则处女膜完全破裂，兼其他组织亦发生重要紊乱，如会阴破裂，后阴道穿阴破裂，阴道又不接合等。亦有因遭强奸后，被奸者不久即死于急性腹膜炎。

女子之年龄愈长，处女膜愈易完全破裂，同时生殖器其他部分已比较发育，故所受之伤轻微。此类伤害，为黏膜发红，及外伤性女阴阴道炎，并可检见特别变质，缘于花柳病之传染，如软性下疳或梅毒。有时得检见生殖器以外之伤痕，缘于幼女因疼痛而发生抵抗，如大腿内面血斑之检见，此可证明强奸者使用暴力，不令幼女紧缩其大腿所致，口之周围有小创伤之存在及血斑，因行奸者以手压被奸者之口，企图抑止其叫喊所致。

幼女在恐怖之下，通常均毫无抵抗，但在口及颈之周围，有损伤可检见，此可为意图闷死或勒死之证，有时竟能使被奸者因之致死，有色情狂之暴行者犯强奸后，继用尖器或锐器侵入阴道，因致重大创伤，亦系残忍行为之表现。

法医学上之问题

处女膜是否破裂：

吾人以上所述，除强奸及猥亵行为外之外伤性处女膜破裂，此为例外事实，13—14 岁时之手淫，常能解释处女膜之损伤及破裂，实行手淫之时，因惧痛苦，故动作甚有节制，不易引起处女膜破裂。故处女膜破裂，几常为施暴行于女性生殖器之征；强奸或猥亵行为，手指引进阴道，亦能使处女膜完全破裂，与阴茎引入所致者同，如将近春机发动期之女性，具有生殖器严重损伤，不能认为系纯由阴茎所致者，应忆及大及坚硬外物之引进。

于上述例外，其结论应谓处女膜破裂及生殖器损伤，由于勃起之阴茎或其他大而坚硬之外物引入阴道所致。

被奸者与强奸者同时均有花柳病疾患之检见，淋病除外，有时能使结论比较准确，阴道内，大腿内面，内衣附近，检见精虫，均能便利诊断。

处女膜破裂已有几时：如瘢痕尚未完全形成，即可认为系破裂之期尚不久，至多不过 15 天，反之，倘掩覆破裂处边缘之黏膜，复现正常黏膜之状态，尤以已有白色线状瘢痕存在时，即能肯定处女膜非新近破裂，其破裂期至少有 1 月，但宜避免较上言时期，作尤明确之表示。

强奸妙龄处女

14—15 岁之女子，其生殖器业已充分发展，性交过后，除处女膜破裂外，鲜有其他损伤，故上述幼女所受之生殖器损伤，此处不易见之，除传染淋病外，女阴阴道炎甚罕见。

反之生殖器外之外伤，反为常见之事，因被害人常抵抗其对方，强奸者在完成强奸行为前，应先战胜抵抗，用手展开被害人之大腿，故在被害人大腿之内前方，能有血斑检见，被害人常用手臂撑拒，强奸者势必用暴力推开对方之双臂，其结果被害人之腕及前膊附近，均有擦伤及溢血痕迹，在口之附近，亦可检见损伤，因强奸者必设法阻止对方之叫喊。

倘被害人体格佳良，能知强奸者用意所在，设法抵抗，强奸者如不能消弥其抵抗方法，则强奸行为不易完成。为解决此项常发生之检查问题，法医应就医学凭证，讨论一切至其个人意见之价值，未必高于陪审员。故遇有此种问题，宜避免陈述私人之意见。欲完成强奸 15—20 岁之处女，强奸者确需具有特高于被害人之体力，除有形之争斗外，尚有无形之压迫，威吓行为，如稍抵抗则夺其命等，不然则强奸者，面部手部应有指甲伤、咬伤等痕迹，若无此种伤害存在，则被害人之申述，似不准确。

强奸案件发生之情形各异，数人劫持少女，其中之一人，实行强奸，其他各人轮流奸污，为屡见不鲜之事，如强奸系属可能，别无问题，只须证明强奸行为业已完成。

倘少女在被强奸数小时后，或强奸后，即被杀害，不但可检见处女膜新破裂，及出血痕迹，并可在其阴道内、大腿及内衣上，检见精虫。

在阳光充足时检查，于尸体皮肤上可辨认精斑，呈薄膜状，有光泽，其周围不整齐，搔抓物之显微镜下检查，可见有多数之精虫。

强奸之后，遂有妊娠，妊娠发展之次序，与强奸后之时期应相符，方足证少女陈述之经过不谬，但此点对于裁判上，无大价值。反之，若被检人称一月前受人强奸，而检见已有三月或四月之妊娠，正足以推翻告诉人之陈述。

施行强奸行为于妇人或处女膜已经破裂之少女：

在妇女或处女膜已破裂之少女，阴茎之引进，自较容易，若少女或妇女之经验，不能生有效抵抗，如处女之拒奸时，则加害者易完成其强奸行为，据得外而西氏（Devergie）之统计，处女膜已破裂之女子被强奸之案件，与处女膜完整之女子被强奸之案件，两相比较，尚不足千分之一。

法医鉴定，则陷入困难，在处女性交之证，为处女膜新破裂，若有妇人已有子女，则处女膜已萎缩，其业残部分呈乳头状[①]，故处女膜破裂，在

---

① 乳头状：原文为"乳乳状"。

此处已不成问题。只有在性交后，未经长久时期，尚能于女性生殖器内，检见精虫，及生殖器以外外伤之存在，于可能范围内，证明与被害人之陈述，尚相符合。

例如在黑暗中，一人潜登一妇人之床，而就淫之，此妇以为系其夫，及至性交完毕，始发现受人欺弄，最高法院判决书内认为确系强奸行为，若根据医学之凭证，则未能证明，曾有强奸，乘女性睡眠时，施行强奸之实例甚夥①。

常有妇人甚至处女控诉某人在其睡眠时，施行强奸，倘系妇人其生殖器较易承受，若在酣眠之时，此种强奸，系属可能，倘系处女则此等强奸行为不易完成。

乘妇人睡眠之际，不为所知，用哥罗仿②将其麻醉，但实施此等行为者，必须具有相当技巧，故不应轻信自称受麻醉后而被强奸者之陈述，至于晕厥失去知觉时，发生强奸，似由少女所捏造，以解释其妊娠之来由。

乘女性麻醉时，实行强奸，为法医学上屡见之事实。

（附：处女膜之检查及其伤痕所在之指示法）：略。

【述评】

本文中，孙逵方写了一篇附识（fù zhì）。所谓附识，是指附记，即附在文章、书刊上的有关记述。孙逵方从"强奸"立法角度分析认为，"强奸之后有妊娠之可能，其所生子女能影响及家庭社会，猥亵行为则无上述结果，故强奸之处罚较猥亵行为为重，立法者之意，重在结果而不在行为。"这一思维，同样适用于处女膜破裂的法医学鉴定。处女膜破裂的法医学鉴定，要认真、谨慎。需要分清是否阴茎插入阴道所致处女膜破裂，还是手指，或棍杖，或受伤等所致的处女膜破裂；是否有暴力所致大腿内侧和其他部位身体损伤；处女膜损伤的是否新鲜；是否对处女膜各种形态进行分析等。因此，孙逵方指出："处女膜破裂为处女受强奸之证，但处女膜之变态甚多；有作半月形者，有呈环形者，有分瓣者，遇有分瓣之处女膜，欲知其是否破裂，若无相当经验则不易断言，加之处女膜之破裂有不缘于性交者，亦有富于弹力性之处女膜虽经性交而不破裂者，对于妇人受强奸后，则又

315

---

① 夥：多。
② 哥罗仿：即氯仿。一种液体有机化合物，可作麻醉剂和溶剂。

恃现场痕迹检查及生殖器以外之损伤等，故鉴定人对于强奸之证明，须慎重将事。"孙逵方认为"惟对于处女膜之检查方法迄未提及，不无遗憾。"指出了不足之处。于是，将自己在《法医月刊》第二十一期的《处女膜之检查及伤痕所在之指示法》一文刊于文后，供读者参考。

十九、为据本部法医研究所所长
呈明检验血痕之手续及方法
请令勿再沿用旧法等情令仰饬属知照由

（训字第五三一二号）①

【原文】

令各省高等法院院长、首席检察官，江苏高等法院第二、三分院院长、首席检察官：

案查：前据本部法医研究所所长孙逵芳呈请通令全国各法院，关于检验刑事案件之证物，凶器上不染血迹，勿再沿用炭烧醋浇旧法，以免证据破坏等情，当经本部指令呈明检验新法，以便一并令知去后，兹据该所长呈复检验血痕之手续及方法前来，事关检验证物，既据研究得有新法，合抄发原呈，令仰该院长、首席检察官，即饬所属嗣后检验血痕，应参酌新法办理。此令。

计抄发原呈两件

二十五年十月八日发

抄原呈

呈为呈请令饬全国各法院，关于检验刑事案件之证物凶器上所染血迹，勿再沿用炭烧醋浇旧法，以免证据破坏，仰乞鉴核事：窃查《洗冤录详义》卷二，杀伤栏，日久辨凶刃法，载有"杀人凶刀，日久难辨，用炭烧红，以高醋浇之，血迹自见"，故各法院，遇有检验此类案件时，间仍奉为圭臬，不知凶器上所附血迹经火烧后，血液即被破坏，纵有血痕，亦难检见，职所受理检血案件中，时遇有凶器，曾经施用炭烧醋浇之痕迹，查《洗冤录》所载方法，既不合科学原理，复有破坏证物之弊，似应废除旧法，期求保全确证，拟恳钧部通饬全国各法院，嗣后对于此类证物，勿再沿用《洗冤录》旧法，以免证据消灭，而重检务，是否有当，理合具文呈请。

---

① 原文刊载于《现代司法》1936年第2卷第2期第190—193页。

鉴核施行，实为公便。谨呈

司法行政部部长王①

司法行政部法医研究所所长孙逵芳②

抄原呈

呈为呈复事：案奉

钧部第二零八七零号指令内开："呈悉。既据称检验凶器上血迹，用炭烧醋浇方法，不合科学原理，复有破坏证物之弊，自应通令勿再沿用，惟检验有如何新法，仰即详晰呈明，以便一并令知。此令。"等因，奉此。窃查血痕检查，大别分为四步，兹谨将其应用操作，顺序胪陈于后：

第一步，证物之肉眼检查：在被检证物之表面，须详细审查污痕形态、色泽，并附着部位，均应详明记载，编定号数，备作血痕检查，以免纷乱。

第二步，血痕预备检查：血痕预备检查，即初检证物上所附着之污③痕，是否含有血痕之可疑，如检查结果呈阳性反应者，则应有血痕之可疑，再当依次施以血痕各种方法检查，如为阴性反应者，则为不含有血痕之证，但血痕之预备检查，方法甚多，兹谨将试验结果佳良者，详陈于后：

一、紫外线光照射：在含有血痕之部位，经紫外线光照射即显无光泽之土棕色反应，或紫棕色反应，在其他有色斑迹则不呈此种色彩。

二、化学检查：

甲、香槟氏法：将新鲜之百分之三过氧化氢液，滴加于可疑污痕上，倘显有微细之泡沫将污痕掩蔽，则为发生氧化作用，乃得证明血痕预备检查呈阳性反应，故该斑迹应有血痕之可疑，如血痕过于陈旧，往往不生泡沫则须加用左列方法。

乙、亚得儿氏法：即如上法检查后，再加一二滴之冰醋酸及新制宾其丁（Benzidin）④无水酒精饱和溶液，如有污痕上立显鲜蓝色反应者，则系有血痕之可疑，若历时较久虽呈蓝灰色不得视得阳性反应，更须注意者，如汗液、脓汁、尿斑或药品如过锰酸钾，碘化钾，铜及植物性之抽出液等对于本试药均能呈同样之阳性反应，故此反应亦非血痕所特有，惟结果呈阴性时即不显鲜蓝色反应，得知其不含有血液。

---

① 司法行政部部长王：指司法行政部部长王用宾。

② 孙逵芳：孙逵方，下同。

③ 污：原文为"汚"，下同。

④ 宾其丁（Benzidin）：联苯胺。

第三步，血痕之实性反应检查。

在证物之污痕上，经剪取分析后，滴以试药，加以相当热度，使其经过相当时间若为血痕则发生一种定型结晶，故可借血色素结晶之有无，以证明有无血液存在，凡有血痕之部分，应可检见血色素。

甲、黑民结晶检查：

取检材少许置于载物玻璃上，用组织针分碎，若血痕稀薄时则加以少量精制食盐，使其混合均匀，再滴加冰醋酸一二滴，覆以盖物玻璃，在醇灯上徐徐加热，至沸腾为止，待冷却移于显微镜下检查。倘检有黄褐色菱板状结晶其排列呈散在孤立或群集作十字形者，即黑民结晶，为血痕实性检查呈阳性反应之证，得确认其为血痕。或以拜尔特朗（Bertrand）氏液代冰醋酸其结果亦甚锐敏。（附 Bertrand 氏液处方：氯化镁 1.0，蒸馏水 1.0，甘油 5.0，冰醋酸 20.0）

乙、还原血红质结晶检查：

先将检材少许置于载物玻璃上，用组织针分碎，加以高山氏液一二滴，覆以盖物玻璃于醇灯上加热至二三分钟，在七八十摄氏度，俟冷却后，移于显微镜下检查，如检见有橘红色之针状或菊花样之结晶，即为还原血红质结晶，是为血痕实性检查之阳性反应，则确为血痕无疑。

附：高山氏液处方：30% 葡萄糖溶液 10.0，10% 苛性曹达液 3.0，pyridin[①]3.0，上液混合滤过贮暗瓶中。

在上项之两种血痕实性检查，如手术不良或血液经日光长期曝晒，或经 100 摄氏度以上之高热或血液已腐败并混有化学药品者，则结晶产生较为困难甚至不易检见，但有时只呈麻仁状者，故对此种检查应加注意。

丙、分光镜之吸收线检查：

血痕陈旧，水分消失，成为血痂，其血液内之血色素（Haemoglobin）[②]则变成含铁血红质（Haematin）[③]，不易溶解于水中而易溶解于酸性，及碱性液。此种较陈旧之血痕，吸收线多不明显，故加以溶解稀释，并加以还原剂二三滴，则呈深褐色之检材溶液即变为鲜赤色，在分光镜下显有两条吸收线，位于 D-E 划度之间，是即还原血色素吸收线。若于乙项结晶检查为阳性反应者，其吸收线相同。

---

① Pyridin：吡啶。

② 血色素（Haemoglobin）：血红蛋白。

③ 含铁血红质（Haematin）：含铁血红素。

第四步，人血检查。

对于人血之检查，各国通用方法，均引用家兔抗人血血清沉降素之检查法，以其反应真确操作简便，此种抗人血血清之制造，习用体重2000公分上之雄兔于其耳静脉内注射曾经消毒之人血血清数次，待其效价达20000倍时，再采取备用。于检查时所用器具均应严密消毒，并施行对照试验方能准确。凡呈阳性反应者，在检液与家兔抗人血血清沉降素之接触面先显有白色环，渐次沉降呈淡黄色之云雾状沉淀，是为人血之阳性反应，若非人血则血清澄明无混浊现象。至血液之组织学检查法，即以检材液内之沉淀物制成涂片标本，经染色后，于显微镜下施行组织学检查，有时可检见某部组织之特殊细胞，或寄生虫细菌等，借以判别所检查血痕系由人体某处所溢出。

以上四项均系检验血痕重要方法。仰恳钧部并案转饬各法院知照，以重检务，奉令前因，理合具文呈请鉴核，实为公便。谨呈

司法行政部部长王。

司法行政部法医研究所所长孙逵芳

【述评】

民国早期，我国的法医物证检验仍然沿用不科学的旧法检验。例如，凶器上是否有血痕，还使用"炭烧醋浇法"。所谓"炭烧醋浇法"，据许梿《洗冤录详义》记载："杀人凶刀，日久难辨，用炭烧红，以高醋浇之，血迹自见。"孙逵方认为："凶器上所附血迹经火烧后，血液即被破坏，纵有血痕，亦难检见"，"《洗冤录》所载方法，既不合科学原理，复有破坏证物之弊，似应废除。"于是，孙逵方向司法行政部上书，建议用现代法医学血痕方法进行检验。孙逵方的建议得到司法行政部认可，司法行政部下文"训字第五三一二号"。令各省高等法院院长、首席检察官，江苏高等法院第二分院与第三分院的院长和首席检察官："事关检验证物，既据研究得有新法，合抄发原呈，令仰该院长、首席检察官，即饬所属嗣后检验血痕，应参酌新法办理。"

根据司法行政部要求，孙逵方将现代法医学血痕方法加以介绍，从物证肉眼检查、血痕预备检查、是否有血色素结晶及是否人血等4项检验步骤详细分列说明，其中，人血检查引用家兔抗人血血清沉降素检查法。

二十、司法行政部法医研究所文证审查说明书①

【原文】

委托机关：广西高等法院

来文日期：廿四年三月十八日

案由：函送冼家齐因过失致人于死上诉案内原卷及驳论书等请鉴定由

审查日期：五月三十一日

文字第 32 号

为审查说明事，案准广西高等法院第一二七号公函内开，本院受理冼家齐因过失致人死案件，不服苍梧地方法院判决上诉一案，讯据冼家齐供称江受之入医馆约十五分钟即为按疮敷药，扶起他来，他即说头晕，倒在床上，不知人事，登时看他脉，听他心，见他非常微弱，遂同他注射强心剂，梧州医院鉴定书解剖证明脂肪心病。民用强心兴奋剂是对证治法，有书可证。请求根据鉴定人解剖记录②及鉴定书，与民驳论书暨上诉理由书，另请高明医家，重行鉴定等语，查此案江受之到诊时意识尚佳，乃于就诊之短促时间内，猝然毙命。该冼家齐诊治手术似属错误，惟其对于梧州医院鉴定书既已表示不服，且提出驳论书及上诉理由书，非经再行鉴定，不足以资折服，应将梧州医院鉴定书，见原卷一九二至二〇七，病历见原卷一五至一七，冼家齐驳论书及上诉理由书，送请贵所鉴定冼家齐诊治手术，是否错误，梧州医院鉴定书，是否确论，仍希出具鉴定书，连同原件函复，以资办理，等由。并附送苍梧县地方法院检察处原卷乙宗，驳论书乙件，抄状二件，汇票乙纸，到所，除已制具收据并函复外，当经分别交附审查，详予研究，兹谨就来件所举事实，根据法医学及医学学理说明于后。

审查：根据广西高等法院函送冼家齐因过失致人死上诉案内原卷及驳论书、抄状等而审查者。

（一）冼家齐医江受之之病历，审查原卷宗内，第一五页至第一七页，

---

① 原文刊载于《医事汇刊》1937 年第 9 卷第 2 期第 139—147 页。

② 记录：原文为"纪录"。

据云江受之患疖疮已在一月以上，则其就诊适值其所患疖疮脓胀时期，其自诉生疮甚痛苦，并觉心部难过，自属当然事实，且其体温 37.8℃，脉搏 116 次/分钟，亦与脓胀情形相符，所称心动稍悸，呈心脏运动不整状，乃医学上所谓心运动节律不齐。据该病历所载，江受之臀部之症状，而诊断为疖疮，及外敷药为 3% Ung. ac. Carbolic①，观之其诊断及处方于学理上尚无不合。

又据该病历所述，及救急时情形及处置有云，当用手指按疮时，患者叫痛，我以为乃生疮即不用手按，已属痛苦，今乃用手重按，其叫苦乃当然之事，不意此时患者之心部难过，忽晕倒不醒人事，呕吐显虚脱症状，心力及呼吸均微，即与其注射下列救急药。按以手按疮，乃医生诊治疮时常用，且为必需经过之手术，在临床学观之，应无不合之处，而猝然发生脱虚之现象系一种意外之事，有非医生所能胜防者，依照上述心脏运动节律不齐之症状，乃在一般普通急救时，所应立有之处置而论。该病历药单上之樟脑食盐水、毛地黄液、葡萄糖溶液、乐百龄、士的年水等，均为学理上常用且有效之品，在上述病状之救急时用之，应无不良之影响，况所有之药量，"亦未超过正常之份量"，是该医于救急之处置，尚无错误。且当患者危急时，一面注射强心兴奋剂，一面施人工呼吸，一面请别位医生来帮同救急，则该医洗家齐所尽之责任，在临床上，学理上，尚为周到。

（二）江案初次检验记录审查。原卷宗内，第三七页至第四五页，据该检验记录所载，江受之 44 岁，苍梧人，妻二，子三，女六，体格中上，营养佳良，全身皮肤无病变，肘腺颚腺②不肿大，右侧鼠蹊③一个肿大。按此得知该尸体外观上，除臀部疖疮外并未检见病变，所云右侧鼠蹊肿大与右臀患疖疮情形，亦相符合，又由口腔黏膜色彩正常，口唇色彩正常，喉头外观上无变态，腹部不膨隆，色彩正常，趾甲色彩正常等观之，得知在皮肤上及粘膜上之色彩，均属正常，其他各种情形，均为通常之尸体一般现象。该检验记录记载患部情形，亦甚详尽，由疮口有脓点栓塞及未经开刀两点观之，可知该疖疮未经施用刀割，或其他性质严重之手术。

（三）苍梧地方法院检察处验断书审查。原卷宗第九三页至第九九页，

---

① Ung. ac. Carbolic：unguent carbolic acid，苯酚（石炭酸）软膏。
② 肘腺颚腺：原文为"肘线颚线"。
③ 鼠蹊部：指下腹部与双侧下肢连接的部位，位于大腿内侧生殖器两旁，即腹股沟。

据该验断书所载检验尸体情形，与初次检验记录相同，所述臀部疮痕情形亦与化脓疖疮之情形相符，并检见右边手踝中间部上一寸五分有针刺伤痕一处，似为曾经注射之痕迹。

（四）梧州医院解剖尸体鉴定书之审查。原卷第一九二页至第二○七页。

十二月十一日尸体外表检验记录之审查：

该记录之（一）（二）两项与江案初次检验记录相同，惟该记录内（三）显微镜及化学检查有云，尿液检查糖分反应阴性，蛋白质未检，疮口及疮内脓汁检查，均为葡萄状球菌，此亦即为患有化脓性疖疮之一征。

十二月二十日解剖记录之审查。

（甲）解剖前外表观察

据云，全身皮肤呈青绿色，表皮剥脱占大部分，指甲剥脱，右眼球突出，舌头露出于口外，头皮呈青蓝色，大部糜烂，阴囊膨大，超过正常三倍以上，各关节屈曲面胸部左右方及下腹部皮肤作褐红色，腹部稍膨隆，全身肌肉呈水肿样外观，肛门有粪便作深黄色。取粪备检查，按此乃为尸体腐败之现象，腹中发生气体，催动血液，致有血液死后之循环，肛门有粪便，乃初次验断时所未见有者，亦由尸腐化腹内发生气体，压迫肠部，致使粪溢出。

（乙）尸体内景检查

据云，心脏依法切开，胸腔肋膜色泽正常，心脏全部转向左上方，与胸骨位置相当，上缘与第三肋骨平行，心尖离开在乳头部约两英寸半，此乃因尸体之腐败，故其位置有迁动，又云心脏较尸拳约大 1/5，心脏前后缘沉着脂肪较少，下缘右缘全部沉着脂肪，左缘有散漫①性之脂肪沉着，此乃脂肪心，系患有心脏实质炎之现象。按尸体腐败后，其心脏体质自行减小，今据该剖验记录所称心脏较尸拳约大 1/5，在解剖学上有以拳之大小为心脏大小之比较者，虽此种比较未能称为准确，但于死后 11 日施行剖验，在腐败尸体上尚能较尸拳为大，则在生时定有心脏过大之病，且该解剖记录所载心脏直径 4.8 英寸，想即为 5 英寸或 4.6 英寸之误，是乃尸体腐败后，尚较通常心脏之长度 8—9 公分为大，亦即生时确有心脏病之证。其他为主动脉无硬变亦无破裂现象等，即得以说明并无血管硬化之征象。肺脏呈深度暗褐色，表面平滑。

---

① 散漫：原文为"散慢"。

左肺尖部，有菉豆①大及粟粒大的气泡，外观上呈轻度气肿状，肺切开面无石灰沉着，及干酪样变性，亦无结核性病灶，右肺四周不愈着，肺门部有蚕豆大黑白相间凝结硬固凸凹不平之物，并有组织包之，左肺门部亦有同样之物，如菉豆大2枚，右肺门外方有1英寸长3英分宽之暗褐色病变一处，腺系浅在性，右肺色泽与左肺同样，表面一般平滑，外观上无病变。上叶切开面，有二三处帽针头乃至黄豆大石灰沉着之颗粒，中下叶之切开面，组织无变化，亦无石灰沉着之存在云云，按此种情形，乃系腐败现象，肺门部之凝结物系为淋巴腺节。

　　按隔膜著明②上举，右侧超过右乳头上方2英寸，左侧与左乳头平行，此亦为尸体腐败，肠部发生气体，使腹部膨胀，压迫横隔膜，使之上升所致。脑部依法切开头皮，锯开头盖骨，揭开脑盖，在头顶部硬脑膜下，显出有十余处隆突，豌豆大、绿豆大大小不等出血病灶。各病灶周围有黑色溢血现象，甚为显明。前额头部正中线右侧，亦有菉豆大已破出血病灶一个。两侧颞颥部，无变化，脑已全部化为浆状，故不能整个摘出，只取脑浆少许及头顶部发生出血病灶之脑膜切取一片，留待检查。按此种现象，似为死后脑部血管渗润之血色斑点③，惟当时对于脑中血管之状况，未加以精详之检查，致实在情形，未能明了脑质虽已腐败，生前如有出血，其浆质中亦应混有多量肉眼可见之混合血液，盖脑部偶有重大之病变时，例如猝然出血，或外伤性出血，则该脑质在死后，虽经过长久之时间，亦能检出见血液之痕迹，该鉴定书内说明各部，（一）尸身生前就医之病为臀部疖疮，此为外科中常见之病，断无于施治短促时间内致命之理，诚如所云。（二）指明江受之之主要死因，为脑出血。又称硬脑膜下有大小不等之出血病灶十余处，其周围且有极著明之溢血斑，如此大量之脑出血发生于仓猝间内，必有其引起出血之原因。按在病理及病理解剖学中，所称之大脑出血，其注重之点，不在其出血处数目之多少，而在其出血量多寡。凡大量出血，多由于较大血管破裂，若为病理脑出血，则其出血病灶多集于一处同时亦必有脑血管之病变，与其他之器官及血管之病变，按大量出血液其血多泛溢于脑室（附脑出血证状之照片一纸）及脑膜下，且系先由脑质之出血，然后再流入于脑室内，其出血处有在脑室中，在脑中央灰质核，在

---

①　菉豆：绿豆。
②　著明：明显，显著。
③　斑点：原文为"班点"。

脑隆突，在脑球体及小脑者，但其中以在脑质及脑中央质核者为最常见。此种之大脑出血，除脑部及膜脑有充血之情形外，其集血多在脑室内，在解剖时，可于脑室内及其附近检见大量血液，或多数血块，故其大量出血，在病理解剖学上，多在脑中央灰质核及豆状核（Nucleus Lentiformis），其被损坏之血管，则多为上侧动脉豆状核线状体动脉（A. L. S.）。其溢出量，至于160分[1]。他种脑出血，则为局部，且有范围之脑出血，大小如核桃，或仅如樱桃，凡脑出血除丁幼童或丁山血性素质及血友病者，不能寻出其损坏之血管外，每易寻得其有病态之血管，常为散形之小动脉瘤，又纹状体[2]视点动脉之动脉管炎，脑下方之粉质瘤，均为血管硬化之症状。而易诱发血管之破裂者，亦有血管闭塞先成局部血管炎，而起脑溢血者。此种闭塞原因，则多由大动脉三尖瓣之病症而起，"脑出血之临时原因，有由于过用体力，又有由于猝然惊吓及大怒时而促发者，然此仅为临时之诱因，但其主要之原因，仍由于血管之病变"。该鉴定者，既未注意其出血之部位，又未寻见其损坏之血管，而遽鉴定其为脑出血，在病理解剖学上，未能有充分根据。（三）据云致死之主因固属脑出血一节，关于脑出血之症状，既未能有病理解剖学上之证明，而就其所云剖验尸体之心脏，较正常肥大，且大部分有脂肪沉着，显出中等度脂肪心之外观，依病理学，凡罹脂肪心者其心力必减弱，死者心脏罹有病变，虽不能说为致死之重要原因，然亦不无相当之关系等语观之，则对于死者患有心脏病，其解释剖验时情形尚属相符，又至于心脏转位于右上方，是为生前已有之病变抑或为死后多日肠内发生腐败气体膨隆向上云云。此种情形实由于肠内气体膨胀压迫所致。综观解剖情形，虽未能证明有脑出血之特征象，但实已证明心脏病与死因有重大之关系。（四）据云解剖心脏，毫无血液储存，按凡尸体发生腐败，因其所生气体之压迫，致有死后血液之循环，其心脏内不复含有血液，亦由于此种原因，又"主动脉腔内亦不含血液，乃至心囊内又无液体存在者，乃系尸体常有之状态"，"至所称足证循环之液体，奔腾于脑部，脑中脉管如此大量充血，故出血特甚，此种推论，殊欠适当理由，"纵令有脑出血症发生，亦系全身血液之一部分，由脑血管中溢出，并非心室内之血液及全身体其他部分血液均汇集于此而流出。查全身之血液，约5公斤，而脑出血1%以上者，即为大量脑出血，而该鉴定书所称，足证循环器官之液体奔腾

---

① 分：市制重量或质量单位，一两的百分之一。
② 纹状体：原文为"线状体"。

于脑部云云，全系想象之情形，实与学理及病理解剖情形不符，况在解剖时，所检见者，仅硬脑膜下显出十余处突隆豌豆、绿豆大大小不等出血病灶，周围有黑色溢血现象，此种奔腾于脑部之血液，仅有似豌豆大小病灶十余处，前后相揆，亦不符合。（五）据云肺门之石灰沉着，经显微镜检查，及病理研究，对于死因既无甚关系，诚如所言。（六）据云江受之就诊时，目的在治疗疖疮，且自诉生疮甚痛苦，足证彼到诊时意识尚佳，可知尤未有脑出血之现象，冼医生用力按疮，意图挤脓液及脓栓，此在外科处置上亦属常有之手术，诚如所言。（七）据云医生用力按疮时患者叫痛用力按疮更增疼痛，自属常理。据临床上经验由用力按疮而增痛苦，虽不能就说可促起脑出血，但因极痛之故，影响于脑，而急速发生脑症状者，则为学理上所公认。故江受之之脑出血，适发于按疮之直后，若谓与用力按毫无关系，事实上又难以证明，均根据其所断定之死因为脑出血，因极痛之故而影响于脑，固得为脑出血之临时原因。惟其脑出血之鉴定解剖，既未检见损坏之血管，不能认为有充分之证据，则其所认为促起脑出血之原因，亦不能成立。解剖之目的，在求真正死因，现既未检出血管之病态，则是否发生脑出血，尚属疑问，况按疮乃系外科处置上常用之手术，似不能因病历上用手重按字样，遂想象其用力如何之大，而以若谓与用力毫无关系，事实上又难以证明一语，而间接将致死原因，归之于按疮。（八）据云脑出血之病人，在学理上宜于安静，冼医生病历之诊断，死者为脑力脱失，心脏麻痹，未曾注意到脑出血之一点，诊断及处置，亦不相宜，按此所云，均应先行断定死者江受之死因，是否由于脑出血，方有讨论之必要，现尸体上既未能检出确有脑出血之特有症状，如血管病变等征象，而脂肪心症状，实较显著，应不得谓冼家齐之处置失当。（九）据云当江受之危急时，据病历记载，冼医生曾注射药液五种，就中有四种属于强心兴奋药，此等药液，在心脏衰弱患者用之，每可有效，但在脑出血病人用之，或更增加病体不良之影响，亦属学理上之可能，按此种推论，亦须以死者所患是否脑出血及有无心脏病为前提，倘二者兼有，则在虚脱症发生之时。冼家齐治疗方法，亦不应认为错误。

综合以上各点观之，该鉴定书，既未载解剖时，曾检见脑出血之特征，而对于脂肪心病之记载，反较为明著，是其所鉴定之死因，由于脑出血，既不能认为适当，则其亦对于冼家齐诊治之手术，是否错误之鉴定，更不能视为确论。

说明

兹据前审查一、二、三、四等项内容说明如下：

（一）死者江受之之赴冼家齐处就诊系因患疖疮症，已有相当时期，且正值其脓胀时，故有热度，甚感痛苦，就病历记载观之，兼有心动稍悸，呈心脏运动不整状，即医学上所谓心运之节律不齐（arythmie）①。至其排挤脓水，及所用药物，于外科上，并无错误。当由手指按疮，至呼吸均微，此种情形，第一种虚脱之现象，冼家齐于发现此种现象后，即按心动稍悸，呈心脏运动不整状，用病历中所载各药，施以注射，且其所用之药品及分量，考②之载籍，对于治疗虚脱，尚无不合，其救急时，经过之情形，及施用人工呼吸，无所谓不当。

（二）江案初次检验记录内所载，一切情形，均为通常尸体腐化进行未深之现象，记载臀部疖疮亦尚详细，又有右侧鼠蹊腺一个肿大，与其右臀部系患有疖疮之情形，亦甚相符，采取尿液验检查手续，亦称细密，惟仅因死者疮口周围表皮糜烂，及炎症性变化，不能证明有无注射针孔之存在外，并未在尸身他处寻觅冼家齐施行注射之遗痕。

（三）苍梧地方法院检察处验断书所载，除疮口部分外，均尸体正常之现象，但于两手腕下，右边有针刺痕一处，得为江受之曾受有注射剂之证。

（四）梧州医院鉴定书内之解剖前外表观察，为尸体腐化进行程度已深，死后血液循环已发生之现象，其内景检查所载，心脏沉着有脂肪，及心脏之扩大等情形观之，原鉴定书只言切开心脏空虚，并未言及心脏之厚薄，得证明死者在生前实患心脏病，与冼家齐病历表中所载心动稍悸，呈心脏运动不整状，亦甚相符。且载明有主动脉无硬变，亦无破坏现象等语，惟未载明是否曾将胸腔大动脉全部切开，详检大动脉全无病态可见，但其主动脉管既无硬变，及其他病态，则应推测死者周身血管并无病态。原鉴定书既云心囊无炎症变化，而尸体腐化已深，则仰仗氧③气生活之细菌在此情形中，已不能生存，故其显微镜检查及细菌培养之结果，亦仅能寻出腐性杆④状菌。

其所载脑部依法切开，至现象甚明显，此乃系散在性之脑溢血，并非

---

① Arythmie：法语，原文误为"Acghhnie"。
② 考：原文为"攷"。
③ 氧：原文为"養"，为"氧"的旧译书写形式。
④ 杆：原文为"悍"。

病理学内所称脑出血之现象。此前审查中已详言之。且尸体腐化后，肠中气体膨胀。推动血液循环，能使脑之细血管破裂，此种情形，死者晕倒后，不省人事，其四肢并无发生痉挛症状，似非脑膜出血，若非其为散在性出血，而其出血地位，又均在脑面，若当时脑上情形果如此显明，则其脑质未化，当不致成为浆液，定能寻得其出血之凝结块。即使脑质腐为浆液，无血块可见，则其多量已溶血液之集聚，亦易检见，而解剖者，对于此种检查，均未施行，又未检出其破裂出血之血管，查脑质虽腐成浆液，而血管为较难腐败之组织，既推定其致死原因为脑出血，则应注意血管之检查，求得脑出血应有之特征以实之，否则不能视为定论。又按该鉴定书所载，病理解剖之结果，与冼家齐所具之病历及江受之死亡时间经过，与病理学及临床学上所称脑出血之现象，亦不相符。按脑出血时，其脉搏在最初为宏大脉搏，患此症者，猝倒后知觉丧失，其呼吸徐缓而向，如鼾息状，则脉搏常满足而缓，且紧张力增加。至相当时间后，始呈脉搏细微状，据临床及病理解剖之现象而论，不能断定江受之之死前，曾患大量脑出血症，至于患者受轻微手术后，因精神及神经之反感而骤呈虚脱之现象者，在临床并非罕有之事，故江受之之经排脓血手术后，遽呈虚脱之现象在事实亦属可能，而冼家齐对于发现虚脱现象后，所用一切救急药剂及手续，不能认其曾有错误。以死者江受之生前实患心脏病，至其虚脱之现象，虽得因排脓血时疼痛所引起，然其致死之原因，仍在其已往之心脏实质炎。又梧州医院鉴定书内载明有得检察官同意，腹腔未曾开检，当解剖时，既已认其致死原因在脑出血，按解剖常例，应即时行胸腹大动脉、肝、脾、肾等脏器之病理检查，是否与脑出血病态相符合，况心脏检查栏内，有主动脉无硬变，亦无破裂现象。若据此种记载，则似血管并无病变，其脑出血之原因，更无由存在。当时既应详查各内脏之病理状况，尤应注意各血管之病态。而执行解剖者，均未加注意，查全体血管毫无病态，而脑血管破裂出血者，其原因则由于局部创伤，而此种情形与经过事实，又不相符合。综合观之，梧州医院解剖结果，及其病理解剖之记载，未能证明江受之死因在脑出血，且其解剖手续欠完全，若仅据鉴定书内记载，病理剖解情形，不能认为死者江受之之确系患脑出血致死。

结论

（一）综上审查及说明而论，该梧州医院之鉴定书，检查手续，既不周全，解释理由，亦缺学理上之根据，其鉴定其致死之原因，既不能认为确实，则对冼家齐诊治手术之鉴定，亦不能认为适当。

（二）冼家齐诊治手续，及在虚脱症时之治疗方法，尚无错误。

上[1]审查说明，系根据来件内容，加以科学合理之解释，作公正平允，真实不虚之意见，须至说明者。

所长　孙逵方

【述评】

本案系 1935 年 3 月 18 日广西高等法院委托司法行政部法医研究所，对冼家齐（诊所医生）不服苍梧地方法院医疗过失致人死案的鉴定结论而进行重新鉴定的案件。原鉴定由梧州医院进行尸体解剖。梧州医院的鉴定结论："江受之（死者）之主要死因为脑出血。"法医研究所全面审查江受之病情及就医情况、冼家齐（诊所医生）诊疗过程、苍梧地方法院检察处验断书和梧州医院解剖记载及鉴定结论。根据审查，孙逵方认为，"梧州医院之鉴定书，检查手续，既不周全，解释理由，亦缺学理上之根据，其鉴定其致死之原因（脑出血），既不能认为确实，则对冼家齐诊治手术之鉴定，也不能认为适当。"关于死因，孙逵方认为，"死者江受之生前实患心脏病，至其虚脱之现象，虽得因排脓血时疼痛所引起。然其致死之原因，仍在其已往之心脏。""江受之（死者）心脏沉着有脂肪，及心脏之扩大等情形观之，原鉴定书只言切开心脏空虚，并未言及心脏之厚薄，得证明死者在生前实患心脏病，与冼家齐病历表中所载心动稍悸，呈心脏运动不整状，亦甚相符。"关于医疗责任，孙逵方认为，"冼家齐诊治手续，及在虚脱症时之治疗方法，尚无错误。"

---

① 上：原文为"右"。

二十一、《法医学》序①

【原文】

我国自古素重检验，宋代以前之检验方法，已无书籍可考；自宋以来以迄今日，甚少进步。我司法界引用以解释检验之书，如《平冤》《洗冤》《无冤》三录，皆系宋元遗物；此外尚有《疑狱集》《棠荫比事》《折狱龟鉴》等，则仅系辅助检验之书籍。综以上各书之内容，多系经验之记载，不以科学及医学为根据；且千载以来，毫无改进。我国以医学从事检验之倡导，自前清末年已发其端；光绪二十五年，有赵元益译自英人该惠连及弗里爱氏之法律医学。对于法医学之实际应用，自民国二十一年始有司法行政部法医研究所之创立。抗战之前，我国法医之建设，已略具规模，八年战争，法医研究所全部毁于日人之手；十余年之心血，付诸东流，抚今追昔，宛如隔世。胜利之后，我国重事建设，俞叔平博士以其所著《刑事警察与犯罪侦查》及《法医学》二书，公诸同好，叔平博士学识丰富，又恒举例以实其说，介绍近世检验侦查方术，其能有裨益于检政警政，良非浅鲜。拜读之余，谨识数语，以志庆欣。

民国三十五年十二月
——寿春②孙逵方序于法医研究所

【述评】

本文是孙逵方为俞叔平的《法医学》所作的"序"。

俞叔平（1909—1978），浙江诸暨人，先后在奥地利维也纳大学警政专业、法律系学习，并维也纳警官大学进修。1938年，荣获维也纳大学法学博士学位，为中国第一个警察博士生。1945年抗战胜利后，俞叔平到上海，被宣铁吾任命为上海市警察局副局长。1947年7月，任代理局长，不久任

---

① 本文是孙逵方为时任上海市警察局局长俞叔平所著《法医学》一书所作的序，《法医学》于1947年由上海远东图书股份有限公司出版。

② 寿春：战国楚都，又称郢，即今安徽寿县。《史记·楚世家》：考烈王二十二年（前241），为秦败，自巨阳"东徙都寿春，命曰郢"。

局长，兼任国立同济大学法学院、东吴大学法学院教授，讲授刑法。在序中，孙逵方从法医学史角度对我国法医学发展作了介绍，认为"自宋以来以迄今日，甚少进步"。其原因有 3 个：一是自宋（宋慈《洗冤集录》出现）以后检验书籍内容"多系经验之记载"；二是自宋（宋慈《洗冤集录》出现）以后所有检验书籍（如《平冤》《洗冤》《无冤》等）"以解释检验之书"的形式问世，创新不多；三是自宋（宋慈《洗冤集录》出现）以后所有检验书籍"不以科学及医学为根据"。以上是中国法医学自宋慈《洗冤集录》问世而出现法医学发展高峰后，"甚少进步"的历史归宿。1932 年，司法行政部法医研究所创立是转折点，当时"我国法医之建设已略具规模"，可惜"法医研究所全部毁于日人之手"！孙逵方看到俞叔平的《刑事警察与犯罪侦查》及《法医学》二书后很高兴，写下来这个"序"。从孙逵方介绍来看，俞叔平的《法医学》是"近世检验侦查方术"，应该是侦查人员使用的法医学书籍。

二十二、近年来我国法医学之应用及其进展①

【原文】

我国自古重视检验方法，有谓狱莫大于人命，故尤重视伤害、窒息、中毒等死因之检查，自宋迄今尚遗存之检验书籍，如《洗冤录》《平冤录》《无冤录》等，多述说尸体上伤害、窒息、中毒等，至《疑狱集》《棠荫比事》《折狱龟鉴》等，可称为辅佐侦查审讯之记载，古人之用心，良不可厚非，惟当年之著作者，及操作者，恒非一人检查之事，操诸旧日认为不名誉职业仵作之手，而记载解释又为好弄笔墨之前辈。《棠荫比事》作者桂万荣氏，虽从事医学，于书中亦并无有关于医药之解释。且自数百年来，我国科学落后，旧日医学又忽视医学之基本科学、解剖学、组织学、生理学等医学，既未经改正，以致对于检查方法，多年来亦墨守成规，毫无进步之可言。值今科学昌明时代，旧式检验方法，既不适用，不能不代以法医学之检验方法。我司法界引用新法检验始于前司法行政部部长魏道明氏所筹设之法医学研究所，自民国二十一年开始接受检案以迄今日，已将近十七载。法医研究所之创立，一为各法院解决疑难案件以补旧式检验之不足，一为训练已具有医学学识之医师，分发法院服务，用以实施现代法医学内之检验方法。法医研究所之设立虽已有十七年之久，热心法医学工作者实仅获得四年余之安定研究时间，八年抗战机关由沪转鄂迁川，胜利之后上海所址全部屋房设备为日人夷为平地，近四年间以政府财力不足，无法恢复研究工作。回忆战前，我国法医学设备虽在创始时期，由于法长王用宾氏之努力扩充，至民国二十六年已具有大厦三所，分别供伤害死因检查，光学检查，枪弹印鉴及其他物证检查以及医药检查，研究应具有之设备等，已颇具规模。对于学员之训练，有完备之试验室，精神病及吸毒者之侦查，备有能容纳百人以上之病房。举凡近世法医学检验应具有之设备，十之八九已准备完竣。虽远在青海之法院亦有案件送检，全国各法院对于根据科学及医学，检验方法，渐信而不疑，不复专以千年来旧《洗冤录》为判案规范。

---

① 原文刊载于《国际文摘月刊》1949 年第 2 期第 59—63 页。

法医学范围之广狭，随社会组织及法律之完缺而不同，现今各国法医师应施行之各种鉴定，除劳工保险法、职业病法、社会保险法为我国法律尚未有规定者外，至法医学有关其他部门，我法医检验机关均已广泛应用。又我法医检验之组织于初步系采集中制，法医研究所承办全国疑难案件以利研究及训练，故接受案件为数繁多，可供研究之材料亦极丰富。历年来我法医机关实施法医学内各部门之鉴定工作情形，及因检案刺激而获得法医书籍内尚不存在之检查方法，以及我旧日检验书籍内不准确记载，略分别叙述如下：

医务学：以医师之责任及过失案件为最多，全国医药诉讼案件，十之八九均由法医研究所鉴定之，医界同仁知之更详，多数案件源于我国人民对新医药学尚未能了解，致往往发生误会，过失由于医师者不过十之一二。

死：真死、佯死之鉴别为法医学内重要之命题，借免未死即先行掩埋之惨剧，我国报载实例颇多（数月前上海曾发见有一女童患天花未死，即经葬殓，经救治后又复活之一例）。我法医训练机构对死之研究亦深切注意，分发各省服务学员均有详细之认识。惟我国行政机关对于死亡证明书尚无硬性之规定，即对于刑事案件亦常有事后方从事开棺初验者，某省委托检验晚期告发之案件，开棺检验时仅余随身衣裤及白骨一具，而大腿骨肉尚嵌有枪弹两粒。故死亡原因及是否真实应经官医或主治医师证明方可免前言之弊。

尸体腐败现象，尤为我国现今尸体检查最紧要之一篇，法官每厌恶腐败尸体之形态，即一般医师亦厌与腐败尸体接近，惟执行法医职务者则对于尸体腐败现象不能不有深刻之了解。尸体由腐败开始直至高度腐败时期，各种现象繁多，尸体易形，色泽变更，得发生种种之错误解释，人死之后水份蒸发，肾囊两侧所发生之正常的表皮剥脱现象，而误被认为伤痕者，达数十件之多。又《洗冤录》内记载牙根发红顶心骨（颅顶骨）发红均认为某种死因之重要现象，而实为腐败尸体①上所常见，腐败后为血液浸润而作红色之颅顶骨暴露于大气中一二日则其色自退，与骨质上血斑之能长期保持毫不相同，又于尸体腐败胸腹气体充盈，致能将舌头推出齿外，并非有缢死或勒死之可能。依旧日检验方法往往即依一二现象而定死因，不能不认为书籍之误人。不明尸体腐败现象而作错误之解释者，实例繁多，无从一一叙述。外国尸体解剖每施行于人死后之短期间内，又复有冷藏保存之设置，借免腐败之进行，故法医学内对于尸体腐败现象之记载，尚不能

---

① 腐败尸体：原文为"腐败体尸"。

应付我国现今通常施行尸体晚期鉴定之应用，有待我法医界同仁之努力而公之于医学界也。

伤痕窒息等死因：各国法医学书籍论之详，与我国检验所得亦复相同，惟我国检验机关承办案件，每均属晚期鉴定，有迟至十年以上者，笔者1935年于比京①国际法医学会所发表之《骨质上生前伤痕之持久性》一文，内所引证之实例为一生前受有伤害之尸骨至17年后骨质上尚留有生活反应之伤痕；又其他如骨质上肉食动物等犬齿距离之研究，枪弹切截力之研究，不易检见伤痕之检查法，血斑充血状态之比对研究等，尚为现今法医学所未曾论及者。

中毒案件：我国正如外国往年，被引用之毒品以砷（砒）为最多，约占毒物检查阳性案件80%以上，近年氰酸钾中毒案件亦时有发现，则多属自杀；其他杀人案件，如引用河豚鱼毒素、藤黄、钩吻（大茶药、断肠草)② 等，则又为我国所仅有之实例。

性欲问题内之各篇如生殖不能、妊娠、堕胎，否认亲权等案件，送检者为数亦多，胎儿曾否呼吸之病理的检查，以胎儿骨质估计胎儿在母体内之月日，引用国外学者已发表之方法及程式，亦均能获得准确之结果，性欲精神变态尚未为我法界所注意，故所受理案件为数甚微，惟有关法医学之精神病案件为数不寡，亦会获有良好之研究材料。

物证检查案件之众多，约占全部检案50%以上，血痕、精斑、毛发、胎、便、笔迹、印鉴涂改等案件，深引起检查者应付精神；因检案而发见之人血，与吸血昆虫粪便之鉴别，检查血点动态之研究，笔迹物质的异同，鉴别字迹及印鉴孰先孰后之鉴定，中外墨迹涂改消除之研究等，均经分别解决，足以应付检案之来临。

至现场之勘验，伤痕物证真象之保留，早在民国二十五年我国已采用天然色底片，及立体摄影，故所收集之教材为数亦夥③。又同仁所制存之各种伤痕及死因等标本，亦均为使人易于了解之可贵制品。此均为我法医机构短短数年工作之结果，择其较紧要者分别述及之如上。

我国对于法医学之应用，虽为新进之国家，惟自开始实施以来，各种检案，于抗战之前逐月增加，对各法院送检之疑难案件，每于不可能之中寻求解决途径，对于事实证明，往往附加有关照片以证实之，使人我之见

---

① 比京：比利时首都。
② 钩吻（大茶药、断肠草）：大茶药一般指钩吻，即俗称的断肠草。
③ 夥：多。

不分畛域①，借以改革旧式检验之武断方式，于每案鉴定书内，尤注意结论之措辞，鉴定科学医学判断之立场，避免牵强之文字，一洗旧日削足就履之办法。数年之间，因检案之集中，检材之富于刺激性，而已获有若干之新发见。我检验学识方法，于我法律审判所要求之范围内实不后人；又我国检验制度，于尚未能养成学识操作及经验俱备法医人才，足以另行设立同等检验机构之前，目前之集中制，实为良好之措置。惟自抗战迄今近十二年间，虽检案如旧进行，法医研究所不复有适当之实验室，足供操作研究工作。目前我国广大土地，旧法已废止，新法犹未产生，检验工作自亦因之而无形停顿，惟法医学为现代司法所不可缺乏之学识，物证于诉讼上之重要，固尽人皆知者也。

【述评】

孙逵方认为，"我国自古重视检验方法，有谓狱莫大于人命，故尤重视伤害、窒息、中毒等死因之检查"，但是由于操作者是仵作，而记载又为好弄笔墨者，"亦并无有关于医药之解释。且自数百年来，我国科学落后，又忽视医学之基本科学解剖学、组织学、生理学等医学，既未经改正，以致对于检查方法，多年来亦墨守成规，毫无进步之可言"。"自民国二十一年开始接受检案以迄今日，已将近十七载，法医研究所之创立，一为各法院解决疑难案件以补旧式检验之不足，一为训练已具有医学学识之医师，分发法院服务，用以实施现代法医学内之检验方法。""全国各法院对于根据科学及医学，检验方法，渐信而不疑，不复专以千年来旧《洗冤录》为判案规范。"孙逵方认为，"法医学范围之广狭，随社会组织及法律之完缺而不同，现今各国法医师应施行之各种鉴定。"近年法医学范围如下：医务学（以医师之责任及过失案件为最多，全国医药诉讼案件十之八九均由法医研究所鉴定之）、死（真死，佯死之鉴别为法医学内重要之命题）、尸体腐败现象（尤为我国现今尸体检查最紧要之一，不能不有深刻之了解）、伤痕窒息等死因、中毒案件（过往毒品以砷为最多，近年氰酸钾中毒案件亦时有发见，用河豚鱼毒素、藤黄、钩吻等他杀有之实例）、性欲问题（生殖不能、妊娠、堕胎、否认亲权等）、物证检查（血痕、精斑、毛发、胎、便、笔迹、印鉴涂改等）、现场勘验（伤痕物证真象之保留）等。

---

① 畛域：指界限，范围。

参考文献

[1] 巴黎大学医学博士孙逵方诊所迁移启事（N）. 申报（上海版），1934-6-7（11）.

[2] 本部技士孙逵方呈请辞去技士兼职应照准由（十九年七月四日）[Z]. 司法公报，1930，80：21.

[3] 陈胜泉，仲许. 孙逵方法医学术思想浅探 [J]. 法医学杂志，1993，9（2）：49-51.

[4] 法医检验所主任孙逵方博士归国 [N]. 申报（上海版），1931-5-28（13）.

[5] 法医检验所将落成 [J]. 医药评论，1931，62：53.

[6] 法医研究所成立在即 [J]. 中华法学杂志，1931，2（8）：101-102.

[7] 法医研究所易长 [J]. 法医月刊，1935，14：76.

[8] 郭太风. 王云五评传 [M]. 上海：上海书店出版社，1999：257.

[9] 国立北京大学廿周年筹备委员会. 国立北京大学廿周年纪念册 [M]. 北京：国立北京大学出版部，1918：37.

[10] 国立北京大学五十周年筹备委员会. 国立北京大学历届同学录 [M]. 北京：国立北京大学出版部，1948：176.

[11] 顾燕. "一门三进士" 孙家鼐的家谱——《寿州孙氏支谱》[J]. 家族企业，2018，10：102-103.

[12] 胡丙杰，黄瑞亭. 民国时期我国法医学教育的建立与发展 [J]. 中国继续医学教育，2018，10（24）：18-20.

[13] 胡丙杰，黄瑞亭. 中国现代法医学奠基人林几论著目录系年及述评——纪念林几教授逝世 70 周年 [J]. 中国法医学杂志，2021，36（5）：445-453，458.

[14] 胡丙杰，黄瑞亭. 中国近代法医学人物志续补 [J]. 中国法医学杂志. 2020，2020，35（6）：664-667.

[15] 胡丙杰，黄瑞亭. 我国早期现代法医学人物志续补 [J]. 法医学杂志，2021，37（4）：569-573.

[16] 胡丙杰，黄瑞亭. 中国现代法医学人物志续补（一）[J]. 中国法医学杂志，2021，36（3）：313-317.

[17] 胡丙杰，黄瑞亭，王子慎，等. 中国现代法医学先驱孙逵方生平及其论著述评——纪念孙逵方博士逝世 60 周年 [J]. 中国法医学杂志，2022，37（4）：383-390.

[18] 胡丙杰，黄瑞亭. 法医研究所的创立、发展及贡献 [J]. 中国司法鉴定，2022，5（总 124）：88-96.

[19]（明）余象斗，胡丙杰，黄瑞亭，刘通.《廉明公案》判词研究 [M]. 北京：线装书局，2022.

[20] 黄瑞亭. 孙逵方对法医学的贡献 [A]. 第五次全国法医学术交流会论文集 [C]. 北京，1996：180.

[21] 黄瑞亭. 中国近现代法医学发展史 [M]. 福州：福建教育出版社，1997.

[22] 黄瑞亭. 我国现代法医学人物志 [J]. 中国法医学杂志，2011，26（6）：513-516.

[23] 黄瑞亭，陈新山. 中国法医学史 [M]. 武汉：华中科技大学出版社，2015.

[24] 黄瑞亭，胡丙杰. 中国近现代法医学史 [M]. 广州：中山大学出版社，2020.

[25] 黄瑞亭，胡丙杰，刘通. 名公宋慈书判研究 [M]. 北京：线装书局，2020.

[26] 贾静涛. 世界法医学与法科学史 [M]. 北京：科学出版社，2000.

[27] 教育统计：（一）安徽省十八年份国外留学省费生及奖学金生一览表 [J]. 安徽教育行政周刊，1930，3（2）：75-79.

[28] 节公枝兰系谱系编辑组. 乐安郡乐老堂·寿州孙氏宗谱·枝兰馥若公世系谱（中册）[M]. 安徽寿县：内部资料，2008：1-43.

[29] 救护工作·陆伯鸿添设伤兵院 [N]. 申报（上海版），1932-2-27 (2).

[30] 林几. 司法行政部法医研究所成立一周年工作报告 [J]. 法医月刊，1934，1：1-20.

[31] 林庆龙. 尘封史册 你的足迹依然清晰 [M]. 南京：南京医学会 东

南大学出版社，2015：225-230.

［32］欧洲留学生监督第一七一号（函为留法勤工俭学生请给津贴按名照发
由）（八月二十五日）［J］. 安徽教育月刊，1921，44：56-58.

［33］派孙逵芳调查欧洲法医状况由（八月二日）［Z］. 司法公报，1929，
32：9.

［34］派孙逵方为本部法医研究所筹备主任由（十月二十四日）［Z］. 司法
公报，1929，44：3.

［35］启者兹经总管理处核定续行指定孙逵方医师（二十三年三月三十一
日）［Z］. 商务印书馆通信录. 1934，396：6.

［36］上海法医检验所刻期成立［J］. 法律评论（北京），1930，8
（12）：29.

［37］上海监命案昨开棺复验［N］. 申报（上海版）. 1948-11-28（4）.

［38］上海市通志馆年鉴委员会. 上海市年鉴（民国二十六年）［M］. 上海：
中华书局. 1937：G163-G167.

［39］申人. "八·一三"抗战期间震旦大学伤兵医院［A］. 卢湾史话（第
4辑）［C］. 上海：中国人民政治协商会议上海市卢湾区委员会文史
资料委员会内部资料，1994：82.

［40］司法行政部训令（训字第一八九七号，十九年十一月三日）令本部法
医研究所筹备主任孙逵方为派该员前往英法等国考察法医事宜兼采办
仪器书籍由［Z］. 司法公报，1930，97：7.

［41］孙所长补行宣誓就职典礼［J］. 法医月刊，1935，16：75.

［42］王洁，郑显文. 中国法医学的近代转型与上海——论司法行政部法医
研究所的创设［J］. 都市文化研究，2022，2：277-291.

［43］汪于冈. 验尸可不慎欤？毋贻笑外人，毋草菅民命［J］. 社会医报，
1930，131：1465-1471.

［44］魏立功. 我国法医概况［J］. 中华医学杂志（上海），1939，25（12）：
1066-1067.

［45］许伟伟. 1927-1937年安徽省高等教育研究［D］. 安徽大学，2016.

［46］杨耀孙. 震旦大学建校百年纪念册［M］. 上海：震旦大学校友会内部
刊物，2002.

［47］张人凤，柳和城. 张元济年谱长编（下卷）［M］. 上海：上海交通大学
出版社，2011：934-1319.

［48］张元济，张人凤. 中华民族的人格［M］. 沈阳：辽宁教育出版社，2003：63-64.

［49］震旦大学医学院（中法文对照）［J］. 震旦医刊，1938，21：83-93.

［50］祖照基. 司法行政部法医学审议会成立大会纪略［J］. 法医学季刊，1936，1（2）：141-147.

［51］Madea B. History of Forensic Medicine［M］. Berlin：Lehmanns Media GmbH，2017.

［52］Suen Koei-Fang. Les crânes normalement fragiles. Thèse pour le Doctorate de L'Université de Paris. Paris：Librairie Louis Arnette，1929.

孙逵方论文研究